Kelly-Ann Maddox

Rebel Witch – Befreie die Hexe in dir

Kelly-Ann Maddox

Rebel Witch

BEFREIE DIE HEXE IN DIR

So entwickelst du deine ganz eigene magische Kraft

Aus dem Englischen übertragen von
Karin Weingart

Ansata

Penguin Random House Verlagsgruppe FSC® N001967

Erste Auflage 2022
Copyright © 2021 by Kelly-Ann Maddox
Copyright © der deutschsprachigen Ausgabe 2022 by Ansata Verlag,
München, in der Penguin Random House Verlagsgruppe GmbH,
Neumarkter Straße 28, 81673 München
Alle Rechte sind vorbehalten. Printed in Germany.
Umschlaggestaltung: Guter Punkt, München,
unter Verwendung von Illustrationen von © Jenny Lloyd 2021
Redaktion: Dr. Diane Zilliges
Satz: Satzwerk Huber, Germering
Druck und Bindung: GGP Media GmbH, Pößneck
Printed in Germany
ISBN 978-3-7787-7578-3

www.Integral-Lotos-Ansata.de
www.facebook.com/Integral.Lotos.Ansata

Für Dani: Ohne dich ginge bei mir gar nichts.
Wir beide — zwei Dachse auf der Suche nach lecker Eicheln!

INHALT

WARUM DIESES BUCH GESCHRIEBEN WURDE – UND WAS DU MIT IHM ANFANGEN KANNST

Hey, Girl! Ich freu mich wahnsinnig, dass wir beide jetzt gleich zu diesem irren Hexenritt aufbrechen, und möchte dir vorher nur noch kurz erklären, warum es dieses Buch überhaupt gibt und was ich mir davon für dich verspreche.

Machen wir uns nichts vor: Bücher, die dir das für eine akzeptable Solo-Hexe nötigste Grundwissen vermitteln, gibt es einige. Ach was: *einige?* Tonnenweise gibt es die. Und du erfährst in ihnen alles, was du wissen musst, um über die allgemein gängigen Konzepte, Aktivitäten und Tools informiert zu sein, mit denen witchy Typen wie wir zur Verbesserung des Lebens beitragen und die erwünschten Resultate erzielen. Viele dieser Infos finden sich auch in *Rebel Witch – Befreie die Hexe in dir*, aber das war nicht der Grund, warum ich es geschrieben habe.

Vielmehr möchte ich mit diesem Buch deine Inspiration entfachen. Ich will dich einladen, dir eine Praxis aufzubauen, die genauso aussieht, klingt und sich anfühlt wie deine Psyche – eine Praxis, die deine ganz persönlichen Erfahrungen, Erinnerungen und Wesenszüge eins zu eins widerspiegelt und so unbestreitbar identisch mit dir ist.

Auf den folgenden Seiten befassen wir uns, wie gesagt, mit den elementaren Bausteinen der Hexenkunst. Also etwa damit, wie wir einen heiligen Raum erschaffen, unsere Tools wählen und einsetzen.

Außerdem erfährst du natürlich das Wichtigste über die Zusammenarbeit mit Gottheiten und darüber, wie wir Zauber wirken. Doch darüber hinaus werden wir beide – du und ich – auch zusammen erkunden, wie du diesen Grundelementen deinen ganz eigenen Touch verleihst. Das heißt, ich werde dir zeigen, was du wie optimieren und deinen persönlichen Bedürfnissen anpassen kannst. Denn ich möchte unbedingt, dass du für dich herausfindest, was dein Herz wirklich dazu bringt, im Rhythmus des witchy Fandangos zu schlagen.

Dieses Buch soll dich ermutigen, alles wegzulassen, was dir nicht wirklich relevant vorkommt oder dir nicht entspricht, und stattdessen mit Schawumm deine eigenen Traditionen zu erschaffen. Denn warum solltest du hexische Ratschläge befolgen, wenn sie dir nicht zusagen, sich verstaubt anhören oder schlichtweg todlangweilig sind? *Rebel Witch – Befreie die Hexe in dir* steht für Eigenständigkeit und Authentizität – dafür, dass dir nie die Ideen ausgehen, wie du immer mehr du selbst werden kannst. Auf den folgenden Seiten wirst du wiederholt auf Zusammenstellungen oder Listen mit vielerlei Vorschlägen stoßen. Die sind aber keinesfalls als Anweisungen gedacht. Sondern eher im Gegenteil: Ich erhoffe mir von ihnen, dass sie dir helfen, deine Vorstellungen von dem, was möglich ist, zu erweitern.

Worauf ich beim Schreiben ebenfalls viel Wert gelegt habe, war größtmögliche Inklusivität. Wir Hexen unterscheiden uns in punkto Erfahrung, Lebensweise, Vorlieben und Fähigkeiten sehr, und diesem Umstand habe ich, so gut es geht, versucht Rechnung zu tragen. Deshalb spreche ich keine Empfehlungen aus wie zum Beispiel: »Die beste Möglichkeit zur Steigerung der Energie vor dem Hexen stellt körperliche Bewegung dar.« Denn ein solcher Ratschlag wäre ja, als würde man Menschen, die aufgrund von Schmerzen, einer Verletzung oder sonstiger Umstände in ihrer Bewegungsfähigkeit eingeschränkt sind, sagen, dass sie das mit der Energiesteigerung mal besser gleich vergessen sollten, weil sie auf diesem Gebiet sowieso nie groß was geregelt kriegen würden. Eine solche Äußerung wäre einfach nicht fair – und sie stimmt auch nicht. Denn man kann die eigene Energie sehr wohl auch maximieren, ohne einen einzigen Muskel anzuspannen.

Immer habe ich versucht, euch Leserinnen so viele Vorschläge wie möglich zu machen, damit für jede etwas Passendes dabei ist. Überhaupt war und ist mir sehr daran gelegen, eher breit als zu eng aufgestellt zu sein – dir nicht rigoros zu kommen, sondern fantasiereich.

In manchen Hexenbüchern (aber auch online) heißt es, die einzig legitime Form der Dokumentation deiner Erfahrungen als Hexe seien handschriftliche Aufzeichnungen. Und auch Zauberformeln sowie die dahinterstehenden Intentionen sollten mit einem Stift auf Papier festgehalten werden. Weil das angeblich seriöser sei, als auf Telefonen, Computertastaturen oder Tablets herumzutippen. Aber warum sollte das eigentlich der Fall sein? Was berechtigt uns denn zu dem Urteil, dass die Aufzeichnungen von Hexen, die nicht gern mit der Hand schreiben, von geringerem Wert seien? Und wer ist überhaupt auf die Idee gekommen, Hexen dürften nicht tippen, in ein Aufnahmegerät sprechen oder müssten gar auf jegliche Dokumentation verzichten, wenn sie ihnen nichts bringt? Ich würde mir wünschen, dass dir *Rebel Witch – Befreie die Hexe in dir* hilft, in alldem deinen eigenen Weg zu finden.

In manchen Büchern wird meines Erachtens die Bedeutung der Konzentrationsspanne im Rahmen des geistigen Trainings übertrieben. So wird zum Beispiel davon ausgegangen, dass Hexen in der Lage sein sollten, ewig lang zu meditieren oder sich auf eine Kerzenflamme zu fokussieren und was weiß ich noch alles. Personen mit ADHS oder zwei Kleinkindern wird das aber kaum möglich sein.

Du verstehst schon: *Rebel Witch – Befreie die Hexe in dir* beruht nicht auf der Erwartung, dass du wärst wie ich oder sonst jemand. Vielmehr lade ich dich auf den folgenden Seiten dazu ein, ganz du selbst zu sein – *as witchy as can*. Natürlich ist mir klar, dass ich nicht immer richtigliegen werde. In punkto Inklusivität ist immer Luft nach oben, viel Raum für Verbesserung. Und offen gestanden ist es auch ganz schön schwierig, die Dinge nicht (nur) aus der eigenen Perspektive heraus zu betrachten. Trotzdem hoffe ich, dass du vieles findest, womit du etwas anfangen kannst – wer immer du bist und welche Wendungen dein Leben auch nehmen mag.

Ich habe weitgehend versucht, auf Begriffe und Vorstellungen spezieller Kulturkreise zu verzichten, mit denen ich persönlich nicht verbunden bin. Mir ist bewusst, dass viele der in der Hexenwelt vertretenen Ideen ihren Ursprung in marginalisierten Gemeinschaften haben und oft auch aus weit komplexeren Glaubensstrukturen herausgelöst wurden. Manche sind ohne Bezugnahme auf die Kultur, aus der sie stammen, simplifiziert und kommerzialisiert worden. Deshalb vermeide ich in diesem Buch Ausdrücke wie »smudgen«, »Krafttier« oder »Totemtier« und verzichte darauf, dir das Chakrensystem zu erklären. Ich habe kein Problem damit, Ideen und Praktiken von überall auf der Welt kennenzulernen. Eines allerdings möchte ich vermeiden: nämlich ein beeindruckendes Konzept, das einem anderen Hintergrund entstammt als ich, mehr schlecht als recht zu erläutern. Und es Leuten zu vermitteln, die es auf der Basis meiner unausgegorenen Erklärungsversuche anwenden und womöglich sogar weitergeben.

Ideen, die auf deiner kulturellen Identität und Herkunft beruhen, kannst du bei der Entwicklung deiner persönlichen Hexenpraxis selbstverständlich jederzeit aufgreifen. Da vertraue ich ganz auf dich: Ich bin mir sicher, dass du genau weißt, was angemessen ist und was nicht. Ich für mein Teil jedenfalls möchte sichergehen, dass ich nicht willkürlich Techniken oder Methoden aus dem Zusammenhang reiße und sie dir verantwortungslos oder unsensibel weitergebe.

WIE DU DICH IN DIESEM BUCH ZURECHTFINDEST

Das Buch wird dir in drei leckeren Gängen serviert, von denen ich mir wünsche, dass sie dich zufrieden und gesättigt zurücklassen. In Teil I beschäftigen wir uns mit dem Wort »Witch« (englisch für »Hexe«) und der Bedeutung, die es in deinem Leben hat. Hier möchte ich dich ermutigen, dir klare Ziele zu setzen und dir gut zu überlegen, wie viel du anderen von deiner Hexenkunst erzählen möchtest. Dieser Teil setzt zugleich den Ton für den Rest des Buches. Denn der Schwerpunkt liegt hier darauf, dich daran zu erinnern, worum es eigentlich geht: darum, dass du dir – statt blind Anleitungen und Vorschlägen zu folgen – eine Praxis erschaffst, die deiner Individualität gerecht wird.

In Teil II legen wir richtig los. Hier behandeln wir die Themen Energie, Verbindung mit nicht menschlichen Wesen und Errichtung eines Altars. Außerdem befassen wir uns mit Zaubern, Ritualen, Divination und vielem mehr. Hier geht's richtig zur Sache – also um dein tatsächliches Wirken als Hexe.

Teil III begleitet dich bei deinen nächsten Schritten und enthält Empfehlungen in Sachen Ethik, Zeitplanung und Problemlösung. Wichtig ist mir, dass du dir deiner magischen Praxis ganz sicher sein kannst, wenn sich unsere Wege schließlich wieder trennen. Deshalb bringe ich in diesem Teil vieles noch einmal auf den Punkt und erinnere dich an das eine oder andere von besonderer Bedeutung.

Zu Beginn der drei Teile findest du immer einen Talisman – als Symbol für das jeweilige Hauptthema. Diese Talismane bieten sich auch als optische Erinnerung an die Absicht an, die mit den jeweils im Mittelpunkt stehenden Arbeiten verbunden ist. Schau dir den entsprechenden Talisman an, und lass dich von ihm mit zusätzlicher Freude, Spannung, Disziplin und Entschiedenheit erfüllen.

Das dazugehörige Power-Statement liest du dir am besten vor Beginn und am Ende des jeweiligen Teils laut oder auch nur im Geiste vor. Die Talismane kannst du gern scannen, ausdrucken und auf deinen Altar oder vielleicht auch in das Buch legen, in dem du die Fortschritte deiner Arbeit festhältst. Du darfst die Talismane ganz nach Gusto nutzen. Sie sollen dich inspirieren und dir die Bedeutung und Schönheit deiner Rebel-Witch-Reise vor Augen führen.

Übers ganze Buch verstreut findest du immer wieder Vorschläge für Aktivitäten, die dazu dienen sollen, dich tiefer gehend mit der behandelten Thematik zu beschäftigen. Du findest sie unter den Überschriften »Schreib's auf« und »Probier's doch mal«.

»Schreib's auf« gibt Stichworte für Tagebucheintragungen, Notizen und Brainstormings. Wenn du dir gern Dinge notierst, magst du es dir vielleicht zur Gewohnheit machen. Dann kannst du dir deine Notizen in ein Buch schreiben, in dem du schon länger Gedanken von dir festhältst, oder dir auch ein neues anschaffen. (Dabei muss es sich um kein besonders schickes Teil handeln, und selbstverständlich darf es gern aus recyceltem Papier aus nachhaltiger Herstellung bestehen.)

Womöglich schreibst du aber auch lieber auf losen Blättern. Wenn du nicht gern mit der Hand schreibst, kannst du deine »Schreib's-auf«-Übungen auch in dein Telefon, den Laptop, das Tablet oder den PC tippen. Oder vielleicht sprichst du deine Texte auch mithilfe der Aufnahmevorrichtung in dein Handy. Wie es dir eben am meisten zusagt.

Solltest du – aus welchen Gründen auch immer – deine Aufzeichnungen nach Abschluss einer Übung nicht länger aufbewahren wollen, kannst du sie gern wieder löschen oder eben das Papier zerreißen, auf dem sie standen. Du verbrennst das Papier lieber in deinem Hexenkessel? Das ist natürlich auch eine Möglichkeit.

Unter der Überschrift »Probier's doch mal« findest du praktische Übungen und Handlungsvorschläge. Manche der Anregungen beziehen sich auf Veränderungen in Sachen Einstellung. Andere empfehlen, Dinge zu recherchieren, bestimmte Verhaltensweisen im Alltag zu verändern oder auch gezielt Visualisierungen oder Rituale auszuprobieren. Jeden dieser Vorschläge kannst du natürlich ganz nach Belieben verändern und sie dir so quasi auf den Leib schneidern. Das ist sogar Sinn der Sache, denn alle diese Vorschläge sollen dich ja im Wesentlichen inspirieren und motivieren.

Wann immer du also eine Möglichkeit siehst, eine der Empfehlungen so zu optimieren, dass sie dich mehr abholt: bitte schön! Solltest du allerdings mit einem Vorschlag mal partout nichts anfangen können, dann lass besser ganz die Finger davon. Und konzentriere dich stattdessen lieber auf einen, der dir mehr zusagt oder dich mehr reizt. Alles gut!

An dir liegt es auch zu entscheiden, wie viel Engagement du den einzelnen Themen widmest. So magst du vielleicht nicht unbedingt jede Übung ganz durchziehen. Manche wirst du lieben und ihnen sehr gern nachgehen, andere lässt du vielleicht erst einmal aus, um eventuell zu einem späteren Zeitpunkt darauf zurückzukommen.

Mit *Rebel Witch – Befreie die Hexe in dir* will ich dich weder gängeln noch dir irgendetwas vorschreiben. Vielmehr funktioniert das Buch wie ein Generalschlüssel, der dir zwar viele Türen öffnen kann, dir aber stets die Wahl lässt.

Also lass dir nicht von mir – und auch von sonst niemandem – vorschreiben, was du zu tun oder zu lassen hast. Meine Hoffnung ist, dass du dich nach der Lektüre befreit und empowert fühlst und es kaum erwarten kannst, deine ganz eigene Variante der Hexenkunst weiterzuentwickeln.

Und jetzt komm, Liebes! Lass uns anfangen, über die Stränge zu schlagen …

Power-Statement: Im Wolkenreich der Fantasie beginnt
mein Weg, der dahinfließt und sich vielfach verzweigt.
Dieser Weg ist einzigartig, ist ganz ich. Und während er
strahlend immer länger und breiter wird und sich bis weit in
meine Zukunft erstreckt, weiß ich doch auch, dass seine
Wurzeln in den Tiefen meines einzigartigen Seins liegen.

TEIL I.

LASS UNS ANFANGEN

Teil I soll dir zu ein paar Grundlagen verhelfen. Hier erzähle ich dir, was eine Rebel Witch ausmacht, feiere mit dir, dass du deinen eigenen unverwechselbaren Hexenweg gehst, zeige dir aber auch die Probleme, die auf dich zukommen können. In diesem Teil des Buches bietet sich dir auch ganz praktisch die Chance zu überlegen, wie viel Einblick in deine witchy World du anderen geben und was du als Hexe wirklich erreichen willst. Also los ...

WAS BEDEUTET EIGENTLICH DAS WORT »WITCH«?

Wird das Wort »Witch« oder im Deutschen »Hexe« in den Raum gestellt, wird es nie langweilig – weil es alle möglichen Reaktionen auslöst. Manche Leute verbinden es mit Angst und Schrecken, bei anderen regt es eher die Fantasie an und lässt sie an Märchen denken. Aber es gibt auch viele, bei denen das alles gleichzeitig der Fall ist. Und klarerweise wird das Wort »Witch« sowohl mit der Wirklichkeit assoziiert als auch mit dem Reich der Imagination.

Um die Variante der giftelnden Kindesentführerin mit den Warzen im Gesicht soll es hier nicht gehen, obwohl sie natürlich für viele gute Geschichten sorgt und in eine einprägsame Bilderwelt eingebettet ist. Heutzutage wird die Bezeichnung »Witch« – genau wie »Hexe« – eher auf Personen mit bestimmten spirituellen Neigungen angewandt, genauer gesagt auf solche, die sich mit Zauberkunst und anderen wunderbaren magischen Praktiken befassen. Und genau das ist auch der Typus Hexe, um den es in diesem Buch gehen wird.

Zahllose Menschen in der modernen Welt (mich eingeschlossen) verstehen unter einer Hexe eine Frau (oder auch einen Mann), die überzeugt ist, eine gewisse mystische Macht über Ereignisse und Ergebnisse zu haben, die über die von der heutigen Naturwissenschaft anerkannten Kausalzusammenhänge hinausgeht.

Das Wort »Witch« geht auf die altenglische Bezeichnung für eine Praktizierende der Hexenkunst zurück. *Wicce* hießen die weiblichen und *wicca* die männlichen Hexen. Später entwickelte sich daraus das geschlechtsneutrale mittelenglische Wort *wicche*.

Geschichtlich wurden nicht nur »echte« Hexen, sondern auch fälschlich als solche bezeichnete massenweise Opfer einer abscheulichen Verfolgung. Die sogenannten Hexenprozesse endeten mit Todesurteilen, die im Namen des Christentums grausam vollzogen wurden – durch Ertränken oder den Feuertod auf dem Scheiterhaufen. Solltest du dich näher dafür interessieren, findest du in der Literaturliste am Ende des Buches Hinweise auf eine Reihe ausgezeichneter Werke, in denen du dich über diese brutale Epoche der Geschichte informieren kannst.

Zu behaupten, dass Hexen in unseren Tagen keine Diskriminierung erfahren würden, wäre allerdings falsch. Denn viele haben es auch heute noch damit zu tun. Auch aktuell kann es riskant sein, sich öffentlich als Hexe zu bezeichnen. Und in manchen Kulturkreisen drohen leider sogar soziale Isolation, Gewalt und Gefahr für Leib und Leben. Auch hierzu kannst du dich anhand der bereits erwähnten Literaturliste näher informieren.

Viele würden sagen, dass Hexen dadurch, dass sie ihre Wünsche mit magischen Mitteln durchzusetzen versuchen, persönliche Macht ausüben. Dass sie dank Zaubereien und anderer Aktivitäten heilen, aufblühen oder auch Leute verbannen können. Andere betonen, dass Hexen die Zyklen der Natur ehren, die heiligen Traditionen des Landes bewahren und dem Planeten helfen.

Hexen nutzen ihre Power ganz unterschiedlich. Zwar ähneln sich viele in ihren Aktivitäten, manche aber heben sich auch stark davon ab. Bei den meisten herrscht zumindest Einigkeit darüber, dass das Ziel nicht nur darin besteht, die eigenen Bedürfnisse und Wünsche zu erfüllen, sondern auch die ihrer Communities. Und dass sie Zauber, Rituale und andere spirituellen Techniken anwenden, um die Energie auf bestimmte Ergebnisse zu richten und von unerwünschten Resultaten abzulenken.

Hexen versuchen, ihre Lebenswirklichkeit mithilfe spiritueller Praktiken zu steuern. Diese Techniken, die sich mit zunehmender Erfahrung allerdings durchaus ändern können, werden regelmäßig angewendet und wiederholt.

Die meisten kennen »Hexen« nicht nur als Substantiv, sondern auch als Verb. Denn klar, Hexen sind Praktikerinnen. Sie tun, was sie sagen. Wenn du wolltest, könntest du auch, ohne einen Finger zu rühren, behaupten, Hexe zu sein. Wahrscheinlich aber würdest du dich damit nicht wohlfühlen, weil dir irgendwie klar wäre, dass Hexe-Sein nicht bloß eine Weltanschauung darstellt – sondern auch eine Art ist, sich in dieser Welt zu bewegen. Denn Hexen, die diesen Titel verdienen, tun etwas. Sie sind aktiv und leiten Veränderungen ein.

Hexen bauen ihre Fähigkeiten aus, sie machen sich auch mal die Hände schmutzig, experimentieren; und viele spezialisieren sich auch. Obwohl manche ausgesprochene Bücherwürmer sind (was aber gar nicht nötig wäre), zeichnet sich eine Hexe letztlich doch dadurch aus, dass sie ihr Ding macht. Und nicht nur nachliest, wie das mit dem Mein-Ding-Machen gehen könnte.

Dieses Buch wird dir herauszufinden helfen, wie du dieses Aktiv-Sein für dich anstellst – auf deine ganz eigene, exklusive Art und Weise. Denn dein Weg ist ein Einzelstück, du Schöne! Und er wird dich so weit bringen wie nur irgend möglich. Solltest du es allerdings vorziehen, nichts an deinem Leben zu verändern und, ohne etwas zu tun, lieber nur zu behaupten, eine Hexe zu sein, dann ... na ja, ich meine ... von mir aus. Wer sollte dich daran hindern können? Aber es bringt halt nichts. Doch während du diese Zeilen liest, weiß ich eines genau: Du willst bestimmt nicht ewig nur an der Seitenlinie stehen und das Trikot tragen, ohne auf den Platz zu gehen.

Also, wie sieht es aus? Welche Geschichte verbindest du mit diesem starken, schlagkräftigen Begriff »Witch«, »Hexe«? Vielleicht bezeichnest du dich schon seit Jahren als Hexe und assoziierst nur Positives damit? Oder hat dieses Wort, das du als spannend und faszinierend empfindest, womöglich erst kürzlich einfach deine Neugier geweckt?

Solltest du mehr Negatives mit dem Wort »Hexe« verbinden, brauchst du dir auch keinen Kopf zu machen. Viele definieren es irgendwann einmal für sich um. Jemand, der zum Beispiel aus einer religiösen Familie kommt, in der »Hexe« mit Verbrechen und Sünden gleichgesetzt wurde, muss sich daraus erst einmal befreien. Und wenn du Hexen bislang immer für bösartige, hakennasige alte Frauen mit Warzen im Gesicht gehalten hast, die Babys fressen, brauchst du wahrscheinlich auch erst einmal etwas Zeit, um aus dem Reich der Fantasie heraus- und in der wirklichen Welt anzukommen.

WIE HEXEN HEXEN

Einem weitverbreiteten Missverständnis zufolge kann es in Wirklichkeit überhaupt keine Hexen geben, weil sie nämlich angeblich den Gesetzen der Naturwissenschaft trotzen. Dabei respektieren die meisten von ihnen die Wissenschaften und interessieren sich auch dafür. Sie sind sich lediglich der Tatsache bewusst, dass es vieles gibt, worauf sich die westliche Forschung noch keinen Reim machen kann. Deshalb nehmen sie die Erfahrungen, die sie auf ihrer magischen Reise machen, auch sehr ernst.

Die meisten Hexen, denen du begegnest, wissen zum Beispiel sehr wohl, dass sie nicht in der Lage sind, Dinge zu bewegen, ohne sie zu berühren. Mit ihrem großen Erfahrungswissen würden sie sich eher für eine Ergänzung der westlichen Wissenschaften halten, die ja dazu neigt, alles auszublenden, was noch nicht objektiv bewiesen werden konnte.

Und ja: Hexen sind auch Wissenschaftlerinnen. Sie sind Vertreterinnen der *mystischen* Wissenschaften. Sie dokumentieren Muster, die sie bei ihren Arbeiten beobachten, und optimieren ihre Methoden, um bessere Ergebnisse zu erzielen. Sie suchen nach immer neuen Möglichkeiten, Dinge zu bewirken, sowohl innerlich (psychisch) als auch äußerlich (in punkto Erfahrungen und Umfeld).

Gewiss, viele der Ideen, mit denen Hexen arbeiten, werden von der naturwissenschaftlichen Community mehrheitlich nicht anerkannt. Aber das heißt ja nicht, dass Hexen antiwissenschaftlich eingestellt wären. Vielmehr glauben sie jenseits objektiver Erkenntnisse noch an verrücktes Zeug, das sich akademisch bislang nicht erklären lässt.

Die Praxis von Hexen umfasst normalerweise Rituale, Zauber und Feiern zu Ehren der natürlichen Kreisläufe in der Natur.

Was jedoch das Zaubern im engeren Sinn betrifft, so muss man sagen, dass es nicht bei allen Hexen denselben Stellenwert hat. Viele zählen eher Rituale und Divination zu ihren bevorzugten Aktivitäten. (Die Bedeutung dieser Begriffe erkläre ich dir später noch.) Manche greifen nur dann zur Zauberkunst, wenn es die Situation eindeutig verlangt, andere wirken bei allen möglichen Gelegenheiten Zauber, um alles nur Denkbare zu erreichen.

Viele Hexen finden jedoch – was wohl auch hinzugefügt werden sollte –, dass gerade das Zaubern eine Hexe ausmache und dass es zweifelhaft sei, ob man sich auch so nennen dürfe, wenn man das Zaubern überhaupt nicht auf dem Zettel habe. Ich sag dir das aber nur … na ja, damit du Bescheid weißt. Erschieß aber bitte bloß nicht die Botin!

Die meisten Hexen würden von sich sagen, dass sie mit der Kraft ihres Inneren arbeiten und diese Kraft anzapfen, um persönliche Probleme zu bewältigen oder Positivität auszustrahlen.

Zwar arbeiten manche auch mit Kräften, die sie im Außen ansiedeln, zum Beispiel Spirit Guides, Gottheiten oder Naturenergien, die Resultate ihrer Arbeit aber schreiben sie nur selten diesen äußeren Kräften allein zu. Für entscheidend halten sie immer die innere Kraft. Dieses Ja zum persönlichen Empowerment hilft uns zu erkennen, wie stark wir sind, und das gibt uns Selbstvertrauen und ermutigt uns auch, Verantwortung zu übernehmen und Dinge anzupacken.

Viele Hexen halten sich an feststehende Gruppenprinzipien oder operieren im starren Rahmen der Tradition. Und das kann durchaus effektiv sein. Denn manche entscheiden sich bewusst dafür, strikt den Anweisungen aus Büchern, von Webseiten, Online-Mentorinnen oder der Community Folge zu leisten, der sie sich zugehörig fühlen. Und das kann, wie gesagt, sehr erfolgreich sein. Ich würde nie behaupten, dass es falsch wäre, sich an einen festen Rahmen zu halten. Doch in diesem Buch geht es eher darum, dass du dir deine eigene strapazierfähige Flickendecke zusammenstellst, in die die verschiedensten kulturellen, künstlerischen sowie jede Menge persönliche Interessen und Vorlieben einfließen.

All diese Elemente, die auf deiner individuellen Energie, Power, Leidenschaft, Willenskraft und dem gesamten Spektrum deiner Fähigkeiten beruhen, stellen den Kraftstoff für die Manifestation deiner Wünsche bereit.

Weil in seinem Mittelpunkt eindeutig die persönliche Power steht, ist es kein Wunder, dass das Wort »Hexe« in Zeiten gesellschaftlichen Aufruhrs selten frei von politischen oder auch radikalen Konnotationen ist. Im Angesicht von Spaltung, Extremismus und ökologischer Bedrohung des Planeten zieht die Idee des Hexens Aufmerksamkeit auf sich. Viele von uns sehen im Label »Hexe« den Ausdruck ihrer Bereitschaft, Verantwortung zu übernehmen und sich für Gerechtigkeit einzusetzen. Was auch die Ablehnung jeder Kooperation mit Systemen oder Institutionen beinhaltet, die andere verunglimpfen oder dem Planeten schaden.

Manche sehen im Label »Hexe« eine Rebellion gegen Ungleichheit. Und verstehen es als Kampfbegriff gegen Unterdrückung, der eine Verstärkung des Widerstandes verspricht.

Für andere ist die Idee, die Hexenkunst könnte eine Rolle im politischen Diskurs spielen, schlichtweg absurd. Denn man könne ja einerseits Hexe sein, gleichzeitig aber auch eine höchstprivilegierte Stellung in der Gesellschaft innehaben und dürfe politisch jede beliebige Position vertreten.

Vertreterinnen dieser Auffassung betrachten die Magie also ähnlich wie die elektromagnetische Wechselwirkung als neutrale Kraft, die zu allen nur denkbaren Zwecken eingesetzt werden kann – zu guten, bösen und richtig brutalen.

Dass Hexenkunst und der Kampf für ein besseres Leben und soziale Gerechtigkeit in einem Atemzug genannt werden, dürfte eigentlich niemanden überraschen. Denn Hexen befanden sich schon immer am Rand der Gesellschaft und wurden als Außenseiterinnen betrachtet. Wie oft haben wir schon das brennende Herz unserer Kraft und Tapferkeit heraufbeschworen, um der Unterdrückung die Stirn zu bieten? Hexen, die etwas verändern wollen, wissen, dass in den sehr realen Kämpfen der wirklichen Welt ihre Geisteskraft, Energie und Magie sehr wohl den Ausschlag geben können.

Ich treffe ja viele Hexen und glaube sagen zu können, dass sie einiges gemeinsam haben. Viele fühlten sich schon in jungen Jahren zu mystischen Aktivitäten und spirituellen Erfahrungen hingezogen. Die spirituelle Praxis betrachten sie als ihre Art, mit der Realität klarzukommen und das Leben zu verbessern. Sie sehen die Spiritualität nicht als getrennt vom Greifbaren der »wirklichen Welt«, sondern nutzen sie, um im irdischen Hier und Jetzt Veränderungen zu bewirken. In der Regel sind sie vom Konzept der persönlichen Verantwortung überzeugt und glauben an ihre innere Stärke und die Kraft, viel Gutes zu bewirken.

Hexen fühlen sich mit Dingen jenseits der kognitiven Wahrnehmungsfähigkeit verbunden. Sie machen Erfahrungen, für die sie keine praktischen Belege oder gar Beweise vorlegen können. Und statt so zu tun, als wären sie nie geschehen, entscheiden sich Hexen lieber dafür, zu diesen Erfahrungen zu stehen und sie zu dokumentieren, um zu schauen, ob sie sich nicht noch optimieren lassen.

Viele Hexen sind der Meinung, dass sie über dieselbe Stärke und Komplexität verfügen wie Tiere, Pflanzen und die Erde als Ganze. Diese betrachten sie im Übrigen als die heilige Heimat der Menschheit, der wir Liebe und Respekt schuldig sind.

Was Einstellungen und Prinzipien betrifft, stimmen nicht alle Hexen überein. So ist es durchaus möglich, dass du auf eine Kollegin triffst, die in vielen Fragen entgegengesetzte Auffassungen vertritt. Zum Verdruss selbst ernannter Torwächterinnen hat niemand das Recht, den Begriff »Hexe« für sich allein zu reklamieren. Nimmst du ihn für dich in Anspruch, wirst du deine Gründe haben. Und solange du von diesen überzeugt bist, gibt es niemanden, der dir diesen Titel streitig machen kann.

Doch wenn du dich tatsächlich als Hexe bezeichnen möchtest, fühlt es sich am besten an, wenn du es von ganzem Herzen und mit voller Überzeugung tust.

SCHREIB'S AUF

◊ Welche Gründe könnte es haben, wenn sich jemand unsicher ist oder sich nicht traut, den Titel »Hexe« für sich in Anspruch zu nehmen?

◊ Welche Gefühle löst das Wort »Hexe« an diesem Punkt deiner Entwicklung bei dir aus und warum?

◊ Was, glaubst du, heißt es, eine waschechte Hexe zu sein?

PROBIER'S DOCH MAL

◊ Such dir Videos, Podcasts oder Artikel, in denen Hexen darüber berichten, wie sie dazu gekommen sind, sich selbst als Hexe zu bezeichnen. Was sticht dir an ihren Erfahrungen besonders ins Auge? Was interessiert dich am meisten an den genannten Entscheidungen dafür, sich Hexe zu nennen?

◊ Erstelle einen Zeitstrahl, aus dem hervorgeht, wie sich deine Auffassung des Begriffs »Hexe« vom ersten Kontakt in der Kindheit bis zum heutigen Tag entwickelt hat. Mach dir nichts draus, wenn dabei auch Angst oder Verurteilungen eine Rolle gespielt haben. Der Zeitstrahl wird dir die Reise vor Augen führen, die dich schließlich dazu geführt hat, dass du dieses doch sehr hexige, witchy Buch liest.

2

UND WARUM
»REBEL WITCH«?

Du willst eine Garantie für durchschlagende Resultate? Dann bahn dir einen Weg, der sich einmal um deine Psyche windet und in dein Herz führt.

Je mehr von dir selbst du in die Methode der magischen Arbeit einbringst, die du entwickelst, desto mehr kann und wird diese Methode für dich tun. Das einzigartige Ensemble von Eindrücken und Einflüssen, dem du in deinem Leben bisher ausgesetzt warst, wird dich stärken und inspirieren. Denn aus diesem Material lässt sich eine superpotente Praxis schmieden, die in Raum und Zeit nie jemand wird reproduzieren können.

Nur du wirst wissen, warum du während deiner Vorbereitungen aufs Zaubern einen ganz bestimmten Song hörst oder wieso das Bild einer Comic-Figur auf deinem Altar steht. Nur du wirst erklären können, warum auf der Liste deiner heiligen Texte ausgerechnet ein zerlesenes Jugendbuch mit Geistergeschichten den ersten Rang einnimmt.

Als Rebel Witch wirst du dir eine Praxis erschaffen, in der sich alle Konzepte und Stimmungen wiederfinden, die dir in deinen dunkelsten Zeiten aus der Misere herausgeholfen haben. Du wirst dich öffnen und in eine Praxis eintauchen, die sowohl deine Erinnerungen an die schwindelerregendsten Hochs einfängt als auch deine abgefahrensten Zukunftsvisionen.

Trägt die Methodik, die du entwickelst, wirklich deine Handschrift, wird sie all jene Elemente enthalten, die deine Seele am meisten ansprechen, und deine Überzeugungen, Erfahrungen und Intentionen widerspiegeln. Und genau das wird deinen Zaubern und Ritualen ihre besondere Kraft verleihen.

Je mehr du die Musik, die Farben, Objekte und Worte einsetzt, die dich im Kern ausmachen, desto größer wird die Chance, dass sich die von dir ersehnten Resultate tatsächlich einstellen. Denn schließlich ist es ja so: Wer sich nur bei anderen bedient, wird deren Ideen umzusetzen versuchen – welche aber auch nur deren Stärken widerspiegeln und nicht die eigenen.

Wenn dir etwas nichts sagt, du es dir aber trotzdem aneignest, weil du es glaubst tun zu müssen oder aber weil es für andere funktioniert, verpasst du deine Chance. Die Chance, dich mit vollem Herzen auf deine Praxis einzulassen. Umgibst du deine Arbeiten mit deiner ganz persönlichen Symbolik, werden die Ergebnisse für sich sprechen.

Die Entwicklung einer individuellen Praxis erfordert mit hoher Wahrscheinlichkeit auch Engagement und einen langen Atem.

Die Praktiken anderer Leute können zeitweilig sehr faszinierend sein, auf lange Sicht setzen sie jedoch Staub an und werden irgendwie langweilig – und zwar nur, weil sie nicht aus deinem eigenen Inneren kommen.

Wenn du die Zaubertechniken einer anderen Hexe umständlich, zu kompliziert findest oder mit dem dazugehörigen Spruch nichts anfangen kannst, hat es keinen Sinn, ihren Anweisungen zu folgen. Und genauso wenig bringt es, sich die Gestaltung des eigenen Altars bei einer Kollegin abzugucken, obwohl nichts davon deinem Geschmack entspricht.

Generell kann es nur in eine Sackgasse führen, wenn du von wem auch immer etwas übernimmst, ohne überlegt zu haben, ob es für dich auch tatsächlich das Gelbe vom Ei ist. Dann sagst du dir später vielleicht, dass das Hexen »nur eine Phase« war, die nicht von Dauer sein konnte, weil du nicht mit dem Herzen dabei warst. Während du dir in Wirklichkeit nicht einmal die *Chance* gegeben hast, eine autonome, selbstbestimmte Hexe zu werden.

Wenn du dir etwas aufbaust, das dich begeistert, wirst du allwöchentlich, monatlich, Jahr für Jahr darauf zurückkommen. Weil es dich immer wieder packt und nie an Bedeutung verliert. Das Großartige daran, Dinge selbstständig und von innen heraus zu erarbeiten, ist, dass sie nachher so aussehen und sich anfühlen, dass du nie und nimmer von ihnen ablassen möchtest.

Wie dir vielleicht anhand von Social-Media-Videos oder -Bildern zum Thema aufgefallen ist, sind auch hexische Konzepte und Ästhetiken durchaus Moden unterworfen. Menschen werden nun einmal – ob bewusst oder unbewusst – von ihrem Umfeld beeinflusst. Und mitunter werden die Leute von etwas Neuem »gepackt«, und es wird zum Trend.

Aber alles, was du im Netz oder in Büchern siehst, kann sich genauso gut als Strohfeuer erweisen wie als langfristige Inspirationsquelle.

Bist du jedoch bereit, deinen Weg von Grund auf selbst zu entwickeln, kannst du es dir auch erlauben, dich von allem inspirieren zu lassen, was dir zusagt – vorausgesetzt, es entspricht tatsächlich deiner Person.

Entscheidend in punkto Selbstfindung ist, dass du ganz dein Ding machst und zu deinen eigenen Bedingungen. Im Zuge deiner Reise als Rebel Witch wirst du in deiner Psyche verborgene und vergessene Kammern entdecken, die du auf eigene Faust erkunden kannst. Und viele deiner Beobachtungen werden dich faszinieren. Du wirst dir deines inneren Reichtums bewusster werden und auf einiges stoßen, was dir ganz fremd ist.

Indem du erkennst, was für dich als Hexe funktioniert, wird dir auch klarer, wovon du im Leben insgesamt mehr benötigst. Und du realisierst auch, wo du herausgewachsen bist oder was dir gegen den

Strich geht. Im Laufe der Zeit wirst du dich verändern und mit dir deine Praxis. Und auch das ist eine lehrreiche Erfahrung.

Sobald du Herrin deiner ganz persönlichen Hexenkunst bist, wirst du dich trauen, immer mehr und immer Neues auszuprobieren, und schließlich eine hyperauthentische Praxis dein Eigen nennen. Was ich damit meine? Dass du dich selbst aus jeder spirituellen Komfortzone herauskatapultierst, in die du dich zuvor womöglich zurückgezogen hast. Das verstehe ich unter rückhaltloser Authentizität: dass du nie auf irgendeine Erlaubnis warten musst. Das kann dich enorm weiterbringen.

Wann immer es in deinem Leben mal so richtig knirscht, wird die Praxis zu deinem inneren Wohlfühlort. Denn da sie dir alles bietet, was dich wirklich anspricht, kann sie dir auch Trost bieten, wenn du mal am Boden bist.

Vielleicht kann dir dein einzigartiger Weg ja auch vor Augen führen, dass du an nichts festhalten musst, was dir permanent schlechte Gefühle bereitet. Sodass du den Mut findest, die erdrückende Situation, in der du dich befindest, zu verlassen und mehr vom Leben zu verlangen.

Wohin dich deine Reise als Rebel Witch führen wird, weiß niemand. Jedenfalls hört sie nicht an den Grenzen deines heiligen Raumes auf, weil sich ihre Ergebnisse auf jeden einzelnen Aspekt deines Alltagslebens erstrecken.

SCHREIB'S AUF

◊ Welche Benefits begeistern dich auf deinem Weg als Rebel Witch am meisten?

PROBIER'S DOCH MAL

◊ Schließ die Augen, atme ein paarmal tief durch, und sage mehrmals:»Ich bahne mir einen Weg, der sich einmal um meine Psyche windet und in mein Herz führt.« Sag dir diese Worte (gern auch in anderer, ähnlich starker Formulierung) immer, wenn du dich auf deine Souveränität als Hexe fokussieren musst.

SCHWIERIGKEITEN
AUF DEM WEG

Teil einer existierenden Hexentradition zu werden kann sich leicht und bequem anfühlen. Denselben Effekt hat es, wenn man sich an ein bestimmtes Regelpaket hält, insbesondere, wenn diese Regeln schon lange existieren und Respekt genießen.

Viele Praktizierende fühlen sich sicherer, wenn sie ein bewährtes Set von Vorschriften übernehmen oder einer Autorität Folge leisten. Andere finden es weniger arbeitsintensiv und ziehen es vor, weil sie es für vernünftiger halten.

Auf diese Annehmlichkeiten verzichtest du, wenn du dich für einen vollkommen individuellen, auf deine Person zugeschnittenen Weg entscheidest. Und vermutlich wirst du ab und an unsicher und bekommst Zweifel, weil du auf weiter Flur ganz allein bist und dir deine Arbeitsstrukturen selbst suchen musst.

Niemand wird dein Tun und Lassen verwerfen können. Aber mit Beifall für die Effektivität deiner Praxis darfst du auch nicht rechnen. Da es für dich keinen Top-down-Wissenstransfer gibt, fehlt es dir an Bestätigung. Und während sich das befreiend anhören mag, kann es auch auf eine ganz eigene Art merkwürdig bedrückend sein.

Jeden einzelnen Aspekt der Hexenkunst den eigenen Vorstellungen entsprechend neu zu entwickeln dauert natürlich länger, als wenn man sich Rat aus einem Buch, Video oder von der Zirkelleitung holt. Also musst du dich daran gewöhnen, dass alles etwas mehr Zeit in Anspruch nimmt.

Und da die Erschaffung deiner Praxis nun eben dauert, wird deine Geduld bestimmt das eine oder andere Mal auf die Probe gestellt, derweil du dir überlegst, welche Elemente du aufnimmst oder in welcher Reihenfolge du was machst. Während du dein weiteres Vorgehen planst, kann durchaus auch einiges den Bach runtergehen. Auf deinem Weg wirst du Rückschläge einstecken müssen, auf unsicheres Terrain geraten und in Sackgassen landen. Mitunter wirst du dich verwundbar und wie vor den Kopf geschlagen fühlen, und im Zweifelsfall wird es keine Menschenseele geben, an die du dich wenden kannst und die exakt denselben Weg geht wie du. Niemanden, der mit dir mitfühlt und dir Mut zuspricht.

Eine weitere Schwierigkeit ist das »Elsterauge«, das viele Hexen haben. (Dieses Phänomen ist echt weit verbreitet!) Wenn du dir gestattest, dich wahllos allen möglichen Einflüssen auszusetzen, wirst du jeden einzelnen unglaublich lecker finden und ihn in deine Praxis integrieren wollen.

Ausgefallene Techniken zu verwenden, derer sich sonst niemand bedient, kann ausgesprochen aufregend sein. Die Kehrseite besteht darin, dass du dich darauf fixierst, immer Neues aufzunehmen, oder nicht bereit bist, etwas außen vor zu lassen, wenn dich auch nur eine Kleinigkeit daran interessiert. Rebel Witches mit Elsteraugen laufen Gefahr, schlussendlich eine völlig unaufgeräumte, unübersichtliche und total überfrachtete Praxis zu haben, in der alle ursprünglich guten Absichten bis zur Unkenntlichkeit verwässert wurden.

Ob du zu viele Aktivitäten, Wissens- oder Interessensgebiete an Bord geholt hast, kannst nur du allein entscheiden. Manche Hexen kommen gut mit zig Altären, einer Handvoll Gottheiten und Unmengen magischer Arbeitstechniken klar. Das heißt aber nicht, dass deren knallvolle Praxis einer weniger rummeligen überlegen wäre.

Hexen, die kaum Zeit oder noch viele andere Dinge um die Ohren haben, werden sich kaum um jeden Ball, mit dem sie jonglieren, gleichermaßen intensiv kümmern können. Die Lösung für dieses Problem liegt auf der Hand: einfach von Anfang an weniger Bälle in der Luft zu haben.

Etwas zu erschaffen, worin sich widerspiegelt, wie du dich entwickelt hast und was du für wichtig hältst, ist mutig. Und Wagemut lässt sich nur schwer über einen längeren Zeitraum aufrechterhalten. Dafür musst du fest davon überzeugt sein, dass du etwas Wirkungsvolles erschaffen kannst und niemanden brauchst, der dir sagt, wo's langgeht.

Solltest du dich mit einem geringen Selbstbewusstsein herumschlagen, wenig Selbstachtung haben oder unter dem Hochstapler-Syndrom leiden, wird es dir eher schwerfallen, deine eigenen Regeln aufzustellen, an deine Ideen zu glauben und darauf zu vertrauen, dass du selbst am besten weißt, was zu tun ist. Gegen diese Mentalität musst du angehen. Und einfach weiter dein Ding machen.

Du musst die rechte Hand auf dein Herz legen und dir mit starken Worten gut zureden oder in den Spiegel schauen und dich daran erinnern, dass du die Herrscherin in deinem eigenen magischen Königreich bist. Du musst dich immer weiter antreiben, um deine Theorien in die Praxis umzusetzen, und deiner Neugier folgen, statt einfach irgendetwas zu kopieren, was jemand anders macht.

Vergiss nicht: Du kannst Zauber wirken, die dir helfen, mehr Selbstvertrauen zu bekommen, oder Rituale durchführen, die deinen Glauben an dich verstärken. Wie wär's mit einem Zauber, der auch eine Visualisierung oder Kurzgeschichte beinhaltet, deren selbstsichere Heldin du bist? Oder mit einem Ritual, zu dem ein Lied, ein Tanz oder eine andere künstlerische Ausdrucksform gehört, die symbolisch darstellt, wie du selbstbewusst wirst und jegliche Angst von dir abfällt?

Wenn du dir in Teil II die Kapitel über Zauber und Rituale anschaust, wirst du auf wunderbare Möglichkeiten stoßen, kreative Zauber zur Förderung von Selbstbewusstsein und noch vielem mehr zu wirken.

Solltest du dich dazu entschließen, jemandem von deinem speziellen Weg zu erzählen, musst du dich auf viele Fragen und auch auf Ablehnung und Spott gefasst machen, und zwar sowohl innerhalb wie auch außerhalb unserer Community. Irgendjemand wird immer alles besser wissen.

Für viele, die für eine wilde, ungewöhnliche Praxis optiert haben, ist so ein Gegenwind ein gutes Training in Sachen Beharrlichkeit. An die eigenen Erfindungen glauben zu lernen ist aber gar nicht so einfach. Denn es besteht ja immer die Gefahr, dass dein Gegenüber etwas sagt, was dich ins Schwanken bringt. Und es kann schon schwer genug sein, dich selbst davon zu überzeugen, dass es genau richtig ist, wenn dein Lieblingskinderspielzeug einen Platz auf deinem Altar hat oder die von dir zur Durchführung von Ritualen bevorzugte Kleidung aus sexy Unterwäsche besteht.

Sollte dir die Angst vor den Äußerungen und Urteilen anderer den Schlaf rauben, bleibst du hin- und hergerissen irgendwo im Nirgendwo stecken und vermeidest die Schritte, die du gehen müsstest, um dich als Hexe weiterentwickeln zu können. Also bleibt dir nichts anderes übrig, als dich mit vollem Engagement Tag für Tag außerhalb deiner Komfortzone zu bewegen – und möglicherweise auch der anderer Leute.

Hexen, die ihren einzigartigen Weg suchen, fällt es oft schwer, sich selbst ernst zu nehmen. Wendest du dich etwa von deinem etablierten religiösen Glauben ab, wirst du womöglich von dem nagenden Gefühl eingeholt, deine bisherige Religion müsse irgendwie legitimer, seriöser oder verlässlicher sein als alles, was du kleines Menschlein dir einfallen lassen könntest. Mit der Folge, dass du dich über deinen persönlichen Weg lustig machst oder ihn infrage stellst, weil er ja schließlich nur »erfunden« sei. Dabei ist es in Wahrheit so, dass du deinen Weg mit so viel Sinnhaftigkeit und Stärke pflastern kannst, wie du magst. Und als Material darfst du alles verwenden, was dich fasziniert.

Versteh doch, Bibi B.: Das ist spiritueller Raketentreibstoff, Röschen! Stell dir doch nur mal vor, wie der dein Leben auf Touren bringen wird! Erinnere dich deshalb künftig jedes Mal, wenn du deinen Weg selbst kleinreden willst, daran, dass er aus allem besteht, was dir das Gefühl gibt, quicklebendig, wild und auf der Stelle bereit zu sein, die Herrschaft über deine ureigene Galaxie zu ergreifen.

SCHREIB'S AUF

◊ Mit welchen Rückschlägen und Niederlagen könntest du es zu tun bekommen, und wie beabsichtigst du, damit umzugehen?

◊ Woran merkst du, dass du bereit bist, eine Rebel Witch zu werden und dir deinen ganz eigenen Hexenweg zu erschaffen, statt ausgetretene Pfade entlangzulatschen?

◊ »Entscheidend dafür, um welche Elemente du deine Praxis ergänzen solltest, ist das Differenzierungsvermögen zwischen einem vorübergehenden, oberflächlichen Interesse und Dingen, die für dich von großer Bedeutung sind.« Beschreibe deine emotionale Reaktion auf dieses Statement.

PROBIER'S DOCH MAL

◊ Stell dir eine starke heilige Mauer vor, die schützend einen pulsierenden Regenbogenbau umgibt, der ein Symbol für deine Rebel-Witch-Praxis ist. Die Mauer, die deine Praxis permanent behütet, steht für deine Bereitschaft, auf alles, was du dir aufbaust, zu vertrauen und deine Arbeitsweise immer weiter auszubauen – unabhängig davon, ob andere sie gutheißen oder auch nur verstehen. Dieses Bild kannst du dir immer dann wieder vor Augen führen, wenn du dich in deinem Wirken als Hexe bedroht fühlst und Schutz brauchst.

◊ Achte bewusst darauf, wann du auf Bestätigung aus bist und dir von anderen ein »Go« erhoffst. Als Rebel Witch betrachtest du die bestehenden Traditionen, Techniken und Strömungen unter dem Aspekt, welche Regeln du brechen oder wie du sie dir aneignen möchtest. Sobald du aufhörst, Leuten gefallen zu wollen und auf ihr Okay zu warten, wird dir viel klarer sein, was für dich beim Hexen und im übrigen Leben am besten funktioniert.

◊ Tipps für den Umgang mit den in diesem Kapitel angesprochenen sowie anderen Problemen findest du in diesem Buch unter der Überschrift »Troubleshooting« in Teil III.

4

RAUS AUS DEM BESENSCHRANK

Wie wichtig ist es dir, über deine witchy Praxis sprechen zu können? Eine »richtige« Antwort auf diese Frage gibt es nicht. Die muss jede Hexe für sich allein finden. Und manche messen einer solchen Offenheit große Bedeutung bei.

Vielen von uns kommt es komisch vor, ihre spirituellen Überzeugungen für sich behalten zu müssen. Was das betrifft, kann sich Transparenz tatsächlich besser anfühlen. Sich als Hexe zur eigenen Identität zu bekennen kann ausgesprochen elektrisierend sein. Und ob du dich nur deinem engsten Kreis gegenüber öffnest oder einen Social-Media-Kanal einrichtest, auf dem du dich outest: Es stellt in jedem Fall ein Bekenntnis dar. Und dass es oft Mut und Selbstvertrauen erfordert, aus dem Besenschrank herauszutreten, macht diesen Schritt zu einem bedeutenden Übergangsritual.

Solltest du dich als Hexe outen wollen, könntest du damit anfangen, dass du zunächst mit einer einzigen Person über die Ideen und Techniken sprichst, mit denen du dich beschäftigst. Je nachdem, wie dieses Gespräch läuft, kannst du dir danach überlegen, wie du weiter vorgehen möchtest.

Hier ein paar Dinge, die dafür infrage kommen:
- mehr Leuten davon erzählen

- deine Identität als Hexe durch Kleidung und Accessoires zum Ausdruck bringen
- in deiner Wohnung einen Altar oder entsprechende Bilder an der Wand haben
- Hexenbücher erkennbar ins Regal stellen
- etwas Hexisches auf Social Media posten
- dich einer virtuellen Diskussionsgruppe anschließen und/oder witchy Hashtags folgen
- ein wichtiges Event in deiner Nähe besuchen, zum Beispiel ein Körper-Geist-und-Seele-Festival oder eine Hexenzusammenkunft
- in einer Unterhaltung deine spirituellen Überzeugungen/Praktiken ansprechen

Für andere dagegen könnte ein Outing destruktiv sein und sie potenziell sogar in Gefahr bringen. Für Hexen, die in einem streng religiösen Haushalt oder einer erzkonservativen Gemeinde leben, steht unter Umständen so viel auf dem Spiel, dass sie zu ihrem Schutz lieber weiterhin im Verborgenen wirken. Und sich höchstens einer Handvoll Menschen gegenüber outen, von denen sie strikte Vertraulichkeit verlangen, damit nichts an die Ohren Unbefugter dringt.

Seien wir doch mal ehrlich: Sich ohne Angst vor Repressalien aller Welt gegenüber öffnen zu können ist ein Riesenglück. Das bedauerlicherweise bei Weitem nicht alle Hexen haben.

Solltest auch du nicht frei über deine Praxis sprechen können, macht dich das keineswegs zu einer weniger »echten« oder ineffektiveren Hexe. Im Grunde kann es dein Wirken sogar bereichern, wenn du im Geheimen arbeiten musst. Denn sollten zu viele Leute Bescheid wissen, besteht die Gefahr, dass sie sich einmischen. Oder du denkst irgendwann mehr darüber nach, was sie wohl von deinem Tun halten, als darüber, was es *dir* bringen soll.

Red dir bloß nicht ein, dass du dich outen *müsstest*. Denn solange du die Einzige bist, die weiß, was Sache ist, kannst du womöglich sogar besser experimentieren und Dinge ausprobieren. Weil du nämlich nichts beweisen oder rechtfertigen musst.

Viele Hexen bekämen echt Ärger oder wären jedenfalls mit einem Haufen Fragen konfrontiert, würden sie sich aus der Besenkammer heraustrauen. Lass dir dies alles gut durch den Kopf gehen, bevor du entscheidest, wie offen du sein willst. Im Zuge dieses Prozesses kannst du dir folgende Fragen stellen:

- Wem möchte ich davon erzählen und warum?
- Was geschieht wohl, nachdem ich mich als Hexe geoutet habe? Und was sollte aus meiner Sicht geschehen?
- Was wäre das Schlimmste, was passieren könnte, und wie würde ich darauf reagieren?
- Welche positive Wirkung kann es langfristig haben, wenn ich mich als Hexe oute?
- Inwiefern kann es sich langfristig negativ auswirken, wenn ich mich als Hexe oute?
- Warum ist es so wichtig, dass mir klar ist, dass ich mich nicht outen *muss*?
- Was kann ich dafür tun, dass mir meine Praxis auch dann noch am Herzen liegt, wenn ich mich nicht oute?

Setz dich nicht unter Druck, deine behagliche Besenkammer vorzeitig zu verlassen. Als frischgebackene Hexe musst du erst noch lernen, nicht durchzudrehen vor Freude über all deine Entdeckungen und Erfahrungen. Oft würdest du am liebsten Gott und der Welt davon erzählen. Das ist vollkommen normal.

Allerdings kann diese ganze Begeisterung dein Urteilsvermögen trüben. Und bestimmt möchtest du ja auch nicht, dass du dir am Ende wünschst, die Klappe gehalten zu haben. Wenn du dich in die Hexenkunst verliebt hast, wirst du sie noch viele weitere Monde lang ausüben und ausleben wollen. Deshalb kannst du dir ruhig Zeit lassen, bevor du darüber sprichst. Und derweil gut überlegen, was du wen wann wissen lassen willst.

Natürlich outen wir uns nicht nur einmal – sondern im Laufe unseres Lebens noch öfter. Auch nachdem du jahrelang als Hexe praktiziert hast und dein gesamtes näheres Umfeld von deinen magischen Sperenzchen weiß, kannst du noch in eine Situation kommen, in der du das Für und Wider der Offenheit abwägen musst.

Vielleicht sagt dir dein Bauchgefühl, dass du dich auf hexenfeindlichem Terrain befindest, und du erwähnst deshalb in einem Gespräch über Spiritualität deine persönlichen Überzeugungen lieber nicht. Vielleicht beschließt du, neuen Bekannten oder Arbeitskolleg:innen nicht sofort reinen Wein einzugießen. Oder vielleicht richtest du dir für die tiefer gehenden spirituellen Inhalte einen gesonderten Social-Media-Kanal ein, der dir das Gefühl gibt, aus deinem Herzen keine Mördergrube machen zu müssen.

Was immer du tust: Es geht um deine persönlichen Bedürfnisse; darum, dass sich deine Praxis weiterentwickeln kann, ohne dich in die Bredouille zu bringen. Du bist niemandem Zugang zu deiner Spiritualität schuldig. Dass du den Weg der Hexe beschreitest, geht letzten Endes keine Menschenseele etwas an. Und es ist dein gutes Recht, das Risiko abzuwägen, bevor du die schwarze Katze aus deinem Handtäschchen lässt.

SCHREIB'S AUF

◊ Beschreib einmal deine bisherige Reise mit dem Schwerpunkt auf deinen Momenten des Outings. Solltest du erst seit Kurzem Hexe sein, könntest du über deine momentanen Absichten, Träume und Ängste in Sachen »Coming-out« schreiben. Bist du schon länger mit von der Partie, möchtest du dich vielleicht über die Entscheidungen auslassen, die du bislang in dieser Richtung getroffen hast, und erklären, was dich dazu bewogen hat.

PROBIER'S DOCH MAL

◊ Recherchiere, wo auf der Welt es für Hexen gefährlich ist, an die Öffentlichkeit zu gehen. Informiere dich über die zeitgenössische Form der Unterdrückung von Hexen und die Rechtslage in den verschiedenen Ländern.
◊ Guck dir Berichte an, die Hexen über ihr Aus-der-Besenkammer-Kommen verfasst haben. Was kannst du aus ihren Geschichten lernen? Und wie unterscheiden sie sich von deiner?

5

MEHRHEITSMEINUNGEN
HINTERFRAGEN

Über viele Punkte besteht unter uns Hexen Einigkeit. Zum Beispiel über Dinge wie die Verwendung von Kräutern und Kristallen, die Erzeugung eines heiligen Raumes und den Einsatz verschiedener Tools. Manche altbewährten Techniken und Ideen werden von den verschiedensten Hexen benutzt. Breit verfügbar sind auch sogenannte Korrespondenztabellen, die aus allerlei Listen bestehen – angefangen bei Blumen, Bäumen und Tieren über Farben und Zahlen bis hin zu den Mondphasen. Sie dokumentieren den Konsens im Hinblick auf Bedeutung und Verwendung. Diese Listen können Anfängerinnen, die sich über Nutzungsmöglichkeiten bestimmter Dinge informieren wollen, Orientierung bieten oder auch dem Gedächtnis alter Häsinnen auf die Sprünge helfen, was Ingredienzien und Symbole für Zauber und Rituale betrifft. Allerdings können sie einen auch in die Falle blinder oder fauler Akzeptanz locken.

Ein Konsens kommt in der Regel dadurch zustande, dass viele Hexen ein und dasselbe versuchen und super Ergebnisse damit erzielen. Gleiche Erfahrungen können allerdings höchstens in eine bestimmte Richtung weisen – dürfen jedoch bei der Entscheidung, ob du dich diesem Konsens anschließt, nie der ausschlaggebende Faktor sein. Der sollte immer aus den eigenen Erfahrungen erwachsen.

Nichts spricht gegen die Verwendung von Korrespondenztabellen als Ausgangspunkt für hexische Experimente. Vielleicht arbeitest du aber auch gar nicht mit ihnen, weil sie für dich nicht von Bedeutung sind und du dich deshalb nicht weiter für sie interessierst. Oder du schlägst den mittleren Weg ein, nimmst manche Korrespondenzen ernst und lässt die anderen links liegen.

Als Rebel Witch legst du großen Wert darauf, dir immer dein eigenes Urteil zu bilden. So gilt zum Beispiel in den meisten Korrespondenztabellen der Rosenquarz als Symbol für Liebe und Beziehungen. Du aber besitzt einen solchen Stein und bist der Meinung, seine Energie habe eher mit Erfolg und Ehrgeiz zu tun. Warum nicht?

Anderes Beispiel: In Korrespondenztabellen wird der Neumond vor allem mit Neuanfängen, Mysterien und Möglichkeiten in Verbindung gebracht. Deinem Eindruck nach haben die Neumond-Vibes jedoch mehr mit Schutz und Absicherung zu tun, sodass für dich diese Phase ideal für das magische Wirken ist.

Deine persönlichen Gefühle und Erfahrungen hebeln alle Listen und Anweisungen aus, die nicht von dir stammen. Aber vielleicht interessierst du dich auch kein bisschen für Kristalle oder Mondphasen, weil dich diese Dinge einfach nicht die Bohne inspirieren.

Das Infragestellen eines Konsenses stellt keine sinnlose Rebellion gegen allgemein akzeptierte Standards dar; es geht vielmehr darum, deine persönliche Perspektive wahr- und ernst zu nehmen.

Du stimmst mit einem speziellen Konsens eine Zutat oder Technik betreffend überein? Ist doch prima! Dann schließt du dich eben an diesem Punkt der Mehrheitsmeinung an. So musst du zum Beispiel kein Fass aufmachen, wenn du ebenfalls findest, dass Lavendel Ruhe und inneren Frieden verspricht. Schließlich ist allgemein bekannt, dass Lavendel schlaffördernd ist und den Blutdruck senken kenn, deshalb ergibt das durchaus Sinn.

Nehmen wir nun aber an, du assoziierst diese Pflanze mit einer Tante, die dich in deiner Kindheit immer besonders inspiriert und aufgebaut hat und deren Garten ein einziges Lavendelfeld zu sein schien. In diesem Fall bist du vielleicht der Auffassung, Lavendel könne die Unerschrockenheit und das Selbstvertrauen deiner Tante heraufbeschwören und dir helfen, in Kontakt mit ihrem Spirit zu kommen. Daran ist nichts falsch. Schließlich beruht deine Interpretation auf einer wichtigen persönlichen Erfahrung. Und das zählt. Ignoranz gegenüber der eigenen Lebensgeschichte und ihrem Einfluss auf deine Weltsicht würde deine Magie nur verwässern und dir als Hexe den Glanz nehmen.

Du darfst alles hinterfragen, was du in Videos beziehungsweise Podcasts hörst oder in Büchern liest – dieses hier eingeschlossen. Wenn sich viele Hexen auf eine bestimmte Regel oder Norm einigen können, weil sie sie für sinnvoll halten, du jedoch nicht, dann hat deine Stimme für deine Magie das höchste Gewicht.

Auf deinem Weg als Hexe wirst du aller Wahrscheinlichkeit nach auch auf dümmliche Infomaterialien und widerspenstige Leute stoßen, die keinen Zweifel daran lassen, dass sie ihre Meinung für die absolute Wahrheit und Ultima Ratio in Sachen Hexenkunst halten. Dann musst du die Stärke aufbringen, im Dialog mit dir selbst zu bleiben und nicht einzuknicken. Denn was du als Hexe tust und lässt, kann dir niemand vorschreiben.

Wie du also mit Hexenbüchern, -videos und anderen Quellen umgehen sollst, fragst du? Sie vielleicht am besten vollkommen ausblenden? Definitiv nicht. Witchy Infos können durchaus inspirierend und nützlich sein. Doch so richtig effektiv werden sie erst, wenn du sie durch die Brille deiner eigenen Erfahrungen und Meinungen betrachtest.

Ich weiß ja nicht, wie es bei dir ist, aber Dinge exakt so tun zu müssen, wie sie schon immer getan wurden, fand ich noch nie besonders prickelnd. Wann immer du online etwas in einer Korrespondenztabelle nachguckst, ein Buch über unsere Zunft liest oder dir Infos aus Videos, Podcasts oder Blogposts besorgst, achte darauf, ob du davon inspiriert oder fasziniert wirst. Oft sagt dir dein Körper, wenn dies der Fall ist. Dann bekommst du vielleicht eine Gänsehaut, Schultern und Oberkörper straffen sich, deine Augen weiten sich, oder in dir fängt es an zu kribbeln, wenn du dir vorstellst, den betreffenden Vorschlag umzusetzen.

Sobald dich etwas auf besondere Weise anspricht und du das Gefühl bekommst, es ausprobieren oder in dein Repertoire aufnehmen zu wollen, weißt du, dass du auf dem richtigen Weg bist.

SCHREIB'S AUF

◊ Erkläre schriftlich, warum es für dich richtig oder falsch ist, bestimmte Vorschläge und Informationen, die du erhältst, infrage zu stellen. Gib auch an, warum es wichtig und sinnvoll ist, Mehrheitsmeinungen zu hinterfragen und Informationen durch deine ganz persönliche Brille zu betrachten.

PROBIER'S DOCH MAL

◊ Beobachte deine körperlichen und psychischen Reaktionen auf witchy Infos oder Vorschläge aus Büchern, von Websites oder Ähnlichem. Achte darauf, wann du dich inspiriert fühlst. Was spielt sich dann in deinem Körper ab? Und was geht in deinem Kopf vor? Achte auch darauf, wenn dich eine Info abtörnt, langweilt oder dir befremdlich vorkommt. Was passiert unter diesen Umständen in und mit dir? Mithilfe dieser Übung kannst du dir bewusst machen, was dich intuitiv anspricht, und dich von den Infomaterialien eher inspirieren lassen, als dass du ihnen blind Folge leistest.

◊ Wann immer du aus Hexenkreisen eine Empfehlung erhältst, frage dich: »Wie könnte ich das noch verbessern?«,
»Was gefällt mir an dieser Idee, und was sagt mir gar nicht
zu?«, »Wie könnte ich die Technik oder den Blickwinkel
so verändern, dass sie mir mehr entsprechen würden?«,
»Könnte mir diese Technik oder der Blickwinkel helfen,
meine persönlichen Ziele zu erreichen?«

6

MACH DEIN DING

In Zeit und Raum gibt es dich nur ein einziges Mal. Nur du bist du! Nichts und niemand war je und wird je genauso sein wie du. Zwar kannst du dich in viele Erfahrungen und Emotionen von anderen einfühlen – dein spezielles Leben aber führst nur du und kein Mensch sonst. Nur du hast Zugang zu allem, was dich zu dem unverwechselbaren Individuum macht, das du bist und das nie reproduziert werden kann.

Dein einzigartiges persönliches Wissen ist dein mächtigster intellektueller Besitz. Ist deine Praxis bloß Standard, funktioniert sie nicht halb so gut, wie wenn sie deine persönliche Handschrift trägt. Was du wirklich ins Herz schließt, ist für dich von viel größerer Bedeutung als alles, was dir jemand anders empfehlen könnte.

Dein Weg als Hexe wird also dich und dein inneres Wesen eins zu eins widerspiegeln. Und wenn du irgendetwas aus diesem Buch mitnehmen willst, dann bitte das! Bring alles ein, was dir am meisten bedeutet: Farben, Zitate, Lieder, Kleidung, Buch- und Filmgenres, fiktive Charaktere, Muster, Texturen, Speisen, Empfehlungen und Assoziationen. Bring die Tageszeit mit ein, die dir die liebste ist, deine bevorzugte Jahreszeit, die Klänge und Formen und Ängste und Fantasien, die dich geprägt haben.

Im Ernst: Inventarisiere all die Dinge, die dich zu der machen, die du bist, und dich inspirieren, die zu werden, die du hoffst sein zu können.

Trau dich unbedingt, dich auf die Dinge zu besinnen, die dich am meisten elektrisieren, und sie zu einem Teil deiner Praxis zu machen. Denn damit dein Wirken so effektiv werden kann wie irgend möglich, musst du ihm deinen persönlichen Stempel aufdrücken. Das bedeutet, dein Gedächtnis nach Erlebnissen zu durchforsten, die dich stärker, klüger, freudvoller oder bewusster gemacht haben. Es heißt, zu dir und zu allem zu stehen, was du liebst und was dich zum Strahlen bringt. Versuch es – ohne Wenn und Aber. Dein spezieller Weg kann alles beinhalten, was dein Innerstes singen lässt.

Vielleicht fällt dir auf, dass andere Hexen einen Stil haben oder mit Konzepten arbeiten, die dich vollkommen gleichgültig lassen. Vielleicht bist du ja nicht so der rustikale Typ, sondern hast es mehr mit Neonfarben und modernen Bilderwelten. Vielleicht ziehst du eine cleane Praxis vor, geradeaus und ohne Gedöns. Oder bist ganz im Gegenteil in der Tiefe deines Herzens eine maximalistische Hexe, die in kaleidoskopischer Harmonie zig verschiedene Techniken vereint. Vielleicht hältst du nichts von der Vorstellung, mit Gottheiten zu arbeiten, die Mondphasen zu feiern oder mit Tarotkarten herumzuspielen.

Und eins sag ich dir: Nichts von allen diesen Dingen musst du tun, nur weil sie beliebt sind. Du entscheidest. Denn letztlich bist du auch die Einzige, die fest darauf vertrauen kann, dass du mit deiner Praxis in der Lage bist, Veränderungen in die Wege zu leiten.

Deine Geburt war der Ausgangspunkt eines Zeitstrahls. Jenes Zeitstrahls, der alles umfasst, was für dich in irgendeiner Form wichtig war und dich – zum Guten oder zum Schlechten – zu der gemacht hat, die du heute bist.

In diesem Zeitstrahl scheinen alle Ereignisse auf, die dich geprägt haben, deine erreichten Ziele und wichtigsten Beziehungen. Außerdem die Momente, in denen du dich verliebt hast – in Menschen, eine bestimmte Musik oder in Aktivitäten –, oder deine Umzüge.

Dieser Zeitstrahl weist den Beginn aller neuen Lebensphasen von dir aus. Manches darauf dauert bis heute an; anderes ist zwar zum Ende gekommen, liegt dir aber immer noch sehr am Herzen. Dieser Zeitstrahl zeugt von allem, was dich verändert, gebrochen, erneuert und erleuchtet hat. Für deine Hexenreise ist er von großer Bedeutung.

Statt dir eine Null-acht-fuffzehn-Praxis aufzubauen, die dir nicht wirklich entspricht, kannst du einen Weg einschlagen, der deine absoluten Lieblingsdinge beinhaltet und sowohl deinen besten als auch deinen schlechtesten Zeiten gerecht wird.

Eine Praxis wie die deine gibt es nicht noch einmal. Zwar mag sie in einigen Punkten dem Wirken anderer Hexen ähneln; doch dass du deinen persönlichen Zeitstrahl einbeziehst, macht sie einzigartig.

Wenn du dir die Zeit nimmst zu überlegen, was dir wirklich Power gibt und dich inspiriert, kannst du es in deinen Hexenweg integrieren. Sobald du bereit bist, deine Arbeit um ganz persönliche Details zu bereichern, kannst du maximal viele sinnvolle Resultate erzielen.

Mach dir klar, dass dein Persönlichkeitstyp beim Aufbau deiner Praxis von großer Bedeutung ist. Optimiere alles, was du tust, und schneide es auf deine Person zu. Könnte man dich als extrovertiert und sehr gesprächig bezeichnen? Oder bist du eher introvertiert und reserviert? Bist du abenteuerlustig? Oder bestens organisiert? Ehrgeizig? Leidenschaftlich? Ungeduldig? Pingelig? Erfinderisch? Kultiviert? Faul? Lustig? Radikal? Ernst? Großzügig?

Einen Persönlichkeitstyp, der fürs Hexen ungeeignet wäre, gibt es nicht. Problematisch kann es höchstens werden, wenn sich eine Witch zu etwas zwingt, was ihre Persönlichkeit weder widerspiegelt noch ergänzt. Wenn du's gern locker und simpel hast, handle entsprechend. Hast du's gern laut und überlebensgroß, dann mach. Es gibt minimalistische und maximalistische genauso wie Hexen, die irgendwie dazwischenliegen.

Finde unbedingt heraus, an welcher Stelle in diesem Spektrum du dich einordnen würdest. Wenn du dich gern an einen festen Zeitplan hältst und alles im Voraus planst, dann organisier dich entsprechend. Du bist eher der chaotische, spontane Typ und schaust einfach, was der Tag so bringt? Auch das lässt sich einrichten.

Vielleicht bist du voller Skepsis, was die Erschaffung einer hochindividuellen Praxis angeht, die auf deiner Innenwelt und all dem beruht, was dich ausmacht. Vielleicht sagst du dir, dass alles, was es schon gibt, was sich bewährt hat und weithin anerkannt ist, auch das Beste ist. Und dass du es deshalb erlernen und befolgen solltest, ohne groß von den ausgetretenen Pfaden abzuweichen.

Doch da du dieses Buch liest, bist du ja vermutlich bereit, deine Einstellung zu verändern. Du bist dir der Durchschlagskraft deiner Biografie bewusst – auf die du jederzeit zugreifen kannst. Du weißt, dass dir diese Kraft angeboren ist und dass sie nicht mit äußeren Traditionen verbunden sein muss, um wirksam sein zu können. Natürlich spricht auf dem Gebiet der Spiritualität absolut nichts dagegen, traditionelle Bräuche und Methoden zu übernehmen, und es gibt Material genug, in dem man sich darüber informieren kann. Dieses Buch aber soll dir helfen, etwas aus dir selbst heraus zu erschaffen – eine Hexenpraxis, die aussieht und sich anfühlt wie du.

SCHREIB'S AUF

◊ Erstelle einen Zeitstrahl deines bisherigen Lebens mit wichtigen Ereignissen und Einflüssen. Dazu gehören auch bedeutungsvolle Gespräche, wegweisende Erlebnisse und enge Beziehungen. Schreib alles auf: das Positive wie das Negative. Und lass auch die Dinge dazwischen nicht aus. Vergiss die Entdeckung wichtiger Musik, Filme oder

Bücher ebenso wenig wie einmalige Ereignisse, die sich deiner Seele eingeprägt haben. Denk auch an die Momente, in denen du dich in eine bestimmte Idee verliebt oder deinen Stil verändert hast, bei einer Band eingestiegen bist, einen Job gekündigt oder unter Liebeskummer gelitten hast – eben an alles, was Einfluss auf dich hatte. Vielleicht möchtest du diesmal lieber nicht mit der Hand schreiben, sondern eine Datei anlegen, die du nach Belieben erweitern kannst?

PROBIER'S DOCH MAL

◊ Frag die Menschen in deinem Leben, wovon sie im Laufe der Jahre inspiriert, beeinflusst oder verändert worden sind. Hör genau hin, was sie dir antworten. Schau, ob dich das zu der Entscheidung inspiriert, welche Einflüsse du deinem Wirken hinzufügen möchtest.

◊ Überlege, welche der dir bekannten Bücher, Bilder, Filme et cetera starke Bezüge zur Biografie ihrer Urheber:innen haben. Welche Gefühle löst das Werk bei dir aus? Was glaubst du: Inwiefern kann es seiner Schöpferin oder seinem Schöpfer bei der Verarbeitung eigener Erfahrungen geholfen haben? Den Aufbau deiner Hexenpraxis könntest du auch als eine Art Kunstwerk betrachten, in das du deine persönlichen Erfahrungen und Überzeugungen einfließen lässt.

◊ Werde dir deiner Wesenszüge bewusst und überlege, wie du deine Praxis so gestalten kannst, dass sie deine Persönlichkeit ergänzt und nicht gegen sie arbeitet. Menschen ändern sich im Laufe der Zeit. Überleg also auch, ob du mit der Vorstellung, die du von deiner Persönlichkeit hast, nicht vielleicht irgendwo in der Vergangenheit stecken geblieben bist. Klammer dich nicht an überholte Label von dir, sondern nimm lieber deine gegenwärtigen Charakteristika bewusst wahr.

◊ Vergiss beim Lesen dieses Buches deine persönlichen Macken und Bedürfnisse nicht. Denk daran, dass du jeden Vorschlag so überarbeiten kannst, dass er optimal auf dich zugeschnitten ist. Sollte dir eine Idee mehr zusagen, wenn du ihr deinen eigenen Stempel versiehst: nur zu!

WARUM ÜBERHAUPT HEXEN?

Was versprichst du dir eigentlich vom Hexen? Welche Benefits erhoffst du dir davon? Inwiefern könnte das Hexen dein Leben verbessern? Frischgebackene Kolleginnen stellen sich solche Fragen, sie lohnen sich aber auch, wenn du schon jahrzehntelang magisch unterwegs bist. Denn in dem Maße, in dem du dich als Mensch veränderst, tun dies auch deine Ziele und Wünsche. Und darauf musst du dich einstellen.

Etwas »einfach nur so« zu machen bringt dir nichts und bringt dich auch nicht weiter. Und woran solltest du schließlich merken, dass das Hexen für dich funktioniert, wenn du gar nicht weißt, was du dir davon erhoffst?

Hier ein paar der wichtigsten Gründe, Hexe zu werden:

... UM SICH STÄRKER UND KOMPETENTER ZU FÜHLEN

Leute, die ihre Probleme mithilfe von Zaubern oder Ritualen zu lösen versuchen, schaffen sich einen zusätzlichen Werkzeugkasten fürs Leben an, der sie daran erinnert, dass sie alles bewältigen und notfalls auch noch 'ne Schippe drauflegen können.

… UM SICH MIT DER NATUR UND DEN ELEMENTEN ZU VERBINDEN

Spürst du die Macht, die Lebendigkeit, die Energien der Welt, die dich umgibt? Möchtest du enger mit dem Land verbunden sein, in und auf dem du lebst? Mit dem Himmel über dir, mit den Tieren, den Wurzeln der Pflanzen und Bäume, mit der Erde unter deinen Füßen, mit den Planeten, die die Sonne umkreisen? Viele Hexen bedienen sich in ihrem Wirken der Kraft all dieser Phänomene – und das kannst du auch.

… UM SELBSTVERTRAUEN AUFZUBAUEN

Dein Selbstvertrauen wird sich in dem Maße steigern, in dem dein Können als Hexe zunimmt, du immer mehr Dinge bewirkst und jeden Schritt deines Weges genießt. Denn sobald deine magische Praxis gedeiht und stärker und stärker wird, wirst du dich schwertun, geringschätzig über dich zu denken.

… UM MEHR SELBSTERKENNTNIS ZU GEWINNEN

Als Hexe kannst du unendlich viel über dich erfahren. Ich jedenfalls habe so alles Mögliche über mich herausbekommen: über meine Interessen und Vorlieben, meine spirituellen Talente, meine Emotionen, über meine Ängste und Unsicherheiten und wie ich mit alldem umgehen kann. Meinem spirituellen Weg verdanke ich die Erkenntnis, wie sich meine Vergangenheit auf meine Persönlichkeit ausgewirkt hat, wovon ich mich verabschieden und was ich neu in mein Leben lassen sollte. Die Hexenkunst ist Teil meiner Heilreise.

Du möchtest dich intensiver mit deinem Innenleben beschäftigen? Als Hexe bieten sich dir dafür reichlich Gelegenheiten.

... UM ZU HEILEN UND GLÜCKLICHER ZU WERDEN

Die Hexenkunst kann große Heilkraft haben. Sie hilft dir, auf kreative Weise zu bekommen, was du willst, loszuwerden, was nicht funktioniert, und aus jeder Situation einen Ausweg zu finden. Der Weg der Hexe hat ein Riesenpotenzial, dich glücklicher zu machen.

... UM FÜR GERECHTIGKEIT ZU SORGEN

Im Angesicht von Grausamkeit und Ungerechtigkeit ist es schwer, sich stark und produktiv zu fühlen. Doch das Hexen ermöglicht es dir auch, der Gerechtigkeit in Situationen zu ihrem Recht zu verhelfen, in denen du dich dem übermächtigen Übeltäter gegenüber sonst hoffnungslos unterlegen fühlen würdest. In deinem Aktionsplan für mehr Gerechtigkeit können Zauber und Rituale eine große Rolle spielen.

... UM MEHR GELD, ERFOLG, LIEBE, GESUNDHEIT ET CETERA ANZUZIEHEN

Zauber sind dafür da, dass sie dir verschaffen, was du dir wünschst. Überleg dir, was du willst, und entwirf einen Zauber, der es zu dir bringt. Einer der schönsten Aspekte der Hexenkunst besteht darin, dass sie dir auf kreative, spannende Art und Weise hilft, dein Leben zu verbessern.

... ZUR BEFRIEDIGUNG DER NEUGIER UND UM HERAUSZUFINDEN, OB ETWAS WIRKLICH MÖGLICH IST

Wenn du wissen willst, ob du tatsächlich in der Lage bist, Zauber zu wirken, dich mit Gottheiten zu verbinden oder Inspiration aus dem Ziehen einer Tarotkarte zu erlangen, gibt es nur eine Möglichkeit, es herauszufinden: Versuch's einfach. Verlieren kannst du dabei nichts.

... UM EIN BESSERER MENSCH ZU WERDEN

Als Hexe hast du die Riesenchance, etwas zu tun, um anderen Menschen zu helfen. Auch dir selbst kannst du helfen – indem du dich weiterentwickelst, hinzulernst und dich veränderst. Wenn du willst, kannst du deine Fähigkeiten nutzen, um Gutes zu tun: für die Menschen und den ganzen Planeten.

... UM ANDEREN ZU HELFEN

Zaubere, damit deine Lieben bekommen können, was sie sich wünschen. Nimm deine Tarotkarten oder die Kristallkugel her, um Menschen zu helfen, die herausfinden wollen, was sie als Nächstes tun sollten. Nutz deine energetischen Kenntnisse, um in heiklen Situationen die Atmosphäre zu entspannen und allen Beteiligten zu mehr Ruhe und Einfühlungsvermögen zu verhelfen. Die Möglichkeiten, als Hexe zum Wohle deiner Mitmenschen tätig zu werden, sind unerschöpflich.

... UM BESITZ UND MENSCHEN ZU SCHÜTZEN

Hexe zu sein heißt, dass du außer den üblichen Methoden zusätzliche Möglichkeiten hast, deine Habseligkeiten und die Menschen in deinem Leben zu beschützen. Mithilfe eines Zaubers kannst du Dinge und Personen, die du liebst, mit einem wirksamen energetischen Schutzzaun umgeben.

... ZUR FÖRDERUNG VON ENGAGEMENT UND SOZIALER GERECHTIGKEIT

Du kannst die Hexenkunst auch nutzen, um dein gesellschaftliches Engagement zu verstärken. Wenn du etwas verändern willst, ist es hilfreich, eine spirituelle Praxis zu haben, die dich inspiriert, dich bei der Stange hält und für bevorstehende Kämpfe munitioniert.

... UM SICH MIT ANDEREN HEXEN ZUSAMMENZUSCHLIESSEN

Du kannst Kontakt zu Hexencommunitys in deiner Gegend aufnehmen oder dich auch online einer anschließen. In solchen Gruppen werden mögliche Verbesserungen bei der Arbeit diskutiert und Ideen ausgetauscht. Vielleicht gründet sich auch ein Coven, ein Hexenzirkel, in dem sich die magischen Bemühungen gut bündeln lassen. Und da das Hexen immer für Gesprächsstoff sorgt, kannst du dich jederzeit in Diskussionen einschalten und deine Meinung zu den gerade aktuellen Themen äußern.

... UM KREATIVPROJEKTE ZU ENDE ZU BRINGEN

Leuten, die groß starten und stark schwächeln, bevor die Ziellinie auch nur in Sichtweite gekommen ist, kann das Hexen eine echte Hilfe sein. Ein Ritual, das dein Engagement besiegelt, vermag dich bei der Stange zu halten. Körperlose Wesenheiten können dich bei der Bewältigung von Schwierigkeiten unterstützen. Und du kannst sogar einen Zauber wirken, um Projekte abzusichern und zum Erfolg zu führen.

... UM ANTWORTEN AUF DIE GROSSEN FRAGEN DES LEBENS ZU FINDEN

Sich intensiv auf eine spirituelle Praxis und die dahinterliegende Philosophie einzulassen kann ein äußerst tiefgehender Prozess sein. Da fühlt man sich leicht verloren, klein, verwirrt und überfordert. Nun bin ich zwar nicht der Meinung, dass solche Gefühle nicht verständlich wären oder gänzlich behoben werden könnten, doch nach all den vielen Jahren, in denen ich bereits als Hexe zugange bin, kann ich sagen, wie sehr mir unsere Kunst hilft, wenn mich dieserart Emotionen überkommen.

... FÜR MEHR SELBSTAUSDRUCK UND AUTHENTIZITÄT

Für mich fühlt sich die Bezeichnung »Hexe« genau passend an. Sie drückt viel von dem aus, wer ich bin, was mir Freude macht und wie ich mich verhalten möchte. Für viele Hexen stellt die Ausübung unserer Kunst einen Großteil ihres Selbstausdrucks dar, der durch nichts anderes zu ersetzen wäre.

... UM DAS LEBEN INTERESSANTER ZU MACHEN

Schau, ich will dir nichts vormachen: Abgesehen von all den Punkten auf dieser Liste macht das Hexen einfach Spaß. Unser Wirken kann hochkreativ sein, denn es gibt auch den banalsten Tätigkeiten noch einen Twist und macht sie zu etwas Besonderem. Einfach an meinem Altar zu sitzen und ein paar Kerzen anzuzünden bereitet mir schon eine Riesenfreude. Ich spreche gern übers Hexen, lese gern darüber ... ganz zu schweigen von Ritualen und Zaubern.

Schau doch mal, welche der Punkte auf meiner Liste auf dich zutreffen. Und vielleicht fallen dir ja auch noch welche ein, an die ich gar nicht gedacht habe.

Zu wissen, was du dir von deinem Abenteuer erhoffst, hilft dir zu erkennen, wann eine Siegesfeier fällig ist. Aufregend ist es auch, wenn man sieht, dass der eigenständig entwickelte Weg der Hexe tatsächlich zu etwas führt. Und dabei können klare Ziele äußerst hilfreich sein. Sieh zu, dass du dich auf deiner Reise immer mal wieder versicherst, dass du die erhofften Resultate tatsächlich erzielst.

Mit der Zeit ändern sich womöglich deine Motive, als Hexe zu wirken. Schau dir deshalb die Liste mit den Gründen bei Bedarf ruhig immer wieder an. Es schadet nämlich nichts, dir gelegentlich noch einmal vor Augen zu führen, warum du den Weg noch gehst, den du einst eingeschlagen hast.

Wenn dich die Erkundung deiner Gründe interessiert, möchtest du vielleicht noch einen Schritt weiter gehen und deine Motive, Intentionen und das Engagement für deine Kunst dokumentieren – kurzfristig und auf lange Sicht. Auf das Ergebnis kannst du in Zeiten der Verwirrung und des Stillstands zurückgreifen. Wenn du Unterstützung brauchst, kannst du das Dokument auch laut vor dem Spiegel verlesen, wenn es dir hilft.

Hier sind Anfänge einiger aufbauender Statements, die du deinem witchy Paper vielleicht noch hinzufügen magst. Pass sie gegebenenfalls deiner Person entsprechend an.

- Hexe zu sein bedeutet für mich ...
- Meine stärkste Intention beim Hexen ist ...
- Folgende Gefühle kann die Hexenkunst bei mir auslösen: ...
- Folgende Gefühle wird das Hexen wohl bei mir abschwächen: ...
- Probleme, die möglicherweise auftreten können, sind ...
- Um Probleme zu vermeiden oder zu vermindern, werde ich mich folgender Tools bedienen: ...
- Das Hexen wird mir helfen ... zu erreichen.
- Als Hexe widme ich mich total ...
- Als Hexe werde ich immer ...
- Als Hexe werde ich nie ...
- Als Hexe werde ich ... weitermachen.
- Als Hexe werde ich ... vermeiden.
- Von meinem Weg als Hexe verspreche ich mir ...
- Zu den wichtigsten Dingen, die ich auf meiner Reise lernen möchte, gehören ...
- Kurzfristig sind meine Ziele ...
- Meine langfristigen Ziele sind ...
- Wichtige Gründe, meinen Weg fortzusetzen, sind ...

Mach dir nichts draus, wenn du manche Sätze jetzt noch nicht ergänzen kannst. In Teil II werden wir uns eingehend damit befassen, wie du dir deine Praxis aufbauen kannst. Und in dem Moment, in dem du dir dieser verschiedenen Möglichkeiten bewusst wirst, gelangst du auch zu mehr Klarheit über deine Ziele.

SCHREIB'S AUF

◊ Erstell eine Liste mit Dingen, die du erreichen, und Veränderungen, die du bewirken willst. Vielleicht möchtest du dich nicht auf diese Aufstellung allein beschränken, sondern einen umfassenderen Text schreiben, der zum Beispiel auch deine Motive und Ziele enthält, der Frage nachgeht, was du vermeiden möchtest, und die witchy Regeln benennt, die du befolgen möchtest. Das Dokument darf gern nur aus einer Reihe knackiger Statements (etwa einigen der obigen Beispiele) bestehen, die dir als Orientierungshilfe dienen. Genauso gut kann es aber auch ein dickes Konvolut werden, aus dem jede deiner Intentionen und alle deine Ziele hervorgehen. Sei so detailliert, wie du magst.

Tipp: Ein digitales Dokument hätte den Vorteil, dass es sich im Handumdrehen ergänzen und verändern lässt.

PROBIER'S DOCH MAL

◊ Schließ die Augen, atme ein paarmal tief durch und nimm dir etwas Zeit, um zu visualisieren, wie dein Leben als praktizierende Hexe wohl in einem Jahr, in zwei, fünf und zehn Jahren aussehen mag. Mal dir alles in schönen Bildern aus, die dir entsprechen: deinen Erfolg, deine innere Ruhe, deine Fortschritte und das Glück, das du erlebst.

Power-Statement: Mein gesamtes Wirken als Hexe ist unverwechselbarer Ausdruck meiner *Persönlichkeit*. Ich nehme weder Befehle entgegen, noch folge ich Trends irgendeiner Art. Ich tue nur Gutes. Mit nichts anderem gebe ich mich ab. Weil ich stets am besten beurteilen kann, was die größten Verbesserungen bewirkt.

TEIL II

DIE BASICS

In diesem Teil legen wir das Fundament deiner Hexenpraxis. Wir schauen uns verschiedene Methoden an, die du in deine Arbeit integrieren kannst, wenn du magst. Dabei eröffnet sich uns ein Panorama, das von Zauberkunst und Ritualen bis zu Büchern über Magie und göttliche Wesenheiten reicht. Unterwegs gebe ich dir zahlreiche Tipps für Experimente, zeige dir, wie du kreativ werden und dir aus allen denkbaren Drehungen und Wendungen sowie den geheimen Farben deiner originellen und absolut einzigartigen Sichtweise deine ganz individuelle Praxis zusammenstellen kannst.

8

DEIN HEXENKALENDER

Sollte dir die Vorstellung, weit im Voraus zu planen, gegen den Strich gehen, weil du es langweilig oder unangenehm findest, ist das völlig in Ordnung. Denn vielleicht bist du ja eine von den Hexen, die sich lieber von ihren nächsten Schritten überraschen lassen und sich in keiner Hinsicht einschränken wollen. Also kannst du auch gut auf Zukunftspläne und Projekte verzichten.

Manche Hexen wachen morgens auf und wissen im selben Moment, dass sie in den nächsten Stunden eine Andacht halten, eine spirituelle Hausreinigung vornehmen oder ein Ritual für den Regenwald durchführen wollen. Ihnen fliegt eine Idee zu, und sie setzen sie um. Punktum. Statt sich erst groß Notizen im Kalender zu machen, handeln sie einfach und schauen, was daraus wird.

Andere ziehen es vor, ihre Pläne genauestens auszuarbeiten und zu terminieren; insbesondere, wenn sie strikt die acht (Hexen-)Sabbate befolgen, mit denen wir uns gleich beschäftigen, oder es sehr mit den Konstellationen der Sterne haben.

Ich persönlich … ohne ein gewisses Maß an Planung hätte ich dieses Buch nie geschrieben, weil ich überhaupt keine Hexe wäre. Denn meistens stecke ich mit der Nase viel zu tief im Kaninchenbau, um ohne irgendeine Form von To-do-Liste auch nur die geringste Produktivität an den Tag legen zu können. Mit der linearen Zeit tue ich mich nämlich ziemlich schwer. Ich hänge Tagträumen nach oder schaue mit »einem Fuß auf der Gasse und dem anderen

in der Milchstraße« in den Himmel, wie Patti Smith es einmal ausgedrückt hat. Und so zwingt mich das knifflige Verhältnis, das ich
zur Zeit habe, quasi zur Planung, nicht nur beruflich, sondern auch
in allen anderen Bereichen meines Lebens.

Dass ich mein Wirken als Hexe in aller Regel vorab plane, hat
aber noch einen weiteren Grund. Und zwar den, dass ich mich gern
auf Dinge freue. Die großen, feierlichen Fixpunkte in meinem Kalender lassen viel Raum für allerlei andere Aktivitäten zu diversen
Anlässen, auf die ich mich ebenfalls freuen kann.

Ich persönlich feiere pro Jahr etwa vier der acht Jahresfeste, dazu
allmonatlich den Vollmond, und ich weiß gern im Voraus, was ich
bei diesen Angelegenheiten tun werde. Um das im Einzelnen zu visualisieren, mache ich mir ebenfalls beizeiten Notizen. Und weil ich
unter anderem mit der heiligen Mutter Maria zusammenarbeite, bereite ich mich außerdem gern früh auf deren Feiertage vor.

Nicht zuletzt begehe ich den Geburtstag einiger meiner Lieb-
lingskünstler:innen und Rockstars, gewisse Jahres-, Gedenk-, Erin-
nerungstage und so weiter. Weil ich auch meine Beschwörungen,
Rituale und bestimmte besonders tiefgreifende Kartenlegungen vorab plane, schreibe ich sie mir ebenfalls in den Kalender.

Aber Schätzchen, du kannst das halten, wie du magst. Deine
Kunst, deine Regeln – beziehungsweise deren Fehlen. Ich skizziere
nur ein paar Dinge, die du vielleicht auch in Betracht ziehen möchtest, solltest du der Typ dafür sein, deine Arbeiten und überhaupt
Aktivitäten zu planen und zu terminieren.

Aber wie gesagt: Wenn dir die Vorstellung fester Termine in deiner
Praxis überhaupt nicht zusagt, geht das natürlich auch klar. Schließlich dreht sich der ganze Prozess deiner Rebel-Witch-Werdung ja darum, dass du dir gestattest, all die vermeintlich heiligen Kühe, ohne
die angeblich gar nichts geht, wegzulassen, wenn dir danach ist.

Doch bevor du die Idee eines Kalenders ganz vom Tisch wischst,
überleg mal, wie spannend es sein kann, Dinge vor dir zu haben, auf

die du dich das Jahr über freuen kannst. Das beste Beispiel dafür ist dein Geburtstag. Bestimmte Daten Jahr für Jahr aufs Neue zu feiern kann deinem ganzen Leben mehr Sinn und größere Bedeutung geben.

DER JAHRESKREIS

In den verschiedenen Jahreszeiten empfängst du auch unterschiedliche Vibes, oder? Mit dem Frühling gehen für die meisten eine hoffnungsvolle, optimistische Atmosphäre und das Gefühl einher, dass allenthalben neues Leben entsteht und in die Zukunft weist. Frische grüne Triebe kommen zum Vorschein, zarte Blüten brechen auf, und die Tiere erwachen allmählich aus ihrem Winterschlaf.

Der Sommer wird von Festen, größerer Offenheit, Freude an der Wärme und am Licht sowie von geselligem Beisammensein geprägt – und nicht zuletzt davon, dass energetisch das Jahr seinen Höhepunkt erreicht hat.

Im Herbst, wenn die Nächte länger werden und wir abends das Haus seltener verlassen, bietet sich die Chance, in uns zu gehen und mehr auf die innere Stimme zu hören. Das Laub verfärbt sich, und schließlich fallen die Blätter von den Bäumen. Diesen Abläufen schließt sich die Stimmung der Menschen an, wir werden nachdenklicher und melancholischer.

Im Winter lässt dann unsere Energie allmählich nach. Die durch Lichtmangel ausgelösten hormonellen Veränderungen führen dazu, dass wir fast ständig müde sind. In dieser Jahreszeit ziehen wir uns gern zurück, konzentrieren uns auf unser Zuhause und ruhen uns bestmöglich aus. Doch so öde und von Schwermut geprägt der Winter auch zu sein scheint, ermutigt er uns doch auch, es uns bei einem heißen Kakao unter einer kuscheligen Decke gemütlich zu machen.

Diese Beschreibungen entstammen natürlich der Perspektive einer Frau, die in der gemäßigten Zone mit klar definierten Jahreszeiten lebt. Je nachdem, wo in der Welt *du* dich aufhältst, kann sich dein Empfinden der klimatisch-saisonal bedingten Vibes demnach sehr von meinem unterscheiden. Ganz abgesehen davon, dass die Reaktionen auf die jeweiligen Jahreszeiten nicht bei allen Menschen gleich sind.

Ich zum Beispiel habe früher die Sommermonate absolut nicht gemocht, weil es zu der Zeit immer so schweißtreibend heiß – und ständig etwas los – war. Doch heute weiß ich alle Jahreszeiten für ihre typischen Eigenschaften zu schätzen. Vielleicht war es bei dir ja ähnlich, und du hast die Jahreszeiten früher auch anders empfunden als heute. Denn in dem Maße, in dem wir uns weiterentwickeln und dem Gewebe unseres Lebens immer mehr Erinnerungen hinzufügen, kann sich die Bedeutung, die die Jahreszeiten für uns haben, durchaus verändern.

Bei der Navigation durch die wechselnden Energien orientieren sich zahlreiche Hexen an der auch als »Jahreskreis« bekannten Abfolge der Festtage zwischen Januar und Dezember.

Mithilfe dieses Kreises kannst du dir einen Überblick über den Verlauf deines Jahres verschaffen, dir etwa vor Augen führen, wofür du dankbar sein kannst und was als Nächstes ansteht. Viele Hexen fühlen sich durch den Jahreskreis zudem nicht nur mit der Region verbunden, in der sie leben, sondern auch motiviert, die Kreisläufe der Natur wahrzunehmen und über die vielen Wunder zu staunen, die unser schöner Planet zu bieten hat.

Der Jahreskreis besteht aus acht – »Sabbat« genannten – Festen: feierlichen Höhepunkten der Andacht und/oder Geselligkeit, die sich gleichmäßig über die zwölf Kalendermonate des Jahres verteilen. Jedes dieser Feste lädt ein, uns Ziele zu setzen, einschlägige Rituale oder Beschwörungen durchzuführen, das Land und die Gottheiten zu ehren, mit denen wir zusammenarbeiten.

Zahlreiche Hexen, die für ganz unterschiedliche Überzeugungen und Arbeitsweisen stehen, beziehen sich bei allen sonstigen

Differenzen doch auf den Jahreskreis als überragendes spirituelles Hilfsmittel. Wobei ich auch hinzufügen muss, dass keineswegs alle Hexen mit ihm arbeiten. Aber immerhin doch sehr viele.

Womöglich fallen dir einige Sabbate sofort ins Auge, während du andere kaum zur Kenntnis nimmst. Entsprechend wirst du dich zunächst vielleicht auf Erstere konzentrieren wollen. Unter Umständen sagt dir aber auch keiner der acht Sabbate richtig zu, sodass du das Jahr lieber neu Revue passieren lässt und deine eigenen Feste feierst. Aber, hey, was das angeht, Süße, darfst du dir alle kreativen Freiheiten rausnehmen.

In den Zeiten, in denen die verschiedenen Feste erträumt wurden, spielten Ackerbau, Viehzucht und Jagd im Leben der meisten Menschen noch die zentrale Rolle. Und deshalb kann man wohl mit einigem Recht behaupten, dass die Veränderung der Witterungsverhältnisse damals von viel größerer Bedeutung war als heute. Die Menschen waren sich der entscheidenden Rolle, die die Jahreszeiten für eine ertragreiche Ernte spielten, noch umfassend bewusst; so mussten sie etwa Vorräte anlegen, um über den harten Winter zu kommen. Aus diesen Gründen überrascht es nicht, dass ihre Feste in unmittelbarem Zusammenhang mit ihren Lebensgrundlagen und der Sicherung ihrer Existenz standen.

Du könntest daher argumentieren, wir Hexen müssten unbedingt mit dem Jahreskreis arbeiten, um so eng wie nur irgend möglich mit den Zyklen der Natur verbunden zu bleiben. Andererseits sollte man jedoch auch der Wahrheit die Ehre geben und sich eingestehen, dass Themen wie Pflanzenwachstum, Winterschlaf und Paarungszeiten heutzutage nicht mehr unbedingt im Zentrum unserer typischen Alltagsthemen stehen.

Als Rebel Witch kannst du im Jahreskreis eine coole Anregung für deine Arbeit sehen, wenn du magst. Denn ein zeitgemäßer Blick darauf kann zu unglaublich starken Ergebnissen führen. Solltest du dich also dafür entscheiden, alle Sabbate so zu gestalten, dass sie deine persönlichen Belange und Erfahrungen widerspiegeln, verschaffst du dir damit alljährlich acht Gelegenheiten, dich und deine Intentionen genau so zu zeigen, wie es dir entspricht.

Vier der Sabbate – und zwar die Sonnenwenden und Tagundnachtgleichen – sind angelsächsischen Ursprungs. Im Verlauf des Jahres markieren die Sonnenwenden den kürzesten und den längsten Tag, während die beiden Tagundnachtgleichen genau das sind, was ihr Name vermuten lässt: die Momente, in denen Tag und Nacht gleich lang sind. Die übrigen vier Sabbate haben keltische Wurzeln und stehen für bedeutende jahreszeitliche Veränderungen jeweils auf halber Strecke zwischen Sonnenwende und Tagundnachtgleiche. Da diese beiden Phänomene in ganz bestimmten Momenten des Sonnenzyklus auftreten, variiert ihr kalendarisches Datum von einem Jahr zum nächsten immer ein wenig.

Alles in allem kann man jedoch sagen, dass jeder Sabbat mindestens zwei Tage lang gefeiert werden kann – beginnend am Vorabend des offiziellen Datums, an diesem Tag selbst und eventuell auch noch am nächsten, wenn du magst. Na ja, wenn du mir auch nur im Geringsten ähnelst, bist du genauso scharf darauf, bei jeder Gelegenheit möglichst lange zu feiern, wie ich.

Imbolg/Lichtmess
Feier des Lichts, der länger werdenden Tage und des aufkommenden Frühlings. 1.–2. Februar

- Silvester fassen wir noch die allerbesten Vorsätze für das neue Jahr. Der Januar aber ist dann oft dunkel, öde und scheint irgendwie nie enden zu wollen, was die Verwirklichung unserer guten Absichten nicht gerade fördert. Deshalb können wir Imbolg Anfang Februar vielleicht als den eigentlichen Jahresanfang betrachten, wenn alles richtig in Gang kommt. Der Januar wäre dann eher eine Phase der Anpassung und Vorbereitung auf den großen Start in die folgenden zwölf Monate. Imbolg kannst du nutzen, um mit Zaubersprüchen oder der Unterstützung hilfreicher Wesenheiten neue Ideen oder Erkenntnisse hervorzubringen.

- Das aufkommende Licht kann als Symbol für ein neues Verständnis aufgefasst werden. Musst du dir vielleicht die Grundlagen einer neuen Fähigkeit aneignen oder ein dir schon vertrautes Thema intensiver studieren, um deine Kompetenz auf dem Gebiet zu verbessern? Imbolg könnte eine hervorragende Gelegenheit sein, das Licht des Wissens willkommen zu heißen.
- Als Leitmotiv von Imbolg kann das aufkommende Licht auch ein Symbol für deine Stärke beziehungsweise dein Potenzial – oder die einer anderen Person – darstellen, das dich auffordert, diese Kraft mithilfe von Magie und Ritualen noch zu verstärken.

Frühlingstagundnachtgleiche/Ostara/Ostern
Feier des anbrechenden Frühlings und der länger werdenden Tage. 19.–23. März

- Da Ostara in die Zeit fällt, in der sich das Leben auf der Erde unübersehbar erneuert, stellt dieses Fest eine gute Gelegenheit dar, dir zu überlegen, wie du dich »zeigen« willst. Wie kannst du couragierter, durchsetzungsfähiger oder aufgeschlossener werden? Hast du vielleicht eine Botschaft, die du verbreiten möchtest? Oder suchst du nach einer Möglichkeit, authentischer zu werden?
- In der Bildsprache zu Ostara spielen auch neugeborene Tiere oft eine Rolle, zum Beispiel Lämmer, Entenküken und Häschen. Wäre die Frühlingstagundnachtgleiche also nicht auch ein hervorragender Anlass, dich auf die Rechte der Tiere zu besinnen und für ein Ende der Tierquälerei einzusetzen? Oder dafür, dich

mit den animalischen Energien zu verbinden und nach deinem/n Guide(s) aus dem Tierreich Ausschau zu halten?

* Die Ausgewogenheit von Licht und Dunkelheit kannst du als Symbol für die Balance verschiedener Persönlichkeitsaspekte von dir auffassen. Wie könntest du deine innere Widersprüchlichkeit beziehungsweise Komplexität feiern?

* Besagte Ausgewogenheit von Licht und Dunkel könnte jedoch auch als Sinnbild für die unterschiedlichen Blickwinkel verstanden werden, aus denen verschiedene Menschen ein und dieselbe Situation betrachten. Woraus Missverständnisse oder Konflikte entstehen können. Versuche doch an Ostara einmal, die Dinge aus der Perspektive anderer Leute zu sehen.

* Vielleicht möchtest du Ostara auch mit österlichen Themen verbinden, wenngleich womöglich nicht mit der christlichen Geschichte. Aber vielleicht hast du ja Lust, den Osterhasen zu deiner Ostara-Gottheit zu machen? Denn hey: Gibt es etwa jemanden, der das flauschige Kerlchen mit den langen Ohren *nicht* liebt? (Wobei *ich* ja versucht wäre, Frank aus dem Film *Donnie Darko* zu meinem Osterhasen zu ernennen. Aber das gilt nur für mich persönlich.)

Beltane/Walpurgisnacht und Maifeiertag
Die leidenschaftliche Feier der sommerlichen Energien.
30. April–1. Mai

* Beltane lädt dich zur Verbindung mit dem Element Feuer ein, das auch als Sinnbild für Leidenschaft und Entschiedenheit gilt. Deshalb könnte dich dieses Fest dazu veranlassen, dich wieder auf die Dinge zu besinnen, für die du einmal gebrannt hast, oder rauszugehen und dir neue zu suchen. So regt dich dieser hochenergetische Sabbat an zu überlegen, was dich alles so richtig heiß macht. Auf welchem Gebiet deines Lebens solltest du jetzt

aktiv werden? Wovon hast du genug, und welche Veränderungen willst du einleiten?

- Such dir ein kreatives Projekt, dem du dich zu Beltane widmen möchtest. Zum Beispiel könntest du ein Gedicht schreiben, etwas malen, tanzen oder eine inspirierende Rede entwerfen – je nachdem, was dich am meisten anspricht. Nutze die Beltane-Energien, um das Projekt voranzubringen.

- Erhebe dein Glas, und bring einen Toast auf das in deinem Leben aus, was du am meisten feiern willst. (Bevor du den ersten Schluck trinkst, kannst du dein Getränk – das übrigens keinen Alkohol enthalten muss – gern segnen.)

- Feuer kann zerstören. Insofern ist dieses Element auch sehr gefährlich. Was in deinem Leben würdest du gern loswerden? Zur Feier des Tages kannst du ein wildes Tänzchen aufführen und dabei im Kopf das betreffende Übelpaket mit aller Kraft in den Boden stampfen. Oder aber du stellst dir ein loderndes Feuer vor, das all deine Probleme verschlingt, um sie zu vernichten.

Sommersonnenwende/Litha/Mittsommer

Eine Feier des längsten Tages im Jahr, nach dem die Dunkelheit wieder zunimmt. 20.–22. Juni

- Diesen symbolischen Wendepunkt kannst du zum Anlass nehmen, ein Visionboard oder eine Collage zu erstellen, um deine emotionale und spirituelle Reaktion auf diesen besonderen Moment des Jahres bildlich darzustellen, in dem der längste Tag das Raumgreifen der Dunkelheit einleitet. Als Material beziehungsweise Medium kommen Papier oder Pappe genauso infrage wie ein Pin auf Pinterest oder ein Ordner auf deinem Phone.

- Diese Phase, in der das natürliche Licht sein Maximum erreicht hat, kann auch als Sinnbild für Wahrheit und Erkenntnis verstanden werden. Deshalb stellt sie meines Erachtens eine super

Gelegenheit dar, die Karten zu legen und ihnen die Fragen zu stellen, die dir auf den Nägeln brennen. (Näheres zum Kartenlegen findest du im Kapitel 15: »Divination und kosmische Führung«.)

- Mittsommer eignet sich perfekt für eine lange Nacht der Dankbarkeit, der Kreativität, der Zauberkunst und Rituale – im Rahmen eines Festessens mit deinen Lieblingsspeisen und -getränken.
- Bring einen Trinkspruch auf den Sommer aus, und bedank dich bei ihm für die Geschenke, die er dir und deinen Liebsten macht. Führ dann ein Ritual durch, um die wiederkehrende Dunkelheit und Kälte willkommen zu heißen, sie zu ehren und dich auf sie vorzubereiten – selbst wenn du für die kühleren Jahreszeiten nicht gerade Feuer und Flamme bist.
- Auch könntest du in deiner Fantasie eine Riesenparty für den Sommer schmeißen – mit allen Schikanen und ganz ohne Limits. Für welche Deko würdest du dich entscheiden? Was sollte es zu essen und zu trinken geben? Welche DJs legen auf? Welche Ehrengäste werden erwartet?

Lunghnasadh/Schnitterfest
Eine Feier zum Herbstbeginn. 1.–2. August.

- Dieser Sabbat ist besonders dazu geeignet, deine Handlungen und ihre Folgen zu überdenken. »Man erntet, was man aussät«, wird ja auch gern gesagt. Also wäre es eine gute Idee, dich mit den Herbst-Vibes zu verbinden und dir die Frage zu stellen: »Welche Konsequenzen hatten und haben meine Entscheidungen?« Führe ein Ritual durch, das dir hilft, dein früheres Handeln zu akzeptieren oder tiefer zu verstehen.
- Wie kannst du dich jemandem erkenntlich zeigen, dem du dankbar bist? War jemand dir gegenüber besonders großzügig

oder hat dir auf irgendeine Weise weitergeholfen? Schick dieser Person ein nettes Briefchen und/oder liebevolle Gedanken.

- Vielleicht möchtest du eine Strohpuppe basteln. Sie könnte als Symbol für deine Bereitschaft stehen, Güte und Fürsorge dankbar anzunehmen. (Im Kapitel 11: »Tools« findest du nähere Informationen über diese Puppen.)

- Du könntest diesen Sabbat zum Anlass nehmen, dich aufs Kollektive zu fokussieren. Gibt es etwas, was deine (Wahl-)Familie gerade braucht? Was ist es? Und wie steht es um die Belange der anderen Gemeinschaften, denen du angehörst, zum Beispiel Fangemeinden, Unterstützergruppen, Online-Gruppen oder Sportteams? Welche Ernte müsstet oder könntet ihr jetzt gemeinsam einfahren? Und welchen Beitrag kannst du mithilfe von Magie und Ritualen dazu leisten?

- Auf welche Weise kannst du dich jetzt spirituell auf den Rest des Jahres vorbereiten? Vielleicht möchtest du deine Projekte oder dein Zuhause mit einem Schutzzauber versehen? Vielleicht hast du aber auch Lust, deinen Hexen-Arbeitsraum aufzuräumen und neu zu organisieren, den Altar der anbrechenden Jahreszeit entsprechend zu dekorieren oder dergleichen. Welchen deiner Prioritäten solltest du nun wieder mehr Aufmerksamkeit widmen? Mit welchen magischen Maßnahmen, die du jetzt ergreifst, kannst du dem laufenden Jahr zu einem bärenstarken Schlusspunkt verhelfen?

Herbsttagundnachtgleiche/Mabon/Erntedankfest
Zweites Herbstfest und Vorbereitung auf die kalten Monate.
21.–24. September

- Wenn sich die kühleren, dunklen Monate des Jahres ankündigen, stellt die Herbsttagundnachtgleiche eine schöne Gelegenheit dar, sich ein wenig zu verwöhnen. Iss was Schönes. Kuschel dich in eine warme Decke. Zieh dir eine Serie rein, die dir ein gutes Gefühl gibt und die du immer gern bingewatchst, wenn du etwas Trost und Wärme brauchst. Mach einfach alles, was dir Sicherheit und Geborgenheit gibt, ganz so, als würdest du dich auf den Winterschlaf vorbereiten.

• Versieh die Mahlzeiten, die du zubereitest, die Arbeiten, die du verrichtest, und all die scheinbar banalen Dinge, denen du normalerweise keinen Gedanken widmest, mit magischen Intentionen. Verstärk den Zauber, der dieser Zeit innewohnt. Und lass wirklich jede deiner Aktivitäten davon durchdringen.

• Gib in deiner Fantasie ein Herbstessen. Was wird es: ein formelles Dinner zu Ehren deiner Lieblingsgöttinnen? Oder vielleicht ein Büfett für die Romanfiguren, die dich am meisten beeindrucken? Ein Geschäftsessen für deine Spirit Guides, bei dem sie diskutieren, wie sie dir helfen können, deine Ziele zu erreichen und dich mega zu fühlen? Überleg dir auch, welche Speisen du reichen möchtest.

• Gerade bei diesem Jahreszeitenwechsel solltest du besonders gut auf dich und andere schauen. Die Tage werden kürzer. Und bei vielen – dich vielleicht eingeschlossen – geht das mit einer Verschlechterung von Stimmung und Wohlbefinden einher. Das wäre jetzt eine gute Gelegenheit, deine Leute zusammenzutrommeln und zu brainstormen, was ihr tun könnt, um besser drauf zu kommen. Die Herbsttagundnachtgleiche ist dafür hervorragend geeignet. Schreib alles auf, was etwas Wärme und Licht in euren Nachsommer bringt – und führe diese Liste ruhig auch in der folgenden Zeit noch weiter.

• Spende Geld für humanitäre Hilfe, oder sieh dich nach einem geeigneten Ehrenamt um.

Samhain/Halloween/Allerheiligen

Hexisches Neujahrsfest und Feier der Zeit, in der der Schleier dünner ist, der die Toten von den Lebenden trennt. 31. Oktober–1. November

- Ein Schlüsselmotiv von Samhain ist die Angst. Erschaffe dir daher einen Schutzservitor, der dir hilft, deinen Ängsten gefahrlos entgegenzutreten und sie zu analysieren. (Näheres über Servitoren erfährst du im Kapitel 9: »Göttliche und andere körperlose Wesenheiten«.)
- Führe ein Gedenkritual für all deine bereits verstorbenen Lieben durch. Spiel die Musik, die sie besonders mochten, schreib ein Gedicht für sie, das du ihnen laut vorliest, oder schau dir schöne Fotos von ihnen an.
- Wovon würdest du dich gern trennen? Welche schlechte Angewohnheit, destruktive Einstellung oder tiefsitzende Angst möchtest du loswerden? Als Symbol für diesen Störenfried kannst du eine Kerze anzünden und dir dein Leben ohne ihn vorstellen, während sie runterbrennt. Oder du schreibst alles auf einen Zettel, was dich daran so nervt, und verbrennst das Papier anschließend in deinem Hexenkessel.
- Du gehst zu einem Halloween-Event? Dann versieh dein Kostüm mit einem Hexenzauber, um sicherzustellen, dass du einen tollen Abend hast und super Gespräche führst – mit neuen Leuten oder vielleicht sogar mit jener Geistergestalt, auf die du insgeheim schon beängstigend lange scharf bist.
- Unter uns Hexen gilt Samhain als spirituelles Neujahrsfest. Du könntest dir also ruhig etwas Zeit nehmen und sowohl über die zwölf hinter dir liegenden Zaubermonate nachdenken als auch über das nächste Dutzend. Was möchtest du an deiner Praxis verändern? Welches sind die wichtigsten Ziele, die du dir setzt?

Wintersonnenwende/Jul/Mittwinterfest

Eine Feier des kürzesten Tages im Jahr, nach dem es wieder aufwärts geht und heller wird. 21.–23. Dezember

- Du könntest diese Zeit des Jahres zum Beispiel feiern, indem du ein Gedicht oder eine Rede auf Dunkelheit und Kälte – den Winter also – verfasst. Teil ihm mit, was er dir bedeutet, und sag ihm Dank für alles, was er dir bietet.
- Führe ein Willkommensritual für das Sonnenlicht durch, das sich von nun an wieder länger blicken lässt. Sag ihm, wie sehr du dich freust, dass es jetzt langsam zurückkommt. Vielleicht kannst du ihm auch von deinen Plänen für die wärmere Jahreszeit erzählen und diese Vorhaben mithilfe deiner hexisch-zauberischen Intentionen zusätzlich stärken und beschützen.
- Spiel deine Lieblingsmusik, zieh dir was Warmes über, und knips die Lichterkette an. Gestalte die Umgebung deines Altars ebenso anheimelnd wie festlich. Erschaffe eine kuschelige Winteratmosphäre. Vielleicht möchtest du dir ja sogar ein Geschenk machen. (Nur mal so nebenbei gesagt: Von meinem ganzen meterlangen Wunschzettel würde ich mich am meisten über ein paar Tarotkarten freuen. Liebsten Dank schon mal im Voraus.)
- Gibt es etwas, was du jetzt der Vergessenheit entreißen solltest, um ihm neues Leben einzuhauchen? Hast du eine bestimmte Begabung oder Leidenschaft, die du vor Ewigkeiten hast einschlafen lassen, nun aber gern wieder aufgreifen würdest? Und wie sieht es mit Freundschaften aus? Hast du die eine oder andere in letzter Zeit vielleicht vernachlässigt und möchtest ihr jetzt wieder mehr Aufmerksamkeit schenken? Schau auch auf deine Ziele – würdest du eines jetzt gern noch einmal neu ins Auge fassen? Führ versuchsweise ein Ritual durch, oder sprich eine Zauberformel, um Erstarrtes wieder in Bewegung zu bringen.

- Sei ruhig eine nerdige Hexe. Studiere die Traditionen, die in dieser Zeit des Jahres überall auf der Welt gepflegt werden, und frisch dein Wissen über Gottheiten und andere nicht menschliche Wesenheiten auf, die mit den verschiedenen Festen und Traditionen verbunden sind. Und reflektiere, mit welchen Aktivitäten du eigentlich früher die Jul- und Weihnachtszeit verbracht hast.

— ✦ —

Jetzt, Zuckerschnütchen, kennst du also im Groben mein Herangehen an die acht Sabbate. Vielleicht hast du in diesem Buch zum ersten Mal etwas über den Jahreskreis erfahren. Womöglich bist du aber auch schon seit Urzeiten Hexe und hast die letzten Seiten übersprungen, weil du schon alles über die Sabbate weißt. So oder so: Jetzt bietet sich dir die Gelegenheit, dich richtig reinzuknien und dich intensiv mit der Bedeutung dieser Feste für deine Hexenreise zu befassen.

SCHREIB'S AUF

◊ Welche Rolle spielen regelmäßig wiederkehrende Feiern/ Gedenktage in deinem Hexenjahr? Wie wichtig oder hilfreich sind sie für dich? Beantworte diese und die folgenden Fragen bitte so ausführlich wie möglich.

◊ Auf welche Art und Weise könntest du den Jahreskreis nutzen, um deine Praxis zu bereichern? Und warum ist das so?

◊ Was könnte es bringen, bewusst auf die Pluspunkte eines Jahreskalenders zu verzichten und stattdessen aufs Geratewohl in den Tag hinein zu arbeiten?

◊ Welcher Sabbat im Jahreskreis spricht dich am meisten an und warum?

◊ Welcher Sabbat im Jahreskreis spricht dich am wenigsten an und warum?

PROBIER'S DOCH MAL

◊ Erstelle einen Plan für den nächsten Sabbat, der im Kalender steht. Wenn du magst, kannst du sowohl traditionelle Elemente in deine Planung aufnehmen als auch eigene »Erfindungen«, in denen sich deine Sicht auf Bedeutung und Vibes dieses speziellen Feiertages widerspiegeln. Dokumentiere die Erfahrungen und Erkenntnisse, die du bei der Realisierung deines Vorhabens machst beziehungsweise gewinnst.

◊ Verschaff dir weitere Informationen über die acht Sabbate – online oder aus Büchern. Was fällt dir an den Beschreibungen der Feiertage auf, und wie fühlst du dich, während du sie liest?

MONDPHASEN UND ESBATE

Der Mondzyklus kann dir helfen, deinen Stimmungen auf die Spur zu kommen und Muster in deinem Leben zu erkennen. Auch kann er dich bei der Ausübung deiner Zauberkunst, bei Ritualen sowie im Hinblick auf Daten und Events, ja sogar Arbeiten und Besorgungen unterstützen. Mal ganz abgesehen davon, dass Miss Luna zu den aufregendsten Phänomenen der Natur gehört. Und alt wird sie ja auch nie, richtig? Ich jedenfalls könnte ewig in den Mond starren.

Mystiker und Magier auf der ganzen Welt huldigen diesem hochdynamischen Himmelskörper. Solltest du also eine »Mondfrau« sein, befindest du dich damit in bester Gesellschaft.

Wie für jede Rebel Witch ist es auch für dich von entscheidender Bedeutung, dass du herausfindest, welche Rolle der Mond in deiner Praxis spielen könnte – und ob überhaupt eine. Man sagt ihm eine starke Wirkung auf Emotionen, Wahrnehmungen und spirituelle Einsichten nach; zudem heißt es, sein Licht besitze reinigende und energetisierende Eigenschaften. Diese kannst du dir aber natürlich auch auf vielerlei andere Art und Weise nutzbar machen. Es besteht also keine Veranlassung, dich deswegen unbedingt auf den Mond zu kaprizieren.

Esbate finden meistens bei Vollmond statt. Dabei wird der Kraft des Mondes durch Poesie und Tanz gehuldigt, seine Energien werden für die Zauberkunst genutzt und sein Licht zum Reinigen nicht nur von Utensilien und anderen Gegenständen der Hexe, sondern auch ihres Körpers und ihrer Seele. Machtvolles Zeug!

Hier die Mondphasen im Überblick:

Neumond

Diese Phase, in der der Mond nicht sichtbar ist, wird häufig mit Mysterien, Verborgenheit, Schutz und der jeder Handlung oder Erleuchtung vorausgehenden Vorbereitungszeit assoziiert. Auch kann sie als Gelegenheit aufgefasst werden, den Samen für künftige Vorhaben auszubringen oder die Abwicklung von Dingen ins Auge zu fassen, die vor dem nächsten Neumond erledigt sein müssen. Außerdem eignet sie sich gut für Magie und Rituale, die mit Schutz, Vertreibung oder dem Verraten beziehungsweise Bewahren von Geheimnissen zu tun haben.

Zunehmende Sichel

In dieser Phase, in der bereits wieder ein bisschen mehr vom Mond zu sehen ist, können Ideen präzisere Gestalt annehmen. Man gelangt womöglich zu einem besseren Verständnis bestimmter Situationen, Pläne können klarer werden. Zudem kann man sich bei zunehmender Sichel gut für die Zeiten wappnen, in denen es richtig zur Sache geht.

Halbmond/Erstes Viertel

Auf dem Weg zu seiner vollen Sichtbarkeit ist der Mond nun bereits zur Hälfte zu sehen. In der Phase des zunehmenden (im Gegensatz zum abnehmenden) Halbmondes kann man sich im Allgemeinen gut auf die Überwindung von Problemen und Schwierigkeiten fokussieren. Auch gilt sie als optimal, um wieder ins Gleichgewicht zu kommen, sich für Gleichheit einzusetzen oder eine Einigung zwischen Menschen anzustreben. Außerdem kann diese Mondphase verschiedene Aspekte deiner Persönlichkeit symbolisieren, die einander ergänzen oder jetzt uneingeschränkt akzeptiert werden.

Zunehmender Dreiviertelmond

Der Mond ist jetzt mehr als halb zu sehen, aber noch nicht ganz. Diese Phase, die mit Entwicklung sowie mit zunehmendem Weitblick und wachsender Kompetenz in Verbindung gebracht wird, gilt auch als hilfreich zur Verwirklichung von Wünschen oder Stärkung des bereits Vorhandenen. Wenn du etwas zum Wachsen bringen willst, hast du in dieser Phase eine starke Stütze an deiner Seite.

Vollmond

Jetzt ist die ganze Fülle da! Diese Phase gilt als besonders geeignet, um die volle Wahrheit von etwas zu erkennen oder Zugang zur gesamten Stärke zu finden, über die man verfügt. Da sie auch mit Dankbarkeit für alles Erreichte assoziiert wird, ist diese Zeit ideal dafür, die eigenen Bemühungen anzuerkennen und wertzuschätzen, wie weit du es bereits gebracht hast. Darüber hinaus kann sich in dieser Phase dein Bewusstsein besonders leicht erweitern, und deine Kompetenz als Hexe kann sich steigern.

Abnehmender Dreiviertelmond

Jetzt ist der Mond schon nicht mehr ganz voll. Diese Phase gilt als ideal, um Hindernisse dingfest zu machen, sie zu minimieren oder aus dem Weg zu räumen. Trenn dich jetzt von allem, was dir nicht mehr dienlich ist, optimiere deine Arbeitsabläufe, und vermeide die Beschäftigung mit allem Negativen, das dich einbremst. Räum auf, mach Ordnung, und sorg gleichzeitig dafür, dass dein Zuhause, deine Familie und dein Job magischen Schutz genießen.

Abnehmender Halbmond

Diese Phase steht im Gegensatz zum erwähnten zunehmenden Halbmond. Und entsprechend unterscheidet sie sich auch energetisch. Zwar spielen Balance und Gleichheit immer noch eine Rolle, jedoch bietet die Rückkehr zur Dominanz der Dunkelheit auch eine gute Gelegenheit, Schatten wahrzunehmen – in äußeren Gegebenheiten, aber auch bei dir selbst. Womöglich fällt es dir in der Zeit des abnehmenden Halbmondes leichter, dir deine Fehler einzugestehen, sodass es dir eventuell auch möglich wird, sie dir zu verzeihen und sie hinter dir zu lassen.

Abnehmende Sichel

Gegen Ende des Zyklus und kurz vor dem nächsten Neumond ist diese Phase im Allgemeinen günstig für Abschiede, Abschlüsse und das Platzschaffen für Neues, das aufgebaut oder in die nächste Phase mitgenommen werden soll. Auch wird sie mit dem Denken ans große Ganze assoziiert – mit einem Blick auf die Gesamtsituation, der zeigt, was man bereits gelernt hat und wie es weitergehen kann.

Deshalb ist es nun womöglich an der Zeit, Dinge zum Abschluss zu bringen. Und auch den Tod zu akzeptieren.

SCHREIB'S AUF

◊ Welche Bedeutung hat der Mond für dich?
◊ Wo, glaubst du, hat dein Bild vom Mond seinen Ursprung?
◊ Welche Mondphase spricht dich am meisten an und warum?
◊ Welche Mondphase sagt dir weniger zu und warum?

PROBIER'S DOCH MAL

◊ Mit dem Mond sind viele Traditionen, Volksmärchen sowie allerlei Formen von Aberglauben verbunden. Beschäftige dich mit einigen von ihnen und schau, welche Erkenntnisse sie dir vermitteln.
◊ Stell dir den Mond als ein mit Bewusstsein ausgestattetes Individuum vor, das sich mit dir unterhalten kann, und die Mondphasen als seine verschiedenen Eigenschaften und Stimmungen. Wie würde das Gespräch mit dem Himmelskörper in jeder seiner Phasen aussehen? In welcher wäre er am extrovertiertesten? Besonders lustig? Launenhaft?
◊ Bestimme mithilfe eines Online-Mondkalenders (von denen viele gratis zur Verfügung stehen) dein Mondzeichen. Und finde heraus, wofür es (in deinen Augen) steht.
◊ Wusstest du eigentlich, dass sich der Mond immer wieder zwei bis drei Tage lang in deinem Sternzeichen aufhält?

Vielen Hexen ist es wichtig zu wissen, wann er durch ihr Sternzeichen geht, weil sich die Dinge dann tendenziell intensivieren und mehr Macht verfügbar wird. Deshalb wollen sie auf womöglich entstehende Probleme besonders gut vorbereitet sein. Vielleicht magst du dir ja auch eine App mit den Mondphasen runterladen, damit du immer weißt, woran du gerade bist.

◊ Die Sonne hält sich in jedem Sternzeichen jeweils einige Wochen lang auf. Zugleich spielt sich auch eine Menge anderer astrologisch wichtiger Bewegungen ab. Sie alle wirken sich potenziell auf unser Denken, unsere Entscheidungen und die Ereignisse in unserem Leben aus. Wenn du das Gefühl hast, die Astrologie könnte für die Planung deiner Hexen- und sonstigen Aktivitäten von Bedeutung sein, solltest du dich unbedingt intensiver mit der Thematik beschäftigen.

DEIN GEBURTSTAG SOWIE GEDENK- UND ANDERE PERSONENBEZOGENE JAHRESTAGE

Vielleicht möchtest du deinen Geburtstag irgendwie in deine jährlichen Aktivitäten als Hexe einbauen. Und er bietet auch eine super Gelegenheit zu überlegen, wie du dich in deinem vergangenen Lebensjahr entwickelt hast, als Hexe und auch generell. So könntest du dir an diesem Tag etwa die Karten legen (mehr dazu im Kapitel 15: »Divination und kosmische Führung«) und/oder dir ein Geschenk machen, zu deinen Ehren ein Ritual durchführen oder einen Zauber wirken, um wunderbare, hochfrequente Energien für dich anzulocken.

Eine gute Idee wäre es auch, dein Geburtstagsessen und die Getränke, die du an dem Tag zu dir nimmst, zu segnen. Geburtstagsrituale gibt es unglaublich viele. Dabei handelt es sich aber meistens um Familien- oder gesellschaftliche Traditionen, die nicht jedem zusagen. Im Unterschied dazu helfen dir ganz individuelle Rituale, die du zu Ehren deines Wiegenfestes durchführst und die den Tag zu einem klar definierten Kraftmoment in deinem Jahreskalender machen.

Bestimmt gibt es in deinem Leben noch andere Daten von persönlicher Bedeutung, die du in deinen Jahreskalender aufnehmen möchtest. So wirst du vielleicht am Geburtstag eines deiner Lieblingsmenschen – zum Beispiel eines Kindes oder deiner Partnerin, deines Partners – ein Ritual für ihn durchführen oder einen Zauber wirken wollen, um dich für die Freude zu bedanken, die dieser Mensch in dein Leben bringt. Desgleichen bei eurem Kennenlern- oder Hochzeitstag. Da möchtest du vielleicht auch ein bisschen Hexenwerk zelebrieren und deine Partnerin oder deinen Partner einbeziehen – jedenfalls, wenn die betreffende Person dafür offen ist.

Vielleicht möchtest du auch bereits verstorbenen Freundinnen oder Angehörigen einen Gedenktag widmen. Weil du dich mit ihnen verbunden fühlen, sie etwas fragen oder ihre Energie spüren möchtest – je nachdem, was du persönlich für möglich hältst. Deinen Altar kannst du in jedem Fall zu Ehren des Toten mit seinen Farben, einigen Dingen, die ihm gehört haben, speziell dekorieren oder mit deinen Lieblingsfotos der Person. All das geht immer – auch ohne dass du glaubst, ein »kosmisches Telefonat« mit den Toten führen zu können. Für einen solchen Akt der liebenden Erinnerung besonders geeignet sind Geburts- oder Todestage – je nachdem, was für dich stimmiger ist.

Welche anderen Ereignisse könntest du sonst noch in deinen witchy Jahreskalender aufnehmen? Einige einschneidende Erlebnisse hattest du doch bestimmt, wetten? Welche davon sind es wert, mit einem Ritual in Erinnerung gerufen zu werden, wie unscheinbar und bescheiden es auch sein mag?

Vielleicht hat irgendwann eine spirituelle Erfahrung dein Leben auf den Kopf gestellt, sodass du nachher nie mehr die Alte warst. Oder es ist dir vorzeiten gelungen, eine Sucht zu überwinden, und nun ist es dir ein Anliegen, den Tag zu begehen, an dem du deiner Abhängigkeit den Rücken gekehrt hast. Vielleicht hast du einen schweren Unfall oder eine bedrohliche Krankheit überstanden und möchtest alljährlich der Dankbarkeit für deine wiedererstarkte Gesundheit Ausdruck verleihen. Leg für diese Feier ein Datum fest, das du dir gut merken kannst.

Hexen neigen dazu, auch Meilensteinen ihrer Arbeitspraxis Gedenktage zu widmen. Zum Beispiel dem Beginn ihrer Tätigkeit. Oder dem Tag, an dem sie sich einer bestimmten Gottheit verschrieben haben (mehr über die Arbeit mit göttlichen Wesenheiten erfährst du im Kapitel 9: »Göttliche und andere körperlose Wesenheiten«).

Solltest du neu in unserem Gewerbe sein, fehlt es dir naturgemäß noch an solchen Leuchttürmen. Deshalb empfehle ich dir für die Zukunft, dass du dir alles Wichtige – Entscheidungen, große Veränderungen – aufschreibst. Und zwar (für etwaige spätere Gedenktage) mit Datum.

SCHREIB'S AUF

◊ Welche Gedanken und Gefühle löst das Wort »Geburtstag« bei dir aus? Und wie ist es mit »Jahrestag« oder »Feier«? Versuch dich intensiv auf die Assoziationen einzulassen, die diese Begriffe bei dir auslösen.

◊ Welche Benefits könnte es für dich haben, deinen Geburtstag zu einem alljährlich wiederkehrenden Bestandteil deines Hexenkalenders zu machen?

◊ Notier dir deine wichtigsten Erlebnisse, die es wert sein könnten, in deinen hexischen Jahreskalender aufgenommen zu werden.

PROBIER'S DOCH MAL

◊ Denk an die Beerdigungen, Jahrestage und sonstigen Erinnerungsfeierlichkeiten, bei denen du warst, und entscheide, welche du als hilfreich und angemessen empfunden hast. Achte bei dieser Übung vor allem darauf, was dich besonders angesprochen und was dich eher kaltgelassen hat. Denn das kann dir gegebenenfalls später helfen, eine Gedenkfeier so zu planen und durchzuführen, dass es deiner Weltsicht und Persönlichkeit gerecht wird.

FEIERN ZU EHREN DEINER IDOLE UND IKONEN, HEILIGENGEDENKTAGE

Gibt es verstorbene Rockstars, Dichter, Maler, Komponisten, Schauspieler, spirituelle Lehrer oder Philosophen gleich welchen Geschlechts, deren Arbeiten dich seelisch besonders tief berühren? Und was hältst du davon, ihnen in deinem hexischen Jahreskalender einen Ehrentag einzuräumen?

In diesem Zusammenhang kannst du zum Beispiel das jeweilige Werk unter spirituellen Gesichtspunkten erkunden, für die Bereicherung Dank sagen, die es in dein Leben gebracht hat, und vielleicht sogar Kontakt mit der Energie des Urhebers oder der Urheberin aufnehmen (sollte sich dies mit deiner Weltsicht vertragen).

Du musst dich dabei übrigens nicht auf bereits verstorbene Persönlichkeiten beschränken. Feier gern auch den Geburtstag eines lebenden Idols von dir, wenn dir danach ist. Beschäftige dich in deinem heiligen Raum mit seinen Ideen, oder bewundere seine Aktionen. Gern kannst du der Person auch ein magisches Zeichen deiner Verehrung senden.

Womöglich machst du die Erfahrung, dass dich die Arbeit mit deinen liebsten Heldengestalten und Ikonen dabei unterstützt, dir deren Eigenschaften anzueignen, um mit bestimmten Situationen besser umgehen zu können. Für diese Arbeit eignet sich übrigens nicht allein der Geburtstag der betreffenden Person, sondern auch jeder andere Moment im Jahr (nähere Informationen dazu findest du ebenfalls in Kapitel 9: »Göttliche und andere körperlose Wesenheiten«).

Hexen, die mit Heiligen oder anderen religiösen Figuren zusammenarbeiten, begehen deren offiziellen Gedenktag oft, indem sie Opfer darbringen, Gebete oder Segen sprechen und dergleichen. Manche dieser Gestalten, zum Beispiel die Jungfrau Maria, haben sogar mehrere Gedenktage, die jeweils andere Aspekte ihrer Geschichte oder unterschiedliche Eigenschaften von ihnen repräsentieren.

Auch einigen Gottheiten aus vorchristlicher Zeit wird heute noch zu bestimmten Zeiten gehuldigt. Wenn es sich für dich richtig anfühlt, kannst du diese Daten ebenfalls in deinen Festkalender aufnehmen. Außerdem kannst du dir für Persönlichkeiten oder Gestalten, die deines Wissens (noch) keinen haben, einen Gedenktag einfallen lassen.

SCHREIB'S AUF

◊ Wer inspiriert dich besonders, und wie könnte deine Hexenkunst von dieser Inspiration profitieren? Beantworte diese Fragen am besten für zwei oder drei Figuren deiner Wahl.

◊ Was könnte bedeutsam und wichtig daran sein, einer Gottheit/Wesenheit ein eigenes Ritual oder einen Feiertag zu widmen, um ihre Kraft und ihre Rolle in deinem Leben zu würdigen? Welche positiven Effekte könnten daraus erwachsen?

PROBIER'S DOCH MAL

◊ Nimm dir etwas Zeit, um mit geschlossenen Augen die Vibes heraufzubeschwören, die du mit einer bestimmten Figur oder Persönlichkeit verbindest, damit du dir diese Schwingungen ebenfalls zu Eigen machen kannst. Ein Beispiel: Immer, wenn ich an Frida Kahlo denke, verspüre ich die Energien ihrer Leidenschaft, ihrer Standhaftigkeit, Sinnlichkeit, Tapferkeit und ihrer unerschrockenen Authentizität. Diese Energien sauge ich dann richtiggehend auf und nutze sie zur Auseinandersetzung mit meinen Problemen. Versuch das ruhig auch einmal – es muss ja nicht mit Frida Kahlo sein! (Übrigens funktioniert es nicht nur am Geburtstag der betreffenden Persönlichkeit. Also kannst du es zu jedem beliebigen Zeitpunkt ausprobieren.) Im Übrigen darfst du die Gestalten, deren Geburtstag in deinem Jahreskalender stehen, auch gern austauschen – je nachdem, welche Art von Vibes du in dein Leben bringen möchtest.

◊ Stell dir vor, du selbst wärst ein heiliges Wesen, für das eine Hexe eine Feiersause organisiert. Welcher Art müsste die zu deinen Ehren abgehaltene Zeremonie, Ritualhandlung oder Party sein, damit sie deine Eigenschaften und Energien widerspiegelt? Welche Speisen, Musik und Deko sollte es geben?

MAINSTREAM- UND NICHT HEXISCHE ANLÄSSE

Hexe zu sein heißt nicht notwendigerweise, dass du dich von allen nicht hexischen Festen im Kalender der Gesellschaft verabschieden müsstest, in der du lebst. Viele Hexen feiern zum Beispiel nicht nur Ostara, die Wintersonnenwende und Samhain, sondern auch ihre Gegenstücke – Ostern, Weihnachten und Halloween.

Als frischgebackene Hexe musst du also keineswegs auf die religiösen oder weltlichen Feste verzichten, die früher Sinn oder Spaß in dein Leben gebracht haben. Manche gibst du vielleicht auf, weil sie dir nichts mehr sagen, während du die Feiern beibehalten kannst, die dir auch jetzt noch ein Gefühl von Wärme und Geborgenheit geben.

An diesem Punkt finden viele Hexen zu einem Kompromiss mit dem Mainstream. Nicht zuletzt, weil ja nicht wenige einen Partner oder eine Partnerin haben, die todtraurig wären, müssten sie ganz auf die traditionellen Feste verzichten, an die sie schon von Kindesbeinen an gewöhnt sind. So gehst du vielleicht mit zu einem Weihnachtsessen und nimmst an der Bescherung teil, schließt dich jedoch nicht dem gemeinsamen Kirchgang an.

Hexen, die ihr Coming-out noch nicht hatten – die also noch in der Dunkelheit ihrer Besenkammer arbeiten –, fühlen sich mitunter zu Zugeständnissen gezwungen, die ihnen eigentlich widerstreben, nur um nicht aufzufallen. Sollte das auch bei dir der Fall sein, kannst du vor und nach der Feier deine eigenen witchy Rituale durchführen, um sicherzustellen, dass du die ganze Zeit über geerdet und beschützt bleibst (über Schutzmaßnahmen erfährst du Näheres im Kapitel 13: »Zaubern«).

SCHREIB'S AUF

◊ Beschreibe die schönsten Gefühle, die du je bei einem nicht hexischen Fest hattest, zum Beispiel einer Feier mit religiösem Hintergrund oder im Rahmen einer kulturellen Tradition.

◊ Versuch auch die unangenehmsten Gefühle zu beschreiben, die du bei einer solchen Gelegenheit hattest.

PROBIER'S DOCH MAL

◊ Überleg mal, welche nicht hexischen Festivitäten dir wirklich etwas bedeuten, und versuch dich mit anderen darüber auszutauschen. Finde deine Gemeinsamkeiten mit Nichthexen heraus – aber auch die Dinge, die dich von ihnen unterscheiden.

AKTIONS- UND THEMENTAGE – AUCH FREI VON DIR ERFUNDENE

Es gibt viele nationale und internationale Gedenktage, die das Bewusstsein der Öffentlichkeit auf ein bestimmtes Thema oder Problem lenken sollen. Manche davon sind eng mit bestimmten Organisationen und Bewegungen verknüpft, die Geldspenden für einen oder mehrere gute Zwecke sammeln. Die Initiativen, die dich besonders ansprechen, kannst du in deinen Hexenkalender aufnehmen, damit du dich am jeweiligen Aktions- oder Thementag daran erinnerst, deinen Beitrag zu leisten. Zum Beispiel könntest du ein hochenergetisches Heilritual durchführen, auf Social Media etwas zum Thema posten, Geld spenden oder dich ehrenamtlich engagieren.

Als Rebel Witch hast du vielleicht auch das Bedürfnis, einige ganz individuelle Thementage in deinen Kalender aufzunehmen. Was das betrifft, darf deine Fantasie gern Purzelbäume schlagen. Hier ein paar Anregungen:

- **Ein Tag zu Ehren deiner Lieblingsband**: Während du ein Ritual durchführst, um den Einfluss zu feiern, den die Gruppe auf dein Leben hat, könntest du ihre Musik spielen und Videos von ihr laufen lassen.
- **Ein Tag zu Ehren eines deiner Lieblingsfilme**: Beschwöre die Energie einer der Darsteller:innen herauf, die es dir besonders angetan hat, und schau, welche Impulse du erhältst.
- **Ein Tag zu Ehren deiner liebsten TV-Serie**: Schau dir die eine oder andere Folge an, und notier dir alle Zitate, die dir magisch und wichtig vorkommen. Anschließend überlegst du, welche Relevanz sie für dein Leben haben könnten.
- **Ein Tag zu Ehren eines Künstlers, einer Künstlerin oder einer Kunstrichtung**: Schwing dich auf die Energie der betreffenden Person oder Strömung ein, lass sie ganz nahe an dich heran, und würdige den Einfluss, den sie auf dich hat.

- **Ein Tag der Stille zugunsten deines inneren Friedens:** Lass deine Leute wissen, dass du den Tag über schweigen wirst, und stell auch dein Telefon ab.
- **Ein Tag des Aktivismus:** Besuche eine Protestveranstaltung, oder engagiere dich online für Gerechtigkeit und Demokratie.
- **Ausmiste-und-Saubermach-Tag:** Putze dein Zimmer beziehungsweise die Wohnung zunächst physisch. Anschließend würde ich dir empfehlen, eine energetische Reinigung vorzunehmen (siehe dazu im Kapitel 10: »Spirituelle Hygiene. Reinigende Energie und die Erschaffung eines heiligen Raumes«).
- **Tag der Astrologie:** Betrachte dein Geburtshoroskop und überlege, auf welche Weise es sich auf den bisherigen Verlauf deines Monats/Jahres ausgewirkt hat. Oder informiere dich über dein Sternzeichen.
- **Tag deines inneren Kindes:** Versetz dich in deine Kindheit zurück. Denk an die Dinge, die du damals gern gemacht hast, und erfreu dich gedanklich an den Süßigkeiten, Filmen oder Büchern, die du als junger Mensch besonders gemocht hast.
- **Tag der Prophezeiung:** Hol die Karten oder deine Kristallkugel raus, oder versuch dich auf anderem Wege an einer Vorhersage der Zukunft (Näheres darüber erfährst du im Kapitel 15: »Divination und kosmische Führung«).
- **Tag der Verkleidung:** Werde für einen Tag zu deiner Lieblingsgestalt. Vielleicht traust du dich sogar, kostümiert und in vollem Ornat mit Freund:innen rauszugehen.

Vergiss nicht, dass du dabei bist, deine eigene einzigartige Tradition zu begründen. Anfänglich kommen dir deine schrillen Ideen womöglich noch albern oder sinnlos vor. Während du die Sabbate und Esbate bestimmt ernst nimmst, weil sie zum angestammten Hexenrepertoire gehören, hältst du es vermutlich für sehr viel weniger wirksam, einen Tag lang deine liebste Comicfigur zu channeln, um einen Zauber zu wirken. Bist du von den Dingen, die du anpackst, aber nicht überzeugt, bringen sie auch nicht so viel. Wenn du die Musik, Bücher, Ideen und so weiter, die dir viel bedeuten, richtig würdigst und feierst, ist das deshalb so effektiv, weil du alles Hexige, was du ihnen zu Ehren anstellst, von ganzem Herzen tust. Mach dir das immer wieder klar.

SCHREIB'S AUF

◊ Erstelle eine Liste mit Anliegen und Problemen, die dir wirklich am Herzen liegen – mit den Themen, die dich nachts nicht einschlafen lassen, dem ganzen Mist, der dich an der Welt, wie sie momentan ist, am meisten nervt und stört. Informier dich dann, ob es bereits bestimmte Tage gibt, an denen diese Thematik ins Bewusstsein der Öffentlichkeit gerückt wird, und welche Organisationen sich darum kümmern. Anschließend kannst du bestimmt wenigstens einen Aktionstag in deinen Hexenkalender aufnehmen.

◊ Was würde dafür oder dagegen sprechen, ein paar neue Feste deiner Wahl in deinen persönlichen Hexenkalender zu integrieren?

PROBIER'S DOCH MAL

◊ Nachdem du mindestens einen Aktionstag neu in deinen Kalender aufgenommen hast, schließ die Augen, und lass das Gefühl von Empowerment und Positivität in dir aufsteigen, das entsteht, wenn du etwas Sinnvolles zu einer guten Sache beigetragen hast. Lass diese Empfindung deinen gesamten Körper durchdringen und die Wahrnehmung deines Tages, deines Platzes in der Welt und der künftigen Möglichkeiten verändern.

◊ Entwickele Konzepte für zwei bis vier Feiertage in deinem Hexenjahr. Im günstigsten Fall sollte es sich dabei um Feste zu Ehren von Dingen handeln, die dich wirklich interessieren und über die du mehr erfahren willst.

◊ Mal dir die Höhepunkte dieser Tage aus. Welches Gefühl lösen die Gedanken daran bei dir aus?

GÖTTLICHE UND ANDERE KÖRPERLOSE WESENHEITEN

Auf diesem Gebiet gibt es eine Menge zu entdecken. Das kann ich dir sagen, Honigäpfelchen, ach was: *Un*mengen geradezu. Richtig schwindlig wird mir, wenn ich daran denke. Ganze Heerscharen von Wesenheiten stehen zur Zusammenarbeit bereit, und mit einigen Grundtypen wollen wir uns in diesem Kapitel beschäftigen.

Viele Hexen schließen sich dem Modell »Gottvater und/oder Muttergöttin« an – das heißt, sie arbeiten eng mit einem Hauptgott und/oder einer Göttin zusammen, die meistens einer alten Zivilisation zuzuordnen sind. Das musst du aber nicht. Wenn dir danach ist, in wildere Gewässer vorzudringen: bitte schön!

Du kannst mit einem riesigen und diversen Cast verschiedener Wesenheiten zusammenarbeiten und zu jeder eine ganz einzigartige Beziehung herstellen. Du darfst dir auch ruhig regelmäßig Rat von bestimmten Gottheiten holen und ihnen huldigen und trotzdem gelegentlich Zeit mit anderen Wesenheiten verbringen oder die Kommunikation mit ihnen suchen.

In diesem Teil des Buches geht es um Wesenheiten mit nicht vollends irdisch-materieller Gestalt. Aber allein der Umstand, dass sie keinen »richtigen« Körper haben, heißt noch lange nicht, dass sie kein *äußeres Erscheinungsbild* hätten. Bei vielen Wesenheiten besteht jedenfalls weitgehend Einigkeit über ihr Aussehen, auch wenn sie noch nie gesichtet wurden. Manche – etwa viele der Götter und

Göttinnen, mit denen wir vertraut sind – werden sogar als menschliche Gestalten beschrieben. Andere ähneln eher Tieren oder einer Kombination aus Tier und Mensch. Wieder andere treten als farbige Energiestrukturen oder Vibrationen der Luft auf. Manche wechseln auch die Form. Und einige der Wesen, denen du unter Umständen begegnest, zeigen sich dir nie in bestimmter Gestalt, sondern versetzen dich eher in eine Stimmung oder vermitteln dir ein Gefühl, wenn sie sich in deiner Nähe befinden beziehungsweise dir eine Botschaft übermitteln.

Eines aber möchte ich unbedingt klarstellen: Du *musst nicht* mit Wesenheiten arbeiten, ganz und gar nicht. Wenn es nichts für dich ist: auch gut. Es gibt schließlich viele, viele andere Möglichkeiten. So kannst du etwa mit den Elementen oder den Jahreszeiten arbeiten oder dich auf deine eigene Kraft verlassen.

Die Kooperation mit Wesenheiten ist keineswegs zwingend vorgeschrieben, denn eine Praxis, die nicht der Zusammenarbeit mit den Göttern, Göttinnen, Spirits, Feen, Servitoren und dergleichen erwächst, kann dieselbe hochenergetische Wirkung haben. Wenn du deshalb dieses Kapitel ganz überspringen willst: gern. Spielst du jedoch mit dem Gedanken, die Arbeit mit Wesenheiten zumindest einmal in Betracht zu ziehen, kann mein Text vielleicht einige deiner Zweifel ausräumen oder dir die eine oder andere Inspiration bieten.

Warum aber solltest du überhaupt den Kontakt mit einem nicht physischen Wesen suchen wollen? Hier nur einige wenige Vorteile, die es bringen kann:

- Hilfe beim Zauberwirken
- Unterstützung bei praktischen Problemen
- Schutz und Begleitung auf deinem Lebensweg
- Führung und Weisheit aus den nicht weltlichen Gefilden
- Mentoring und Inspiration
- tiefgründige Lektionen einer alles überragenden Lehrkraft

- die Bestätigung, dass die Zusammenarbeit mit körperlosen Wesenheiten tatsächlich funktioniert
- Das Leben bleibt interessant, und deine Neugier wird befriedigt!

Was die Zusammenarbeit mit den Wesenheiten betrifft, so bin ich zwar eine große Freundin des Konzepts der Wahlfreiheit – muss aber doch hinzufügen, dass du auf diesem Gebiet nicht immer selbst wählen kannst, sondern manchmal auch *gewählt wirst.*

Vielleicht werkelst du eines Tages gerade so vor dich hin, ohne an irgendwas Bestimmtes zu denken, und wirst plötzlich von einer körperlosen Wesenheit kontaktiert, die dir eine Botschaft übermittelt oder dich zur Interaktion einlädt.

Geschehen kann das auf ganz unterschiedliche Art und Weise. Manche Hexen werden im Traum oder beim Meditieren viele Male von ein und demselben Wesen heimgesucht, bevor sie irgendwann beschließen, daraus eine feste Verbindung zu machen. Andere beschäftigen sich intensiv mit verschiedenen Wesenheiten und gewinnen bei der einen oder anderen das Gefühl, mit ihr verbunden zu sein. Dieses Gefühl kann sich so weit verdichten, dass es schließlich zu einer Art von »Bestimmung« wird. Bei Dritten wiederum macht sich eine Gott- oder Wesenheit durch einen einzigen dramatischen »Kraftakt« bemerkbar, in dem sie die Aufmerksamkeit der betreffenden Hexe unmittelbar und sofort auf sich zieht – vielleicht durch ein starkes Zeichen, einen bedeutsamen Traum beziehungsweise eine Vision oder dadurch, dass eine starke Präsenz wahrnehmbar wird.

Verzage aber bitte nicht, und sei nicht enttäuscht, wenn du nicht erwählt wirst. Stattdessen kannst du dich einfach dadurch, dass du deine Offenheit für positive Interaktionen erklärst, ernsthaft auf die Suche nach Wesen begeben, die mit dir zusammenarbeiten. Das geht, indem du ein Ritual durchführst, das sowohl diese Bereitschaft als auch deinen Wunsch danach symbolisiert – allerdings unter der Voraussetzung, dass diese Beziehung für dich sinnvoll und positiv wäre. Die Botschaften und Interaktionen, zu denen es danach kommen kann, werden dich faszinieren.

Hast du ein ganz bestimmtes Wesen im Sinn, kannst du auch vorpreschen, von dir aus das Gespräch suchen und es zu weiteren Begegnungen einladen, wenn es dazu bereit ist. Bei mir war es so, dass ich mir von ganzem Herzen eine Verbindung mit Hel, der nordischen Göttin des Todes und der Unterwelt, gewünscht hatte. Doch statt zu warten, bis sie auf mich zukam, las ich alles, was ich über sie finden konnte, und bat sie, mir im Traum zu erscheinen oder mir Zeichen zukommen zu lassen. Der Anfang war ein bisschen schleppend, im Laufe der Zeit aber kam es dann doch zu Interaktionen, und allmählich wurde unsere Verbindung stärker. Lass dir also von niemandem den Bären aufbinden, dass du hinter den Kulissen warten müsstest, bis du einer Wesenheit auffällst und sie dich zum Tanz auffordert.

Du *darfst* tapfer, wild und unverschämt sein. Du *darfst* den ersten Schritt wagen, insbesondere wenn du weißt, welcher es sein soll. Denn wenn du dir eine gedeihliche Verbindung zu einer Wesenheit vorstellen kannst – warum solltest du dann nicht auf sie zugehen? Nur Geduld brauchst du. Erfahrungen dieser Art bahnen sich langsam an. Vielleicht musst du deine Avancen wiederholen und zugleich dein Ziel auf andere Weise anvisieren.

Die Vorstellungen davon, was bei der Verbindung mit einem nicht physischen Wesen geschieht, sind ganz unterschiedlicher Natur. Manche meinen, dass körperlose Wesen wie Götter, Göttinnen und Spirit Guides auf einer eigenen Ebene jenseits der materiellen Sphäre existieren, auf der wir uns aufhalten, und dass es zwischen beiden möglich ist, Botschaften auszutauschen. Andere glauben, dass sich die Wesen überhaupt nirgendwo befinden, sondern der menschlichen Vorstellungskraft entstammen und sich von den Energien unserer Aufmerksamkeit nähren. Diese widmen wir ihnen dadurch, dass wir Geschichten über sie erzählen und ihnen so zu einer Art Eigenexistenz verhelfen.

Wieder andere meinen, dass alle nicht physischen Wesenheiten, denen wir begegnen könnten, letzten Endes lediglich unterschiedliche Aspekte ein und desselben sind – verschiedene Splitter des Göttlichen. Demnach könnte man sich jedes dieser Wesen wie ein Puzzlesteinchen vorstellen. Und obwohl es nur Teil des Ganzen ist, enthält es doch auch dessen Essenz.

Andere Hexen wiederum vertreten die Auffassung, dass die einzelnen Wesenheiten nicht Part eines großen Ganzen sind, sondern selbst ein vollständiges Puzzle mit eigener Energie und eigenem Bewusstsein darstellen.

Last but not least wird natürlich auch die Meinung vertreten, nicht körperliche Wesenheiten seien nichts als raffinierte Fantasieprodukte und Ablenkung vom »wirklichen Leben«. (Ja, selbst Hexen können sich diese Behauptung zu eigen machen, wenn sie wollen – was viele tun. Und ich persönlich? Ich stehe der letzten Theorie insofern ebenfalls nahe, als wir die wirklich wahre Wahrheit ja alle nicht kennen. Weshalb auch keine Ansicht den anderen zweifelsfrei überlegen ist, gelle?)

Nun ist es möglich, dass du dich zu keiner bestimmten Meinung durchringen kannst, aber trotzdem gern mit einer Gottheit, einem Spirit Guide oder einer anderen körperlosen Gestalt arbeiten möchtest. Vielleicht kommt dir dein Interesse an diesen Wesenheiten auch irgendwie albern vor, und dennoch wirst du das Gefühl nicht los, dass es cool sein könnte, die eine oder andere in deinem Leben zu haben.

Anfänglich ist es völlig in Ordnung, wenn du dir deine Fragen selbst beantwortest. Anders geht es manchmal ja gar nicht. Vielleicht willst du auch einfach aus Daffke mit einem körperlosen Wesen arbeiten, nur um mal zu sehen, was passiert. Egal: Wann immer du etwas tust, was dich von deinen ausgelatschten Pfaden abbringt und deine Vorstellungen dessen erweitert, was möglich ist, kannst du davon nur profitieren. Denn du lernst etwas daraus und wirst stärker.

Solltest du jedoch scharf darauf sein, dir selbst den Weg zu verstellen, geht das ganz einfach: Du brauchst bloß darauf zu bestehen, erst alles theoretisch bis ins letzte Detail durchdringen zu wollen, bevor du etwas Neues in deine Hexenpraxis integrierst. Klar kannst du *ewig* an der Seitenlinie stehen bleiben und mit dem Gedanken spielen, ob du womöglich einmal in Erwägung ziehen möchtest, dass eine Interaktion mit nicht körperlichen Wesenheiten unter Umständen eventuell vielleicht tatsächlich doch nicht unmöglich sein könnte. Sicher aber weißt du das erst, nachdem du es selbst ausprobiert hast.

Viele Hexen arbeiten auch mit den Schwergewichten der Götterwelt zusammen. Vielleicht hast du zum Beispiel mal von Thor und Odin aus der nordischen Mythologie gehört? Oder von Zeus und Hades aus dem griechischen Olymp? Vielleicht sagen dir ja auch die Namen von Göttinnen wie Aphrodite, Isis, Cerridwen und Kali (aus dem griechischen, ägyptischen, keltischen und Hindu-Pantheon) etwas? Das waren nur einige Beispiele.

Viele Hexen arbeiten natürlich auch mit weniger bekannten Gottheiten zusammen, die nicht minder effektiv sein können, heutzutage aber weniger Fame genießen. Genauso okay finde ich es übrigens, wenn du es überhaupt nicht so mit den göttlichen Wesen hast. Das Interesse an ihnen dürfte sich allerdings schnell einstellen, sobald du anfängst, dich intensiver mit ihnen zu beschäftigen. Bei der Recherche kannst du Gottheiten ganz verschiedener Kultur- und Zivilisationskreise entdecken. Und von Protagonisten aus Mythologie und Religion zu erfahren, von denen du nie zuvor gehört hast, kann ganz schön faszinierend sein.

Manche Hexen verehren den christlichen Gott, Jesus, die Jungfrau Maria sowie die Heiligen und arbeiten mit ihnen zusammen – sogar mit Satan. Das mag in- und außerhalb unserer Community das eine oder andere skeptische Augenbrauenrunzeln provozieren, doch für die Hexen, die sich mit diesen Wesen verbunden fühlen, funktioniert das Teamwork durchaus zufriedenstellend.

SCHREIB'S AUF

◊ Was denkst und fühlst du, wenn du folgende Begriffe hörst, und warum: »Gottheit«, »Gott«, »Göttin«, »Verehrung«, »Gebet«, »göttlich«, »allgegenwärtig«, »nicht physisch«, »nicht materiell«, »nicht menschlich«, »körperlos«?

◊ Welche Vor- und Nachteile könnte die Zusammenarbeit mit nicht materiellen Wesenheiten haben? Beantworte die Frage bitte nicht nur aus deinem persönlichen Blickwinkel heraus, sondern auch im größeren Zusammenhang.

PROBIER' DOCH MAL

◊ Stell dein eigenes Pantheon zusammen. Wie wäre deine Wassergottheit und warum? Und wie sieht es mit den Gottheiten oder Wesenheiten aus, die mit Krieg, Kunst, Gerechtigkeit, Fortpflanzung und so weiter assoziiert werden? Dabei kannst du dich von existierenden Pantheons inspirieren lassen und die dort vorhandenen Gottheiten deiner Vorstellung entsprechend so neugestalten, dass sie deinen Leidenschaften und Erfahrungen näherkommen. Kriegsgott könnte so zum Beispiel der Sänger einer Punkrockband sein, der voller Leidenschaft Songs gegen Korruption und Ungleichheit schmettert. Zur Gottheit der Gerechtigkeit könntest du eine politisch engagierte

Graffitikünstlerin küren. Und nicht menschliche Wesen wie einen riesigen neonpinken Seestern zur Königin des Meeres oder einen alles verhüllenden grünen Nebel zum Naturgott. Gestalte dieses Gedankenexperiment zu einem fortlaufenden Brainstorming – einem Kreativprojekt, das zugleich der Auslotung deiner spirituellen Perspektiven dient. Aktiv zusammenarbeiten musst du mit diesem von dir erfundenen Pantheon nicht, wenn du nicht magst. Möglich aber wäre es.

VERSCHIEDENE ARTEN KÖRPERLOSER WESENHEITEN

Lass uns jetzt mal schauen, welche Wesen du in deine Hexenpraxis einbeziehen könntest.

Uralte Gottheiten

Nicht physische Gottheiten, die über die verschiedenen Aspekte der irdischen Wirklichkeit herrschen oder auf sie einwirken, können deine Hexenkunst und überhaupt dein Leben enorm beeinflussen.

Schaust du dir die diversen von göttlichen Wesen bewohnten Pantheons näher an, wirst du im Hinblick auf Motive und Energien eine Menge Gemeinsamkeiten entdecken. In den Mythologien fast überall auf der Welt gibt es zum Beispiel Kriegsgötter – wenn auch mit verschiedenen Namen, Merkmalen und Eigenschaften. Zwar werden sie mit ein und demselben Oberthema assoziiert, aber jeder hat seinen eigenen Erfahrungshintergrund sowie ein bestimmtes Erscheinungsbild. Genauso verhält es sich mit den Gottheiten, die mit Schönheit, Liebe, Tod, Verderben, Zerstörung, mit dem Wald oder dem heimischen Herd und so weiter verbunden werden. Einigen dieser Gottheiten zu Ehren wurden opulente Tempel gebaut, in denen einst zahlreiche Fans und Anhänger Opfer darbrachten.

Hast du vielleicht schöne Erinnerungen an ein Schulprojekt, bei dem es um den religiösen Glauben alter Zivilisationen ging (selbst wenn du die Schule insgesamt als reinen Horror empfunden und dich stets wie eine Außenseiterin gefühlt hast)? Ich weiß noch, wie ich erstmals von Pallas Athene erfuhr und plötzlich das Gefühl hatte, mein Körper wäre eine einzige strahlende Lichterkette. Bilder von dieser altgriechischen Göttin der Weisheit zu sehen war der Hammer, sag ich dir! Und genau dieselbe Wirkung hatte es auf mich, als wir später im Geschichtsunterricht über das alte Ägypten sprachen und ich von Isis, Osiris und Bastet hörte.

Womöglich fühlst du dich auch zu mehreren Gottheiten hingezogen, die alle ein und dieselbe Thematik verkörpern und dir im Laufe der Jahre immer mal wieder im Kopf herumschwirren. Vielleicht haben es dir aber auch die Gottheiten des Todes, der Fruchtbarkeit, des Wassers oder der Jagd besonders angetan.

Spirit Guides

Der Begriff »Spirit Guide« ist so umfassend, dass man ihm im Grunde auch die anderen Typen nicht physischer Wesenheiten unterordnen könnte, die wir in diesem Abschnitt behandeln. Denn im Wesentlichen handelt es sich hier um nicht materielle Wesen, die Orientierungshilfe und Schutz bieten.

Zu deinen Spirit Guides könnte zum Beispiel eine verstorbene Tante von dir gehören. Oder ein Engel; eine blaugrün schillernde Energie, die kommt, um dich zu bestärken; der Waldgeist, der deinen Lieblingsbaum bewohnt; oder auch jener geflügelte, bunt schimmernde Oktopus, der sich manchmal in deine Tagträume stiehlt. Da gibt es Tausende von Möglichkeiten.

Manche Leute haben einen einzigen Spirit Guide – andere eine ganze Armee davon. Von deinen kennst du einige wahrscheinlich ziemlich gut, weil ihr schon länger regelmäßig zusammenarbeitet, während andere, die seltener bei dir vorbeischauen, in deinem Leben eine kleinere Rolle spielen.

Nicht immer wird der Rat, den dir deine unsichtbaren Helfer geben, den Hoffnungen entsprechen, die du mit ihnen verknüpfst. In einem solchen Fall kannst du die Empfehlung natürlich ignorieren. Aber Vorsicht: Die potenziellen Folgen sind unüberschaubar. Möglicherweise vertraust du den Aussagen von Spirit Guides, die dich regelmäßig besuchen, mehr und verstehst ihre Botschaften auch leichter. Aber das ist von Hexe zu Hexe unterschiedlich.

Geister/Spirits

Die Toten erscheinen vielen Menschen, haben ihnen aber nicht unbedingt etwas zu sagen. Manche Hexen dagegen können sich mit diesen Geistern unterhalten oder empfangen jedenfalls Informationen von ihnen.

Übrigens kannst du anstelle von »Geist« im Grunde genauso gut »Spirit« sagen – was viele auch tun. Eine Unterscheidung wird jedoch häufig getroffen: Von einem »Spirit« spricht man eher, wenn man die betreffende Person vor ihrem Tod kannte oder mit ihr verwandt war, während das Wort »Geist« meistens verwendet wird, um die Präsenz von Verstorbenen zu beschreiben, die einem zu Lebzeiten nicht bekannt waren.

Geister scheinen Hexen besonders gern zu besuchen, weil sie von ihnen vermuten, dass sie ihre Botschaften korrekter interpretieren und umsetzen als andere Menschen. Die Spirits verstorbener Freund:innen oder Vorfahren erscheinen uns aufgrund der emotionalen und/oder verwandtschaftlichen Verbundenheit, die wir mit ihnen haben. Aber du kannst auch selbst aktiv werden und sie anrufen – viele Hexen arbeiten gern mit verstorbenen Verwandten zusammen.

Tierische Verbündete/Guides

Fühlst du dich den Charakteristika und der Symbolik einer bestimmten Tierart sehr eng verbunden, hast du vielleicht auch Lust, die entsprechende Bilderwelt in deine Hexenpraxis zu integrieren und zu etwas für dich Heiligem zu machen. Dann kannst du dich am Verhalten des betreffenden Tieres orientieren, um daraus zu lernen, und seine Stärken und Kompetenzen in Zeiten der Not für dich nutzen.

Erscheint dir dieses Tier im Traum oder erblickst du es in einem entscheidenden Moment deines Lebens wahrhaftig, kannst du darin eine wichtige Botschaft sehen. Und natürlich kommt auch allen Volksmärchen, Mythen, Liedern oder künstlerischen Darstellungen des Tieres eine besondere Bedeutung zu. Übrigens: Du kannst deine tierischen Verbündeten und Guides entweder selbst wählen oder dich von ihnen finden lassen. (Insekten zählen selbstverständlich auch.)

Elementale

In Hexenkreisen gelten Erde, Luft, Feuer und Wasser allgemein als heilig. Und die sogenannten Elementale oder auch Elementargeister werden mit der Kraft dieser vier Elemente assoziiert. Sie leben in oder in der Nähe von Bäumen, Flüssen, Blumenbeeten, Seen, Wald- und Forstgebieten, Hainen oder zum Beispiel auch Wiesen – na, du verstehst schon.

Hexen, die mit Elementalen zusammenarbeiten, unterscheiden vier verschiedene Typen: Gnome (Element Erde), Undinen beziehungsweise Wassergeister (Element Wasser), Sylphen (Element Luft) und Salamander (Element Feuer). Wenn dich die Vorstellung von Naturgeistern anspricht und du mehr darüber erfahren möchtest, sind diese vier Grundtypen ein guter Ausgangspunkt.

Die Naturgeister – auch unter der Bezeichnung »Nymphen« bekannt – werden an verschiedenen Orten in der Natur angesiedelt, im Wald oder am Wasser zum Beispiel. Aber vielleicht hast du ja auch das Gefühl, dass die existierenden Geschichten über die Elementale nicht die ganze Wahrheit enthalten. Und überzeugst dich im Zuge der Erfahrungen, die du selbst mit ihnen machst, davon, dass du mit dieser Vermutung durchaus richtiglagst.

Weitere mythische Gestalten und Märchenfiguren

Vielleicht fühlst du dich auch zu Vampiren, Drachen, Einhörnern, Feen, Kobolden, Meerjungfrauen, Elfen, Werwölfen oder Zombies hingezogen. Oder du interessierst dich für eine bestimmte Figur, zum Beispiel den Feuervogel aus der slawischen Folklore oder den berühmten Minotaurus, der – halb Mensch, halb Stier – in der griechischen Mythologie das Labyrinth bewacht.

Für dem Fall, dass du das starke Verlangen empfindest, mit einer bestimmten Variante nicht physischer Wesenheiten zu kooperieren, solltest du dich, um mehr über sie zu erfahren, intensiv mit der jeweiligen Originallegende befassen. Danach kannst du überlegen, was die verschiedenen Wesenheiten aus Mythen und Folklore in deinen Augen versinnbildlichen, inwiefern sie dich in deiner Arbeit weiterbringen können oder was sie dir Spannendes zu vermitteln haben.

Vergiss nicht: Niemand kann dir vorschreiben, was du von bestimmten Wesenheiten zu halten hast und welche Rolle sie in deinem Leben spielen dürfen oder nicht. Deshalb ist es gut möglich, dass sich deine Meinung über bestimmte Wesenheiten erheblich von der anderer Hexen unterscheidet – und das ist auch völlig in Ordnung so.

Imaginäre Freunde und Freundinnen

Hattest du als Kind auch eine inspirierende Kumpeline (oder einen Mut machenden Kumpel) an deiner Seite, die für alle außer dir unsichtbar war? Hast du die Erwachsenen (oder auch andere Kinder) ständig mit Geschichten von deiner treuen Freundin genervt? Hat sie dich womöglich häufiger mal in Schwierigkeiten gebracht oder dich eher davor bewahrt? In deiner Arbeit kann dieses Persönchen jetzt mächtig-gewaltig Wiederauferstehung feiern. Denn warum eigentlich auch nicht? Schließlich kennst du deine Kinderfreundin schon so lange und weißt genau, wie sie dir unter die Arme greifen kann. Deshalb liegt es im Grunde nahe, dass du sie in deinem Inneren wach rüttelst, um ihr eine wichtige Rolle für deine Zauber- und Hexenkunst zuzuweisen.

Sollte es sich bei deiner imaginären Gefährtin um ein Stofftier oder einen anderen Gegenstand handeln, der sich nicht mehr in deinem Besitz befindet, ist das auch nicht weiter schlimm. Wenn du es wirklich willst, kannst du die energetische Essenz dieses Wesens selbst in Abwesenheit seiner früheren materiellen Hülle heraufbeschwören. Denk einfach an das Spielzeug, erinnere dich an seine damalige Gestalt und Beschaffenheit, und lass das Gefühl in dir aufsteigen, das du früher immer beim Kuscheln und Spielen mit ihm hattest.

Fiktive Charaktere aus Filmen, Büchern, TV-Serien und Cartoons

Die Figuren, mit denen wir uns in unserer Kindheit und Jugend so richtig identifizieren konnten, stellen – was ich gar nicht genug betonen kann! – auf dem Weg der Hexe ganz hervorragende Begleiter dar. Fiktive Charaktere prägen uns und unser ethisches Rückgrat, gestalten unsere Identität, formen unser Potenzial. Denn vieles an uns verdanken wir weder den Eltern noch unserer Erziehung oder den Lebensumständen in frühen Jahren, sondern geliebten fiktiven Charakteren, die uns an die Hand nahmen und leiteten wie sonst niemand.

Diese Großmut aus dem Reich der Fiktion erstreckt sich bis ins Erwachsenenleben, indem sie unser Denken bis ans Lebensende beeinflusst und die Grenzen unserer Vorstellungen dessen, was möglich ist, überwindet.

Die Kraft der Liebe zu den Charakteren, die einst zu deiner Entwicklung beigetragen haben, kannst du dir auch für deine Zauber- und Ritualkunst nutzbar machen. Das geht, indem du dich auf diese Gestalten einstimmst, ihre Mentalität annimmst und im Bedarfsfall ihre Energien heraufbeschwörst. So können manche zu Symbolen dessen werden, was du als Hexe erreichen oder wie du deine Kunst praktizieren willst.

Servitoren

Aber sag mal, Honigbienchen, warum solltest du eigentlich immer nur Dinge wählen können, die bereits vorhanden sind?

Vielleicht wünschst du dir magischen Rückhalt, hast aber das Gefühl, dass es weder eine Gottheit noch einen fiktiven Charakter oder ein mythisches Geschöpf gibt, die zu dir passen würden wie dein zauberhafter Popo auf den so häufig bemühten Eimer. Doch wann immer du auf der Suche nach einem Wesen bist, das dich bei etwas Bestimmtem unterstützt, kannst du die Angelegenheit in deine eigenen Hexenhände nehmen. Denn Servitoren sind genau dafür gemacht: zum Erledigen der Aufgaben, die du ihnen überträgst.

Sobald du auf einem bestimmten Gebiet Probleme bekommst – zum Beispiel finanziell, zu Hause, bei der Arbeit oder in der Liebe –, treten sie auf den Plan. Namen, Erscheinungsbild und Aufgabenbereich deines Servitors kannst du selbst bestimmen. Du darfst dir auch überlegen, wie du ihn herbeirufen und verabschieden willst.

Manche Servitoren sind ein Leben lang bei dir, andere kürzer beziehungsweise nur für einen bestimmten Zeitraum. Denn vielleicht brauchst du deinen Servitor ja zum Beispiel nur als Weddingplanner sowie am Tag deiner Hochzeit, sodass er danach seine Schuldigkeit getan hat und gehen kann.

Andere von dir erschaffene Wesenheiten und Gedankenformen

Abgesehen von den Servitoren, die dir in Magie und Alltag zur Seite stehen, hast du vielleicht auch Lust, dir ganz eigene Gottheiten und Guides zu erschaffen, die dich auf deiner Lebensreise begleiten. Denn womöglich entspricht ja von den bereits existierenden Wesen keines exakt deinen Bedürfnissen oder deiner Persönlichkeit. Und dann liegt es ja irgendwie nahe, dass du mithilfe deines heiligen Vorstellungsvermögens selbst eines erfindest.

Und, hey – kein anderes könnte auch nur annähernd so macht- und kraftvoll sein! Denn das weiß die Rebel Witch: Was ihrer eigenen Fantasie und Leidenschaft entstammt, bringt oft die allerbesten Resultate hervor und ist zutiefst befriedigend. Lass dich also nicht länger von dem Glaubenssatz runterziehen, dass alles, was bereits existiert, deinen eigenen Schöpfungen weit überlegen wäre, sondern überzeuge dich davon, dass nichts so stark sein kann wie eine selbst erschaffene Gottheit oder ein Guide, die Aspekte deiner Psyche widerspiegeln.

Vielleicht wünschst du dir eine trans- beziehungsweise non-binäre Gottheit, eine, die eine persönliche Beziehung zu deinem Wohnort hat, oder auch eine, die über gestaltwandlerische Fähigkeiten verfügt und das Aussehen all deiner Lieblingsschauspieler und -schauspielerinnen annehmen kann ... Sollte also das, was du dir wünschst, nicht existieren, kannst du es dir kraft deiner Fantasie jederzeit selbst erschaffen.

Archetypen

Filme und Bücher bedienen sich bestimmter Charaktertypen: Weise, Unschuldige, Entdecker, Herrscher, Schöpfer, Pfleger, Magier, Helden, Rebellen, Liebhaber, Narren, Waisen ... Bei all diesen Rollen handelt es sich um sogenannte Archetypen, die verschiedenen Rollen, die wir spielen – die Blueprints unserer Psyche und Gefühlswelt.

In jeder dieser Rollen interagieren wir etwas anders. Und was diese Archetypen betrifft, so kann der Müll der einen Hexe der Schatz der anderen sein, wie man so sagt. Überleg mal, welcher Archetyp dich am meisten anrührt und inspiriert. Vielleicht möchtest du eine Collage aus Bildern erstellen, in denen sich das Wesen dieses Archetyps spiegelt und in der auch typische Vertreter:innen dieses Typus sowie Symbole für die entsprechende Energie aufscheinen.

Held:innen und Ikonen

Ich persönlich beziehe einen Großteil meiner magischen Kraft und viel spirituelle Inspiration von bestimmten leider schon verstorbenen Musikern, insbesondere Jimi Hendrix, Freddie Mercury, Leonard Cohen und Kurt Cobain. Von ihnen allen habe ich Bilder bei mir in der Wohnung hängen, und auf seine ganz eigene Art stellt jeder eine Art Orientierungshilfe für mich dar.

Genauso könnte ich Schriftsteller:innen, Maler:innen und Aktivist:innen benennen, von denen ich den Geburtstag kenne und deren Sprüche oder Erfolge ich mir in Erinnerung rufe, wenn ich mal nicht weiterweiß. Ich habe eigens Andachtskerzen mit den Gesichtern der Leute hergestellt, an denen ich mir ein Beispiel nehme.

Auch du kannst Leute, die dich inspirieren, in deine Praxis integrieren, unabhängig davon, ob sie noch leben oder nicht. Die Zusammenarbeit mit ihnen mag sich anders anfühlen, als es bei Gottheiten der Fall ist; eine positive, stärkende Wirkung wird trotzdem davon ausgehen, und die kannst du natürlich gut als spirituelles Hilfsinstrument nutzen.

VERBINDUNG AUFNEHMEN

Mal ausprobieren kannst du zum Beispiel folgende Techniken der Verbindung mit einem nicht körperlichen Wesen:

- Verfass ein Gedicht oder eine Geschichte, oder choreografiere einen Tanz zu Ehren des betreffenden Wesens.
- Bastel etwas, Schmuck zum Beispiel.
- Bring, wann immer du das Glas erhebst, einen Toast auf das Wesen aus.
- Sprich es morgens beim Aufstehen an und abends vor dem Zubettgehen oder zu anderen festgelegten Zeiten.
- Definiere bestimmte Zeichen, an denen du die Präsenz des betreffenden Wesens erkennst. Tauchen sie dann auf, weißt du, dass es sich in deiner Nähe aufhält oder eine Botschaft für dich hat.
- Feiere ihm zu Ehren alljährlich ein Fest.
- Widme ihm eine bestimmte Mondphase oder einen Tag im Monat.
- Erschaffe ein heiliges Örtchen für diese Wesenheit, oder weihe ihr einen Bereich auf deinem Altar.
- Führe ein Notizbuch, in dem du nichts anderes festhältst als Überlegungen im Zusammenhang mit dem betreffenden Wesen. Bitte es, durch dich zu schreiben, und versuch dich auf diese Weise am Channeln.
- Beschwöre die Energie der Wesenheit herauf – vielleicht indem du dich als sie verkleidest oder passende Musik spielst –, und lass ihre Schwingungen dann auf dich wirken, um sie umfassender verstehen zu können.
- Überwinde ihr zu Ehren deine Ängste und Zweifel, und widme ihr deine Siege.
- Tu alles Mögliche in ihrem Namen und/oder zu ihren Ehren, zum Beispiel trainieren, dein Zimmer aufräumen oder dich freiwillig sozial engagieren.

- Erstelle ihr zu Ehren oder als Symbol für sie eine spezielle Playlist, und spiel sie immer, wenn du dich ihr nahe fühlen oder von ihr beraten werden möchtest.
- Bitte sie im Gebet um Hilfe bei der Bewältigung von Problemen und um Antworten auf deine Fragen.
- Befass dich fortlaufend mit den Mythen und Geschichten, die sich um sie ranken, mit historischen Erkenntnissen und der Kultur, der sie entstammt.
- Schließ dich einer Gruppe Interessierter an, die sich mit der betreffenden Wesenheit beschäftigen und über sie austauschen.
- Bring ihr Opfergaben dar.

Apropos Opfer: Überleg dir, welche Gaben angemessen sind. Was die bekannteren Gottheiten betrifft, so besteht weitgehend Einigkeit darüber, womit man ihnen eine Freude machen kann. Solltest du dich dafür interessieren, kannst du es gern recherchieren.

Wir Rebel Witches halten es natürlich etwas anders: Jede von uns spürt für sich selbst nach, was am besten geeignet sein könnte. Denn wir haben ja auch nicht alle dieselbe Beziehung zu der betreffenden Gottheit. Die Opfergaben, die wir Rebel Witches darbringen, werden sich deshalb von Hexe zu Hexe immer ein wenig unterscheiden.

Manchmal fühlst du dich vielleicht auch zu einer ausgefalleneren Opfergabe inspiriert. Und dann? Gibst du diesem Impuls selbstverständlich nach. Sollte dich also das Bedürfnis überkommen, eine Feder oder einen kleinen Stein aufzuheben, weil du das Gefühl hast, deine Gottheit würde sich über dieses Präsent auf deinem Altar freuen: nur zu!

Vielleicht siehst du aber auch in einem Geschäft etwas, das sich gut als Opfergabe eignet. Genauso kannst du einen Bissen von deinem Essen oder einen Schluck von deinem Getränk abgeben, wenn dir danach ist.

Für andere Wesenheiten – natürlich vor allem die von dir erfundenen – besteht in Bezug auf passende Opfergaben kein Konsens. Lass dich also überraschen, zu welchen potenziellen Gaben du von deiner Intuition und Fantasie inspiriert wirst. Deine bevorzugte Wesenheit allerdings wird dir schon selbst vermitteln, was sie mag. Die Astralarmee einer Rebel Witch weiß da hervorragende Tipps zu geben.

Hel zum Beispiel, die nordische Göttin des Todes, mit der ich am häufigsten zusammenarbeite, ließ mich einmal wissen, ich solle ihr meinen Schweiß opfern. Mit anderen Worten: Sie forderte mich auf, konsequenter zu trainieren und jedes Work-out als Opfer zu betrachten, das ich ihr brachte. Das war insofern eine super Message für mich, als sie nicht nur bewirkte, dass ich mich mehr bewegte, sondern mir zugleich die Chance gab, mich mit dem Göttlichen zu verbinden. Und zwar so, dass Mystisches und normales Alltagsleben in eins fielen.

Sobald du Gartenarbeit, Backen, Sport, Gassigehen, Aufräumen, das Begleichen von Rechnungen, Baby-Stillen oder Die-Kinder-zur-Schule-Fahren als vollgültige Methoden betrachtest, dich mit einer Gottheit zu verbinden, bist du quasi rund um die Uhr im aktiven Dienst an ihr – statt nur in der kurzen Zeit, die du sonst vor deinem Altar verbringst.

Solltest du beschließen, dich einer Wesenheit zu weihen, kannst du als Symbol für deine Entschlossenheit zur fortlaufenden Kooperation mit ihr ein Ritual durchführen. Eine solche Hingabe an eine Wesenheit zeigt, wie ernst du diese Verbindung nimmst. Zugleich verschaffst du dir damit die Chance, die Modalitäten der Beziehung zu umreißen. So kannst du dein Weiheritual zum Beispiel nutzen, um dich darauf zu verpflichten, der Wesenheit regelmäßig zu huldigen und ihr Opfer zu bringen. Oder auch darauf, sie zu ehren, indem du ihr nacheiferst und etwas aus den Mythen lernst, die sich um sie ranken, und so weiter.

Das eigene Leben einer Wesenheit zu weihen ist, finde ich, eine Riesensache. Deshalb hängt die Entscheidung wahrscheinlich immer auch davon ab, wie lang die Beziehung zu ihr schon dauert. Übereilen solltest du diesen Schritt auf keinen Fall – und letztlich verzichtest du vielleicht sogar ganz auf ihn. Insofern verhält es sich hier ähnlich wie bei einer Eheschließung: Sie will wohlüberlegt sein. (Mögliche Rituale dieser Art erläutere ich im Kapitel 14: »Rituale und andere hexische Aktivitäten«).

Viele Hexen fühlen sich mehr als nur einem einzigen Wesen verpflichtet. Insofern brauchst auch du kein schlechtes Gewissen zu haben, wenn du gern mit mehreren zusammenarbeiten würdest. Solltest du dich allerdings in deiner Praxis exklusiv zu einem Wesen hingezogen fühlen, würde ich sagen: Gib diesem Impuls einfach nach. Manchen Hexen bietet eine einzige verbindliche Beziehung zu einem göttlichen Wesen mehr als genug Action, sodass sie auf weitere kosmische Verbindungen gern verzichten.

Arbeitest du mit mehreren zusammen, werden einige von ihnen im Laufe der Zeit immer wieder präsent sein, während andere nur kurze Gastauftritte haben. Die eine Göttin kann jahrzehntelang an deiner Seite bleiben, während eine andere dir vielleicht einmal eine Botschaft von höchster Bedeutung übermittelt, sich dann aber gleich wieder zurückzieht. Eventuell investierst du bewusst mehr Emotionen und Aufmerksamkeit in diejenigen Beziehungen, die sich für dich über die Jahre als zentral erwiesen haben. Mit der möglichen Folge, dass du beschließt, dich einem Wesen – oder auch mehreren – zu weihen.

Vergiss nicht: Alle nicht physischen Wesen, mit denen du zusammenarbeitest, können sich im Laufe deiner Entwicklung verändern. So bekommst du vielleicht allmählich das Gefühl, dass ein Wesen, das du im Traum gesehen, mit dem du dich in Ritualen verbunden oder dem du dich sogar geweiht und mit dem du regelmäßig zusammengearbeitet hast, dir nicht mehr zur Verfügung steht. Dass es sich von dir entfernt hat und irgendwann vollkommen verschwunden ist.

Egal, wie eng du dich einmal mit ihnen verbunden gefühlt hast: Nicht alle Wesen werden bis zu deinem Lebensende bei dir bleiben. Und das kann schon sehr traurig sein, da brauchen wir uns gar nichts vorzumachen.

Viele Hexen leiden wie Hund, wenn die Beziehung zu einem Wesen, mit dem sie eng zusammengearbeitet haben, auseinandergeht. Warum muss das so sein?, fragen sie sich. Ja, warum gehen Beziehungen eigentlich zu Ende? Bedürfnisse verändern sich, Interessen verändern sich – und manchmal ist es andererseits auch so, dass das Leben *uns* verändert.

Plötzlich wird etwas anderes attraktiver, wirkt gesünder, weniger strapaziös, bedeutsamer. Vielleicht musst du auch einfach nur eine Weile allein sein. Außerdem können Missverständnisse entstehen, Partner leben sich womöglich auseinander, Entwicklungen verlaufen in unterschiedliche Richtungen, vielleicht stellt sich auch einfach Langeweile ein. Oder was genauso sein kann: dass du irgendwann alles gelernt hast, was aus dieser Beziehung zu lernen war.

Ich persönlich glaube ja, dass ein Wesen weniger für die Ewigkeit als aus einem bestimmten Grund im Leben einer Hexe erscheint. Und das ist auch gut so. Die eine oder andere dieser Wesenheiten hatte eine Tüte mit Tricks im Gepäck, die sie dir vermitteln wollte – Lektionen und Fähigkeiten, die du einst dringend brauchtest –, und verzieht sich, sobald dieser Job erledigt ist. Und manchmal fühlt sich ein solcher Abgang wie ein Lebewohl auf Gegenseitigkeit an und wird auch von beiden so verstanden.

Mitunter aber bricht einem so ein Abschied auch das Herz, und ist das der Fall, braucht es seine Zeit, bis es wieder heilt. Genau wie bei einer nicht einvernehmlichen Trennung zweier menschlicher Partner. Emotional hältst du die Tür eventuell noch eine Weile offen – schließlich könnte der oder die andere ja wieder zurückkommen, und vielleicht geschieht das sogar. Doch statt allzu lange an der Vergangenheit zu hängen, solltest du lieber versuchen, das Augenmerk auf andere Aspekte deiner Praxis zu richten.

Mach dir bitte klar, dass man auch mit zu großem Nachdruck versuchen kann, eine Wesenheit für sich zu interessieren. Sollte dir die Idee der Zusammenarbeit mit einer körperlosen Intelligenz übertrieben attraktiv vorkommen, besteht die Gefahr, dass du dich auf sie fixierst und enttäuscht bist, wenn es nicht dazu kommt. Auch riskierst du so, andere aufregende Aspekte deiner Hexenkunst zu übersehen. Wenn du also länger erfolglos versucht hast, eine Wesenheit anzuziehen, legst du am besten den Rückwärtsgang ein und konzentrierst dich eine Zeit lang auf anderes. Denn wird der Wunsch, eine Wesenheit für sich zu gewinnen, allzu heftig, lässt seine Erfüllung meistens auf sich warten. Lass da also am besten etwas Luft ran, und erfreu dich an den anderen Bereichen deiner Kunst.

SCHREIB'S AUF

◊ Welche Pläne hast du in punkto Zusammenarbeit mit körperlosen Wesenheiten für die nächsten drei bis sechs Monate? Und warum?

PROBIER'S DOCH MAL

◊ Wenn du dich für die Zusammenarbeit mit Wesenheiten interessierst, aber noch am Anfang deiner Erkundungen stehst, erforsche wenigstens eine Gottheit oder ein mythisches Wesen, das dich interessiert, sehr intensiv.

Kommunizieren musst du anfänglich noch nicht mit ihm. Hab einfach Spaß an deinen Recherchen über die verschiedenen körperlosen Intelligenzen.

◊ Du arbeitest bereits mit Wesenheiten zusammen? Dann versuch doch einmal Folgendes: Überleg dir, wie du in deinem bisherigen Leben eine größere Nähe zu Mitmenschen hergestellt hast, zum Beispiel zu Kolleg:innen, Freund:innen und Angehörigen. Was fällt dir daran besonders auf? Und was tust du, um die Nähe zu diesen Leuten aufrechtzuerhalten? Finde heraus, welche dieser Techniken auch auf deine momentane Mission – den Versuch, eine größere Nähe zu anderen Wesen aufzubauen – Anwendung finden können. Da ist nämlich durchaus ein Transfer möglich.

◊ Mach dich im Netz kundig, was andere Hexen über ihre Zusammenarbeit mit den Wesenheiten zu sagen haben. Achte dabei vor allem auch darauf, inwiefern die Hexen von dieser Zusammenarbeit profitieren.

SPIRITUELLE HYGIENE: REINIGENDE ENERGIE UND DIE ERSCHAFFUNG EINES HEILIGEN RAUMES

Befassen wir uns jetzt mit dem Thema Energie und damit, wie du sie so reinigen, lenken, steigern und stabilisieren kannst, dass es sich gut für dich anfühlt. Aber sorry, Babe, jetzt muss ich dir leider ein bisschen hippiemäßig kommen ... Denn wenn ich Energie sage, meine ich damit »the vibes, man«, claro?

Bist du schon mal in einen Raum gekommen und hast sofort gespürt, dass zwischen zwei Leuten die Luft brennt, obwohl eigentlich äußerlich nichts darauf hindeutete, dass sie sich eben noch gestritten haben? Oder ist dir bei der Besichtigung einer historischen Stätte des Grauens jemals ein kalter Schauer über den Rücken gelaufen? Warst du schon einmal in einer Situation, in der du dich sicher gefühlt und gespürt hast, dass die Energie plötzlich nicht mehr wie bisher explosiv war, sondern sich irgendwie stabilisiert hatte? Oder umgekehrt? Spürst du manchmal, dass sich die Atmosphäre verändert und du entsprechend reagieren musst? Bei all diesen Gelegenheiten hast du die Energie gedeutet – weil du die Vibes aufgeschnappt hast.

Vermutlich schätzt du die Energie, die dich umgibt, im Alltag oft ab, ohne dir dessen überhaupt bewusst zu sein. Sollte dich jemand um eine Erklärung bitten, warum du frühzeitig von einer

Party weggegangen bist, deine Meinung über eine bestimmte Chance geändert hast oder von deinem üblichen Wanderweg abgewichen bist, kannst du deine Gründe vielleicht nicht in jedem Fall klar darlegen. Weil du einfach instinktiv gehandelt hast, deinem Gefühl – den Schwingungen – gefolgt bist. Wir Hexen tun dies in aller Regel mit voller Absicht. Denn für uns sind Wahrnehmung und Deutung der Energie von Orten, Menschen und Objekten etwas ganz Normales.

Viele von uns spüren schlechte beziehungsweise niedrige Schwingungen und reagieren darauf instinktiv, bevor sich im Außen auch nur das Geringste verändert hat. Wird dieses merkwürdige Verhalten von anderen bemerkt, stellen sie Fragen wie: »Woher, um alles in der Welt, konntest du denn wissen, was geschehen würde?« Oder sie stellen fest, dass du mit deiner instinktiven Entscheidung Zeit gewonnen, dir Unannehmlichkeiten erspart oder eine potenzielle Gefahrensituation vermieden hast.

Solche Situationen kennst du gar nicht? Keine Sorge, eine Hexe kannst du trotzdem sein, aber so was von! Wir haben nicht alle dieselben Fähigkeiten und nehmen nicht alle dasselbe wahr. Und wenn sich Hexen mehr auf externe Informationen und objektive Fakten verlassen, ist dagegen definitiv nichts einzuwenden. Im Übrigen musst du dich auch nicht zwischen dem einen und dem anderen »Lager« entscheiden. Das Deuten der Energien und die Erforschung von Sachverhalten beruhen auf einem ausgesprochen breiten Spektrum verschiedener Kompetenzen.

In vielen Hexenbüchern wirst du aufgefordert, vor der Arbeit deine Energie zu reinigen und dich anschließend zu erden. Auch empfehlen sie dringend, dein neues Haus vor dem Einzug energetisch zu säubern, dein hexisches Werkzeug und dich selbst zu reinigen. Vor allem aber wird dir nahegelegt, dir vor der Durchführung eines Rituals oder wenn du einen Zauber wirken willst, einen heiligen Raum zu erschaffen. Was wir Hexen darunter verstehen? Unsere

Verteidigungslinie. Die die erwünschte Energie und Atmosphäre einschließt und alles andere außen vor lässt.

Solche Ratschläge aus den Hexenbüchern dienen deiner Sicherheit und sollen dir zu positiven Erfahrungen verhelfen. Und tatsächlich bringen die empfohlenen Praktiken auch etwas. Nur das Dogma, das oft mit ihnen verbunden wird, geht mir ordentlich gegen den Strich. Finde daher selbst heraus, was »Energie« für dich bedeutet und wie du am besten mit ihr umgehst.

Frag dich, wie oft die vorgeschlagenen energiehygienischen Maßnahmen wirklich erforderlich sind. Stellen sie ein Muss dar? Sind sie unter allen Umständen von Bedeutung? Und müssen sie tatsächlich immer auf ein und dieselbe altmodische Art praktiziert werden? Fühlst du dich vielleicht manchmal gedrängt, eine Reinigung vorzunehmen, auch wenn du sie eigentlich gar nicht für nötig hältst?

Ich persönlich treffe meine energiehygienischen Entscheidungen von Fall zu Fall. Statt grundlos massenweise Mühe walten zu lassen, agiere ich also situationsgemäß – ich tue, was ich in dem Moment gerade emotional für richtig und erforderlich halte.

Ein Beispiel: Als ich das Häuschen bezogen habe, in dem ich heute noch wohne, hat es mir vom allerersten Moment an die schönsten, erhabensten Vibes vermittelt – für mich lag da nicht die Spur Uncooles in der Luft. Im oberen Stockwerk hatte mir die Vormieterin auf dem Fensterbrett einen Lavendelzweig hinterlassen – zusammen mit einem Zitat des Dalai Lama über die einzigartige Bedeutung des gegenwärtigen Moments. Dadurch wurde mein Empfinden, dass mir hier energetisch kein Bein gestellt werden sollte, natürlich noch verstärkt. Hinzu kam: Die Energie der Frau, die bis vor Kurzem noch unter diesem Dach gelebt hatte, gefiel mir und gab mir das Gefühl, dass sie gut zu meiner passte.

Also putzte ich zwar alle Oberflächen und saugte den Boden, bevor ich meine Sachen auspackte, energetische Reinigungsmaßnahmen aber traf ich – weil es sich so genau richtig anfühlte – keine.

(Von der Wohnung, die ich zuvor hatte, kann ich das nicht sagen. Sie war voller komischer Spannungen und chaotischer Energie. Bevor ich meinen Kram da reinschaffen konnte, musste ich erst einmal zwei Klangreinigungen durchführen und das Haus gründlich segnen.)

Stell dir vor jeder Energiearbeit folgende Fragen:

- Ist das jetzt wirklich nötig?
- Bringt die Maßnahme auch was?
- Wie ist die aktuelle Energie beschaffen? Und könnte sie mir vielleicht auf irgendeine Weise behilflich sein?
- Wäre es eventuell wichtig, die vorhandene Energie so zu belassen, wie sie ist, damit ich etwas daraus lernen und in Ruhe warten kann, bis sie sich von selbst verändert?
- Sollte ich womöglich lieber einfach gehen, statt mir über die Energie hier den Kopf zu zerbrechen?

ENERGETISCHE EIGENREINIGUNG

Angenommen, du fühlst dich schwingungsmäßig irgendwie »daneben« oder unbehaglich. Die Energie um dich herum scheint nicht richtig zu fließen, die Atmosphäre ist angespannt, allzu dicht.

Vielleicht hängt es damit zusammen, dass überall im Raum Papiere und Bücher verstreut sind, Klamotten und Handtücher auf dem Boden liegen und alles voller Krimskrams ist. Doch auch nach dem Aufräumen und Putzen fühlst du dich dort noch nicht entscheidend besser? Womöglich hängen noch Reste mieser Energie vom Vortag in der Luft – etwas, das bereinigt werden muss.

Vielleicht findest du nicht so schnell heraus, ob deine eigenen Vibes in Aufruhr sind oder die des Zimmers, in dem du dich gerade aufhältst. In so einem Fall reinigst du am besten zuerst dich selbst und danach – wenn du es noch für erforderlich hältst – den Raum.

Hier ein paar Gründe, die dich zur Reinigung deiner eigenen Energie veranlassen könnten:

- Du hast dich kurz zuvor in einer dir unangenehmen Umgebung aufgehalten und spürst die dortigen Schwingungen auch noch, nachdem du sie verlassen hast.
- Nach einem Streit ist deine Energie weiterhin vollkommen durcheinander.
- Tagsüber hast du starke Emotionen anderer Menschen empfunden und absorbiert.
- Du spürst die Aggressivität beziehungsweise Ablehnung, die dir jemand entgegenbringt, und kannst dich nicht davon frei machen.
- Du nimmst Medikamente, die sich negativ auf deine emotionale Verfassung auswirken.
- Dir steht eine schwierige Situation bevor, zum Beispiel ein heikles Arbeitstreffen, ein schwieriger Privatbesuch, ein sportlicher Wettbewerb oder eine große Party, und du möchtest, dass deine Energie bei dieser Gelegenheit stark, konzentriert und auf den Punkt ist.
- Du hast die Erfahrung gemacht, dass dir die Reinigung deiner Energien mehr Stabilität verleiht und erheblich zu deinem psychischen Wohlbefinden beiträgt.

Welche Bedeutung hat für dich die Reinigung deiner Energien? Wie würde es aussehen, wenn du deine mentale und körperliche Ausstrahlung positiv verändern könntest?

Nun, machen wir uns mal nichts vor: Die hilfreichsten Antworten auf diese Fragen sind wahrscheinlich die, die auf deinen Bedürfnissen und Vorlieben beruhen, je spezifischer, desto besser. Aber natürlich kannst du gern auch einmal die Methoden ausprobieren, die viele spirituell veranlagte Menschen zur Reinigung ihrer Aura anwenden. (Unter »Aura« ist die charakteristische individuelle Energie jedes Menschen, Ortes und Gegenstandes zu verstehen.)

- Stell dir vor, du würdest fünf bis zehn Minuten lang Wärme und Positivität ein- und Stress, alles Schwere und so weiter ausatmen.
- Visualisiere dich in einer Schutzblase, die deine Lieblingsfarbe hat, jegliche störenden Energien von dir abhält und deine eigenen optimiert und schützt.
- Führe eine Bodyscan-Meditation durch, und bedenke jeden Teil deines Körpers, der schmerzt oder verspannt ist, so lange mit Mitgefühl und Aufmerksamkeit, bis du relaxter und wieder mehr bei dir bist.
- Geh unter die Dusche, oder nimm ein Wannenbad. Das Wasser – Symbol für Reinigung und Erneuerung – wäscht alles Unerwünschte weg.

Eine Bemerkung noch: Dass wir als Rebel Witches unterwegs sind, heißt noch lange nicht, dass wir die bewährten Techniken verachten und uns über sie lustig machen würden. Ganz im Gegenteil: Wenn ich dir nur, weil es sich dabei um eine bewährte Technik handelt, von etwas abraten würde, was dir gute Dienste leisten könnte, wäre das alles andere als rebellisch.

Bedenke aber auch die absolute Einzigartigkeit deiner Energie und deiner ungefilterten, innigen Verbindung mit ihr. Das ist echt hotter Shit. Gegen alles Uncoole in deiner Aura hilft ein gut sortiertes Tool-Set. Jede der oben aufgeführten Empfehlungen bringt etwas, und da draußen gibt es noch eine Menge anderer Vorschläge. Leg sie gern mit in dein Werkzeugtäschchen. Sobald du sie deinen persönlichen Bedürfnissen angepasst hast, kannst du dir im Einzelnen überlegen, welche deiner Energien du auf welche Weise ausgleichen und reinigen möchtest.

Hier sind noch weitere Ideen:
- Vielleicht magst du dich im Kreise einiger deiner liebsten Superhelden, Cartoon- oder Computerspielfiguren visualisieren und dir genau ausmalen, wie sie dir helfen, alles Negative in

deinem Energiefeld zu bekämpfen und dieses wieder in Schuss zu bringen.

- In einer farbigen Schutzblase könnte man gut und gern auch das Transportmittel von Glinda, der guten Hexe aus dem *Zauberer von Oz*, sehen. (Den Film finde ich einfach großartig! Allein die Blase – echt stabil.)
- Erklär ein bestimmtes Musikstück zu deinem »Energie-Reinigungstool« – und spiel es immer, wenn du dich wieder auf dich selbst besinnen willst. Sollte dir die Wahl eines Titels allzu schwerfallen, musst du dir zu diesem Zweck eben eine ganze Playlist zusammenstellen.
- Versieh Kleinigkeiten zu essen mit einem Zauber. So hast du immer etwas zur Hand, was deine Vibes schnell wieder auf Vorderfrau bringt. Dafür sind allerdings nur länger haltbare Lebensmittel geeignet wie zum Beispiel Konfekt, Saaten oder Nüsse. (Mehr übers Zaubern erfährst du in Kapitel 13.)
- Wähle ein spezielles Kleidungsstück oder Accessoire, das du aktivierst und dann jederzeit zum Energieausgleich nutzen kannst. Trag dieses Stück nur, wenn du energetisch ganz unten bist. Denn sein Job besteht ausschließlich darin, dich wieder in den Normalzustand zu versetzen.
- Statte gedanklich deinem geheimen Energievorrat einen Besuch ab. Dort versteckst du die Flaschen mit deinem »Selbst«-Destillat – für den Notfall, wenn du dich also mal nicht gut fühlst oder schlechte Laune hast. Ich persönlich gönne mir einen Fantasiealtar, auf dem stets eine schicke Glasflasche mit reinigendem Saft steht. Wann immer meine Energie mal im Keller ist, schüttele ich das Gefäß und genehmige mir einen ordentlichen Schluck aus der Pulle.
- Entwickele deine persönliche Tanzroutine, oder komponier einen Song, der dich bei Bedarf fix wieder aufmöbelt. Und zwar echt schnell!

- Stell dir dein niedriges Energielevel wie einen genervten Kobold vor, der in deinem Inneren an den Gitterstäben seines Käfigs rüttelt. Halt, so lange es dir möglich ist, die Luft an, und fokussier dich darauf, wie sehr du den kleinen Stinker freilassen möchtest. Wenn sich der Drang zum Ausatmen nicht länger unterdrücken lässt und du ihm schließlich nachgibst, siehst du den Kobold aus deinem Mund ploppen – und gibst ihm noch einen kräftigen Tritt mit auf den Weg ins Nirgendwo.
- Ruf deinen Energiereinigungs-Servitor herbei. Dieses Wesen kannst du immer aktivieren, wenn deine Schwingungen ein ordentliches Großreinemachen brauchen. Dein Servitor – oder vielleicht eher deine Servitorin? – könnte aussehen wie eine Barbie im Outfit eines französischen Dienstmädchens. Vielleicht ähnelt er aber auch mehr einem Wachhund, der unter bedrohlichem Knurren deine bad vibes die Gasse runterjagt (bevor er sich zu dir legt und sich an dich kuschelt, versteht sich). Genauso gut könnte es sich bei ihm allerdings auch um ein süßes, nach Zitrusfrüchten duftendes Rauchwölkchen handeln, das alles Schlechte aufsaugt und dir ein frisches Gefühl gibt.
- Leg dir eine verschließbare Kiste zu, in die du deine miesen Vibes und ekligen Gefühle packst, wenn du sie loswerden willst. Hin und wieder nimmst du die Box dann mit auf eine Klippe oder an das Ufer eines Gewässers und kippst den Inhalt dort weg. (Notfalls geht auch das Klo.)
- Hast du's womöglich mit BDSM oder kinky Sex? Dann bietet dieser Teil deiner Welt jedenfalls einen Arsch voll Motive und Themen, um's eventuellen bad vibes mal so richtig zu zeigen. Magst du deinem Energiefeld vielleicht Fesseln anlegen und es zwingen, strikt deine Anweisungen zu befolgen? Bis es schließlich ganz brav wird und nur tut, was seine Herrin von ihm verlangt? Oder weißt du vielleicht, dass dir allein der Gedanke an deine schmuddeligen Vorlieben genügt, um dich energetisch

wieder in den Sattel zu heben? Dann mach was draus – wann immer erforderlich.

Ich würde dich bitten, in diesen Aspekt echt viel Gehirnschmalz zu investieren. Die Frage, was es heißt, wieder zu dir zu kommen, wirklich ernst zu nehmen. Und hast du deine Energie erst einmal zurück, wirst du dafür sorgen wollen, dass sie nicht wieder die Biege macht. Das setzt oft Fokussierung und Übung voraus, die zusammen im Laufe der Zeit eine Gewohnheit bilden.

Als ich noch in einem Büro beschäftigt war, habe ich jeden Morgen Aurapflege betrieben. Doch am Nachmittag war ich trotzdem irgendwie am Ende, kaputt, weil ich das Eindringen fremder Energien in mein Kraftfeld zugelassen hatte. Ich dachte immer, dass meine Schwingungen doch eigentlich intakt bleiben müssten, auch wenn ich mit Kolleginnen und Kollegen interagierte, die ganz andere Vibes hatten als ich. Wie das aber genau gehen sollte? Keine Ahnung.

Irgendwann habe ich dann erkannt, dass das alles eine Frage der Übung war – jedenfalls bei mir. Also habe ich in der Folge jeden neuen Tag als weitere Gelegenheit betrachtet, dafür zu sorgen, dass meine Energie länger und müheloser intakt bleibt. Und die Ergebnisse? Waren einigermaßen erstaunlich. (Vielleicht liest du das jetzt und hast keinen Schimmer, wovon überhaupt die Rede ist – macht gar nichts. Dieses ganze »Energiegedöns« spricht nicht jeden an. Und obwohl es bei dieser Thematik um weitverbreitete Erfahrungen geht, sind diese noch lange keine Voraussetzung dafür, Hexe zu sein.)

Und hier noch ein lieb gemeinter Hinweis, Sweety: Man kann es mit diesem ganzen Energiereinigungsding sehr wohl auch übertreiben. Manchmal müssen wir Unannehmlichkeiten einfach aushalten. Mit Alltagsproblemen oder auch den großen Themen, die die Menschheit beschäftigen, fertigzuwerden und in diesem Wahnsinnszirkus den eigenen Platz zu finden kann taff sein.

Bei der Energiereinigung geht es darum, alles abzustreifen, was dir nicht mehr dienlich ist, dich wieder in deine Mitte zu bringen, neu zu fokussieren – kurzum: auf gesunde Weise den Reset-Button zu drücken. Gefährlich kann es werden, wenn wir meinen, bei Unbehagen welcher Art auch immer gäbe es nicht mehr zu tun, als es einfach wegzuputzen. Denn Schmerz und Traurigkeit an sich sind ja kein Fehler – sondern Teil des Lebens, genau wie Spaß, Glück und Zufriedenheit.

Wenn du mehr Mist erlebst, als du ertragen kannst, sind Techniken der Energiereinigung nur ein Teil eines Gesamtpakets sinnvoller Maßnahmen, die dir weiterhelfen. Und dafür, dich ihrer zu bedienen, wünsche ich dir von Herzen genügend Kraft. Sprich mit einer Person deines Vertrauens; wende dich an eine Hotline, mach einen Termin bei der Ärztin oder beim Heilpraktiker – tu einfach alles, um dir Unterstützung zu holen und in deinem Elend nicht allein zu bleiben.

SCHREIB'S AUF

◊ Eine bestimmte »Energie« zu haben – was heißt das eigentlich? Und wie steht's mit »in eine andere Energie kommen«? Oder die »Energie aufrechterhalten«? Welche Bedeutung haben diese Formulierungen für dich? Versuch die Fragen möglichst konkret und anhand eigener Erfahrungen zu beantworten.

◊ Versetz dich in eine Situation zurück, in der sich die Energie einer anderen Person positiv auf dich ausgewirkt hat (ohne dass sie dafür irgendetwas sagen oder tun musste).

◊ Versetz dich anschließend in eine Situation zurück, in der sich die Energie einer anderen Person negativ auf dich ausgewirkt hat.

◊ Was glaubst du: Welche Hauptmissverständnisse gibt es zwischen Menschen, was die eigene Energie und die von anderen angeht? Und welches sind diesbezüglich die häufigsten Fehler?

PROBIER'S DOCH MAL

◊ Achte mal darauf, wie du die Energie der nächsten drei Menschen empfindest/wahrnimmst, denen du begegnest.

◊ Übe, darauf zu vertrauen, dass du deine Energie nach Gusto so hoch halten und versiegeln kannst, wie du magst, um das Einwirken starker Kraftfelder von anderen Leuten bestmöglich zu verhindern. Ein Beispiel: Solltest du bei den Menschen, die dich umgeben, Verspannungen, Verwirrung oder Traurigkeit empfinden, konzentrier dich einen Moment lang darauf, deine Energie gezielt zu stärken und zu bündeln, damit sie bleibt, wie sie ist, und nicht von diesen äußeren Einflüssen verändert wird. Anfänglich musst du dich vermutlich stark auf dieses Vorhaben konzentrieren. Aber nach einiger Zeit wird der Prozess bestimmt wie nebenbei ablaufen, während du an etwas ganz anderes denkst. Ich checke und safe mein Energielevel immer sofort, wenn ich etwas Ungeiles spüre. Das ist mir mittlerweile schon fast zur zweiten Natur geworden.

◊ Frag andere, was sie von der Vorstellung halten, dass wir Menschen alle eine bestimmte »Energie« haben. Und ob sie der Meinung sind, dass man diese verändern und versiegeln kann. Wie empfindest du die Antworten? Auf welche Weise – wenn überhaupt – wird deine eigene Sicht auf diese Dinge von den Auffassungen der anderen beeinflusst?

ÖRTLICHKEITEN REINIGEN

Wenn du dir vornimmst, ein Zimmer oder sogar einen ganzen Haushalt zu reinigen, stellst du vermutlich schnell fest, dass dieser Prozess ordentlich Energie verlangt. Sorge also dafür, dass du ausgeruht bist und etwas Gesundes zu dir genommen hast, bevor du dich ans Werk machst. (Ich für meinen Teil greife am liebsten zu Bananen und Walnüssen. Und nach getaner Arbeit gibt's dann meistens – weil ich dann immer wie ausgehungert bin – einen großen Teller Pasta.) Anschließend überlegst du, was genau du mit der Reinigung beabsichtigst. Willst du vielleicht niedrig schwingende Vibes beseitigen, die sich angesammelt haben? Oder spürst du womöglich eine energetische Präsenz, die dort nichts zu suchen hat? Wenn ja, entscheidest du dich vielleicht zusätzlich zu den Reinigungsritualen noch für einen Bannzauber. Ist aber nicht immer nötig. Geh einfach nach deinem Gefühl.

Vielleicht möchtest du dem Raum aber auch eine bestimmte Energie zukommen lassen? Womöglich deine eigene, weil du den Ort schwingungsmäßig zu einer Verlängerung der Energien machen möchtest, die dich gegenwärtig kennzeichnen?

In diesem Fall besteht die Aufgabe darin, dem Raum eine Energie zu geben – und zwar nicht, indem du dir etwas davon abknapst, sondern eher durch eine Art »copy and paste«. Das heißt konkret: Du kannst deine Energie zum Beispiel unter die Betten befördern oder in die Schränke und sie dabei doch behalten.

Das mag sich kompliziert anhören, ist aber im Grunde kinderleicht. Wenn du jemanden aufmunterst, kommst du ja schließlich auch nicht schlecht drauf. Oder anders ausgedrückt: Du kannst einem Menschen positive oder beruhigende Energie geben, ohne dass sie sich bei dir dezimiert. Und genauso verhält es sich mit Örtlichkeiten.

Vielleicht willst du dem betreffenden Raum aber auch eine vollkommen andere Energie geben. Kein Thema: Du kannst jeden

Raum von den darin vorhandenen Schwingungen reinigen und diese anschließend durch jede beliebige Energie ersetzen.

Normalerweise hat man ja zum Beispiel im Homeoffice gern eine spürbar andere Atmosphäre als im Schlafzimmer.

Wenn du als Hexe etwa mit der Reinigung einer Wohnung beauftragt wirst, musst du darauf gefasst sein, dass die Schaffung einer stabil entspannten, chilligen Atmosphäre oder aber auch eine stark schützende Energie erwartet werden kann, je nach Kundenwunsch.

Eine gute Möglichkeit, den Raum während der Reinigung mit einer bestimmten Energie zu versorgen, besteht darin, etwas zu visualisieren, was sie herbeizaubert. Vielleicht würdest du der Örtlichkeit gern die Atmosphäre von Stonehenge verleihen, die eines spartanischen Klosters in Tibet, des Ferienhauses deiner Kindheit, eines netten Picknicks mit Decke, Korb und Sektflasche oder eines malerischen Strandes.

Sollte es dir schwerfallen, das entsprechende Bild im Kopf zu behalten, während du die Energie des Raumes veränderst, kannst du dir helfen: mit tibetischem Mantra-Gesang beziehungsweise Meeresrauschen aus der Konserve oder was immer du sonst mit der Stimmung assoziierst, die du rüberbringen willst.

Möchtest du aus der Erinnerung an einen Ort, an dem du früher einmal warst, eine Stimmung erzeugen, schau dir ein Bild von ihm an, bevor du beginnst, die damit verbundene Energie zu evozieren und auszusenden.

Willst du ein Energiekonzept erstellen, hilft ein Mood/Visionboard auf Pinterest oder in der Old-School-Variante mit Papier, Schere und Klebstoff. Lass dich von Bildern inspirieren und dir helfen, die Energie zu entwerfen, die du dir für den infrage stehenden Raum wünschst.

Hier einige Vorschläge zur Reinigung von Räumen und zum Etablieren einer neuen Energie. Jede dieser Techniken kannst du entweder real anwenden oder rein gedanklich. Und natürlich darfst du jede Idee auch optimieren, deinen Bedürfnisse anpassen oder sogar vollkommen ummodeln.

- Zünde eine Kerze an (oder nimm ein Feuerzeug), um die Räume mit guten Absichten und positiver Energie zu erfüllen. Geh dann (entweder »in echt« oder auch nur gedanklich) durch die Zimmer und leuchte in alle Ecken.

- Auch kannst du Räucherwerk verbrennen und dafür sorgen, dass sich die gewünschte Energie mit dem Rauch in der gesamten Örtlichkeit verbreitet.

- Sprich mit dem Raum, führ ihn liebevoll an die Energie heran, die du für ihn vorgesehen hast. Feier ihn, rede ihm gut zu, und sage ihm, was du mit ihm vorhast.

- Lass dir eine Geschichte einfallen, die sich um die Zukunft der Räumlichkeit dreht. Nutze deine Fantasie, um dir mögliche Verwendungszwecke auszumalen und dir vorzustellen, was du alles darin erleben wirst. Während du die Geschichte denkst/erzählst, visualisierst du, wie sie an Ort und Stelle Gestalt annimmt.

- Ruf die Wesenheiten herbei, mit denen du normalerweise zusammenarbeitest, und bitte sie um Unterstützung beim Etablieren der gewünschten Energie und Vertreiben aller miesen Vibes.

- Verwende auch Klänge zur Reinigung des Raumes – Glocken, Schellen und alle anderen Musikinstrumente (inklusive der eigenen Stimme) können höchst effektiv sein. Immer eine gute Idee ist auch eine tragbare Soundanlage mit deiner Lieblingsmusik.

- Verzaubere die künftige Wandfarbe der Räume, hexe Positivität und Freude in die Möbel und puste den Postern der Rockstars an den Wänden Leben ein, die dich (oder die Bewohner:innen) von nun an beschützen werden. (Im Kapitel 13 erfährst du mehr übers Zaubern.)

- Verstreue mit etwas Salz vermischte Kräuter, getrocknete Obststückchen, Blätter oder Blüten deiner Wahl im ganzen Raum, auch in den Ecken und an besonders wichtigen Stellen, um dafür Sorge zu tragen, dass Schutzfunktion und neue Energie auch unter Druck bestehen bleiben. Zur Verstärkung der Wirkung kannst du zusätzlich von dir selbst oder anderen Hexen hergestellte Öle und Tinkturen einsetzen.

• Wenn du eine unangenehme Energie im Raum spürst, kannst du versuchen, sie mithilfe von etwas ebenfalls Unangenehmem zu vertreiben. Im Internet findest du Mitschnitte von Katzenkämpfen, die sich dafür gut eignen würden. Ich meine: Ich liebe Katzen, aber dieser Sound ... ist doch echt wie Fingernägel auf Schiefertafel ...

• Stell einen Karton offen in die Mitte des Raumes, und befiehl allen negativen Energien/Wesenheiten, sich hineinzubegeben, um sich daselbst aufzulösen, aufzufressen oder sich stattdessen in eine freundliche, hochfrequente Energie zu verwandeln. Bis es so weit ist, kann es etwas dauern. Deshalb wirst du deinen Befehl womöglich mehrere Male wiederholen müssen, bis du spürst, dass er befolgt wurde. Dann machst du den Karton zu. (Der muss übrigens nicht real sein, ein Produkt deiner Fantasie kann genau dieselben guten Dienste leisten.)

Nachdem der Raum gereinigt ist und du ihn mit der beabsichtigten Energie versehen hast, möchtest du ihn vielleicht noch segnen. Dieserart Segnung vergleiche ich immer gern mit einer Zeremonie, bei der ein Baby seinen Namen erhält: eine tolle Möglichkeit, das gegenwärtige und künftige Leben auf ebenso liebe- wie freudvolle Art zu feiern.

Was ich mit diesem Vergleich sagen will? Nun, in dem Moment, in dem ein Raum unseren Anforderungen gemäß verändert wurde und wir bereit sind, ihn zum Hexen, Arbeiten, Kochen, Schlafen oder was auch sonst zu nutzen, heißen wir ihn mit dem Segen als neue Präsenz in unserem Leben willkommen.

Stell dir diese Segnung als Ritual vor, mit dem du dich selbst stärkst und zugleich einer Intention Nachdruck verleihst, nämlich dem machtvollen Wunsch, dass der Raum (wenn du ihn beziehen willst) dein Potenzial widerspiegeln und dir zu mega Erfahrungen verhelfen möge.

Übrigens musst du dich gar nicht länger in einem Raum aufhalten, um ihn segnen zu können; genauso wirksam ist es bei Örtlichkeiten, denen du nur einen kurzen Besuch abstattest. Also kannst du ebenso gut das Hotelzimmer segnen, in dem du eine Woche bleibst, wie die Lichtung im Wald, auf der du ein Picknick abhältst, oder das Standesamt, in dem Freunde von dir heiraten.

Hier ein paar Vorschläge für Dinge, die du während der Segnung noch tun kannst:

- Bitte die Wesenheiten, mit denen du zusammenarbeitest, den Raum mit ihrer starken, positiven Energie zu bereichern und über ihn zu wachen.

- Bring einen Toast auf den Raum aus, indem du dein Glas erhebst (das kein alkoholisches Getränk enthalten muss) und eine kleine Rede hältst.

- Signiere den Boden des Raumes mit dem Finger oder visualisiere deine Unterschrift daselbst in strahlendem Licht – um zu symbolisieren, dass du die wunderbare neue Energie mithilfe deiner Intentionen in dem Raum versiegelst.

- Schmeiß zur Feier des neu energetisierten Raumes eine Party, oder organisiere eine kleine private Zusammenkunft. Ein solches Einweihungsfest kann definitiv von großer Magie sein. Und bei den Gästen, die du dazu einlädst, muss es sich nicht unbedingt um Menschen handeln. Ich jedenfalls lade zu allen Einweihungsfesten, die ich gebe, auch meine Göttinnen und Spirit Guides ein.

SCHREIB'S AUF

◊ Denk an eine Gelegenheit zurück, bei der du einen Ort betreten hast, an dem sich irgendetwas nicht ganz richtig angefühlt hat. Was hast du in dem Moment gedacht und empfunden? Wie hast du dich verhalten? Was, glaubst du heute, hat sich in der damaligen Situation wirklich abgespielt?

◊ Wie anders könnte die Welt deiner Meinung nach sein, wenn mehr Menschen glauben würden, dass sie sich ihren Wohn- und Lebensraum energetisch aneignen und seine Schwingungen verändern können?

PROBIER'S DOCH MAL

◊ Der folgende Vorschlag liegt natürlich nahe, aber was soll's: Führ eine Reinigung deines Zuhauses, eines Zimmers in deiner Wohnung oder eines anderen Raumes durch, in dem du dich oft aufhältst. Dokumentiere nicht nur die Erfahrungen, die du dabei machst, sondern auch die Folgen der Aktion. Was würdest du beim nächsten Mal optimieren oder anders machen? Und was bliebe definitiv gleich?

◊ Wenn du dich bereits als Hexe geoutet hast und aus der Besenkammer raus bist, biete jemandem an, sein oder ihr Zuhause energetisch zu reinigen. Allerdings sollte die betreffende Person unbedingt für derlei Aktivitäten empfänglich sein. Anschließend holst du ihr Feedback ein: Fühlt sich für die Person jetzt irgendwas anders an als vorher? Wie wird die neue Energie empfunden? Und so weiter.

◊ Gewinne allmählich ein Gefühl dafür, dass du die Atmosphäre in einem Raum aus eigener Kraft energetisch anheben und verändern kannst. Manche Hexen sind sogar in der Lage, unappetitliche Vibes ausschließlich mithilfe ihrer Willenskraft zu vertreiben. Und das kann nicht nur funktionieren, wenn du dich allein in einem Raum aufhältst, sondern auch in einer Menschenmenge. Und beobachte auch mal, welchen Effekt es hat, wenn du dir einfach nur eine Veränderung der Energie wünschst und fest davon überzeugt bist, dass sie sich auch einstellen wird.

DIE REINIGUNG DEINER HABSELIGKEITEN

Aller Wahrscheinlichkeit nach hast du in regemäßigen Abständen das Bedürfnis, dein Hexenwerkzeug zu reinigen, deinen Zauberstab etwa oder die Tarotkarten. Aber mit allem anderen, was dir gehört, kannst du das natürlich auch tun. Für die entsprechenden Maßnahmen spricht vieles, zum Beispiel:

• Du hast den Gegenstand gerade erst erworben/bekommen und möchtest ihn gern mit deiner Energie tränken.
• Da er gebraucht gekauft wurde, möchtest du ihn von jeglicher Fremdenergie reinigen.
• Du hattest ihn verborgt und gerade erst wiederbekommen.
• Du assoziierst den Gegenstand mit etwas Negativem und möchtest das ändern.
• Er ist wieder und wieder benutzt worden, sodass sich seine Energie für dich jetzt irgendwie »schmuddelig« oder »konfus« anfühlt.

- Weil du ihn verschenken möchtest, nimmst du der neuen Besitzerin zuliebe eine energetische Neutralisierung des Gegenstandes vor.

- Er war kaputt und musste repariert werden. Zu diesem »Heilungsprozess« gehört auch die energetische Reinigung des Objekts.

- Du hast den Gegenstand lange Zeit vermisst; und nun, da er wieder aufgetaucht ist, fühlt er sich ein wenig fremd an. Deshalb hoffst du, dich ihm mithilfe der energetischen Reinigung wieder annähern zu können.

- Nachdem du für dich selbst mit ihm gearbeitet hast, willst du ihn jetzt für jemand anders verwenden oder umgekehrt. (Dabei denke ich zum Beispiel an deine Tarotkarten oder die Kristallkugel.)

- Bei dem Gegenstand handelt es sich um ein Erbstück oder ein Andenken, das früher einer Person gehörte, die du nicht mochtest, oder um ein Geschenk von jemandem, auf den oder die du inzwischen nicht mehr die geringsten Böcke hast. (Ich weiß, das hört sich gemein an – aber, hey, so was kommt nun mal vor!)

Glücklicherweise lassen sich viele der Vorschläge zur Reinigung deiner selbst und deines Raumes auch anwenden oder optimieren, um deine Besitztümer energetisch wieder auf Vorderfrau zu bringen. Schau dir also gern den vorigen Abschnitt noch einmal an. Sowohl reinigender Rauch als auch die Unterstützung durch einen aufs Saubermachen spezialisierten Servitor etwa eignen sich prima zur Reinigung von Gegenständen. Hier noch ein paar weitere Möglichkeiten:

- Verfass für die Reinigungszeremonie ein spezielles Statement. Positioniere deine Hände wenige Zentimeter oberhalb des Gegenstandes, und mal dir aus, wie er energetisch gereinigt wird, während du deine Erklärung laut vorträgst. Die muss gar nichts

Besonderes sein. Ein paar kurze, zugewandte Worte reichen vollkommen. Wie wäre es zum Beispiel mit »Dieser Zauberstab ist mit mir verbunden. Nichts als gute Vibes gehen von ihm aus.« Ziehst du blumigere Formulierungen vor, könntest du so etwas sagen wie: »Dieser Stab unterstützt mich bei der Ausübung meiner Hexenkunst. Ich rufe ihn zu Hilfe und weise ihm einen Platz in meinem Herzen zu. Damit er seiner heiligen Bestimmung nachkommen kann, die von mir erdachten Zauber zu wirken, wird er nunmehr gereinigt. Dies ist mein Wille. So möge es geschehen.« Natürlich kannst du das Objekt beziehungsweise seinen Spirit auch direkt ansprechen, wenn es sich für dich gut anfühlt. Bei dieser Aktion geschieht alles genau so, wie du es willst.

- Leg den Gegenstand aufs Fensterbrett, und lass ihn über Nacht vom Mondlicht bescheinen. Hierbei handelt es sich um eine klassische Reinigungstechnik der Hexenzunft, bei der das Objekt intensiv der Kraft des Mondes ausgesetzt wird. So wird zum Energetisieren von Hilfsmitteln zur Divination – etwa Karten und Runen – keine andere Methode häufiger angewendet als diese. Und, hey, wenn du deine neuen Laufschuhe im Licht des Vollmonds reinigen möchtest, damit sie noch schneller werden – warum denn nicht? Es gibt keine Regel, der zufolge nur Hexeninstrumentarium im Mondlicht gereinigt werden dürfte. Mit Küchenutensilien oder Büromaterial funktioniert es genauso.

- In welcher Strahlung du deine Besitztümer noch baden könntest? Ich zum Beispiel habe früher meine Hexentools immer gern über Nacht unter einem Poster von Freddy Mercury ruhen lassen. Weil es sich einfach genau richtig angefühlt hat. Und natürlich irre effektiv war.

- Wickel das Objekt in ein spezielles witchy Reinigungstuch, in dein liebstes Kleidungsstück oder eine mollige Decke, und lass es über Nacht darin liegen, sodass es am nächsten Morgen deine Vibes aufgenommen hat.

- Verbring den Tag mit dem Ding, hab es stets in deiner Nähe; sprich mit ihm, oder trag es eng am Körper, damit du das Gefühl bekommst, dass es deine Energie angenommen hat oder sonst wie von allen Schwingungen gereinigt wurde, die nicht zu deinen passen.

Vielleicht hast du ganz frisch einen Gegenstand in deinem Besitz, den du dir speziell für deine Hexenpraxis angeschafft hast. Hexen segnen neue Tools gern, bevor sie sie in ihre Sammlung aufnehmen. Zu diesem Zweck kannst du mit den genannten Reinigungstechniken experimentieren oder auch die folgenden Möglichkeiten in Betracht ziehen:

- Organisiere eine Teegesellschaft für deinen Neuzugang. Im Ernst: Setz dich vor dein neues Kartendeck, Buch oder den neuen Zauberstab, gieß euch ein Schlückchen Tee ein, und sprich ein Weilchen mit ihm, damit der Frischling deine Absichten und Schwingungen aufnehmen kann und du das Gefühl bekommst, eine gute Zeit mit ihm zu verbringen. Versuch, etwas von dem Gegenstand zu lernen. Geht von ihm womöglich eine Schwingung aus, die du dir gern aneignen würdest? (Manche Objekte scheinen irgendwie eine ganz eigene Persönlichkeit zu haben, findest du nicht?)
- Leg den Gegenstand über Nacht unter dein Kopfkissen, und schlaf darauf. Das kann Nähe schaffen. Wenn du dann morgens aufwachst, kommt dir das Teil schon viel vertrauter und einsatzbereit vor.
- Gib dem Teil einen Namen. Das stellt eine gute Möglichkeit dar, ihn an deiner Energie, deinem charakteristischen Wesen teilhaben zu lassen, ihm Anerkennung zu zollen und dich ihm zugleich nahe zu fühlen. Manche Leute geben ihrem Auto einen Namen. Und wir Hexen? Eben unserem Zauberstab. Bei der Namensfindung brauchst du übrigens keine geistigen Purzelbäume zu

schlagen – so ein Name muss nicht unbedingt irre symbolträchtig und von Riesenbedeutung sein. Deshalb spricht auch absolut nichts dagegen, deinen Stab Yvonne-Melanie, Buffy oder meinetwegen auch Veggie zu nennen.

- Führe den Newbie in sein neues Ambiente und Aufgabengebiet ein. Zum Beispiel, indem du ihm beim Segnen erklärst, welche Rolle ihn erwartet, und ihn seinen künftigen Kolleginnen und Kollegen vorstellst. Angenommen, du segnest deinen neuen Kessel. Dann kannst du zum Beispiel sagen: »Ich werde dich hauptsächlich für Feuer- und Wasserzauber nutzen. Sei also bereit für Hitze und Nässe. Eng zusammenarbeiten wirst du mit meinen Kristallen, die dich von jetzt an umgeben …« Anschließend erklärst du dem Kessel, welche Aufgabe die Kristalle haben, nennst ihm ihre Namen und sagst ihm alles, was er sonst noch wissen muss. Gib ihm das Gefühl, sein Zuhause gefunden zu haben, und versichere ihn seiner Bedeutsamkeit.

Willst du mehrere Dinge auf einmal reinigen, geht das natürlich auch. Ich habe schon oft meinen gesamten Altar nebst allem, was darauf stand, in einem Schwung energetisiert statt jeden Gegenstand einzeln. Ich habe ein Schutzamulett gegen den bösen Blick, das mir einmal von einer Hexenkollegin geschickt wurde. Das halte ich gern in der Hand und bewege es über dem Altar, während ich kraftvolle Sätze spreche, die ich mir speziell zu Reinigungszwecken habe einfallen lassen. Manchmal halte ich dabei in der anderen Hand noch ein Räucherstäbchen. Auch sprühe ich gern etwas von meinem Parfum auf den Altar.

Ich reinige ihn übrigens nicht besonders häufig, weil er sich nämlich in meinem Schlafzimmer befindet, und das ist eines der höchstschwingenden Areale in meinem gesamten Wirklichkeitsfeld. Ich seh einfach keinen Sinn darin, es an einem Ort mit den Schutzmaßnahmen zu übertreiben, der nicht nur das Zentrum meines Wirkens als Hexe darstellt, sondern auch mein Lieblingszimmer ist – in dem ich mich sicher, inspiriert und geborgen fühle.

Anders ist es natürlich, wenn ich eine Weile weg gewesen bin und mich meinem Altar ein wenig entfremdet habe. Dann ziehe ich in Sachen Reinigung schon mal alle Register. Ich besitze auch einen kleinen Lautsprecher, der mich oft mit beruhigender oder energetisierender Musik versorgt, während ich mit dem Schutzamulett oder einem Räucherstäbchen in der Hand über das Set-up fahre und die Worte ausspreche, die neue Harmonie erzeugen.

SCHREIB'S AUF

◊ Beschreib eine Situation, in der du es so empfunden hast, als hättest du es mit einem gesegneten beziehungsweise heiligen Objekt zu tun – ob der betreffende Gegenstand nun dir gehört oder jemand anders. Überlege, warum dieser Moment für dich so wichtig war. Welches Gefühl hat er dir vermittelt?

◊ Beschreib eine Situation, in der du den Eindruck hattest, ein Objekt strahle eine negative beziehungsweise gefährliche Energie aus. Oder dass du es partout nicht um dich haben wolltest. Gab es für diese Reaktion objektive Gründe? Und wie hast du dich in der Situation verhalten? Was hast du aus dieser Erfahrung gelernt?

PROBIER'S DOCH MAL

◊ Such dir ein Objekt, das du reinigen möchtest, und experimentiere mit den vorgeschlagenen Techniken, oder lass dir eine neue einfallen. Und überleg ruhig auch einmal, was »Reinigung« eigentlich für dich bedeutet. Wie kannst du deine Persönlichkeit in den Prozess der Energetisierung von Gegenständen einbeziehen? Und lass auch deine Emotionalität nicht außen vor. (Du weißt ja: Um etwas zu reinigen, musst du nicht unbedingt »real« aktiv werden; Hexen visualisieren diesen Akt oft oder vermischen zur Erledigung des Jobs auch Vorstellung mit körperlichem Handeln.)

◊ Achte darauf, wie sich der Gebrauch des Objekts vor der Reinigung anfühlt und wie danach. Welche Unterschiede fallen dir auf?

EINEN HEILIGEN RAUM ERSCHAFFEN

Erschafft sich eine Hexe einen heiligen Raum, erzeugt sie um sich herum eine energetische Schutzsphäre, damit sie ihre Kunst in metaphysischer Sicherheit ausüben kann. Zu ihrem Schutz errichtet sie also unsichtbare Grenzen – meistens in Form eines Kreises. Diesen Kreis stellen wir uns im Allgemeinen übrigens dreidimensional vor, also praktisch wie eine unsichtbare Kuppel, die vor Einmischungen, unerwünschten Energien und verwirrenden Einflüssen sowie vor allem anderen schützt, das wir bei der Arbeit nicht brauchen können.

Der Kreis entsteht mithilfe der visuellen Vorstellungskraft; Energie und Intention fließen mit ein. Sobald du einen Kreis um dich gezogen hast, arbeitest du in deinem ganz eigenen spirituellen Heiligtum. Und du »tagst« so lange, bis der Kreis geschlossen – also wieder aufgehoben – wird.

Doch wie bei allem anderen in diesem Buch will ich dich auch an diesem Punkt ermutigen, selbst zu überlegen, wie du dir einen heiligen Raum erschaffen kannst. Einen Kreis zu ziehen fühlt sich für dich womöglich nicht immer passend an – bei mir jedenfalls ist es so, und auf das Warum komme ich gleich zu sprechen. Ja, mitunter ziehe ich durchaus einen Kreis, manchmal aber fühlt es sich auch falsch an. Ich versuche immer zuerst zu erspüren, was gerade nötig ist.

Es gilt als erwiesen, dass Zauber und Rituale innerhalb eines heiligen Raumes weniger leicht von fremden Einflüssen gestört werden können. Die Vorstellung eines energetischen Bollwerks gibt Hexen bei ihrem Wirken ein Gefühl der Sicherheit. In einem heiligen Raum hat nur Platz, was der Arbeit dienlich ist; alles mit niederer Schwingung und unangenehmer Energie, was das Werk der Hexe in eine falsche Richtung lenken oder sie selbst ablenken könnte, bleibt außen vor.

Und noch etwas solltest du dir vor Augen führen: Hexen erzeugen große Mengen Energie für ihr magisches Wirken. Diese Energie, heißt es, sammele sich im Inneren des heiligen Raumes, das heißt, dort soll sie hoch konzentriert und bereit sein, den Intentionen der Hexe gemäß eingesetzt zu werden. Stell dir die Energie als Sahne vor und die Hexe als Quirl. Bei der Erschaffung des heiligen Raumes käme nun die Sahne in eine besonders kleine Schüssel, damit der Quirl bei jeder Bewegung die gesamte Masse erfasst und diese schneller und effektiver geschlagen wird. Stell dir im Gegensatz dazu die Sahne in einer Badewanne vor – da dauert es ewig, bis der Quirl die gesamte Sahne bewegt hat. (Verdammt, jetzt krieg ich Lust auf einen schönen Erdbeer-Victoria-Sponge-Kuchen.)

EINEN MAGISCHEN KREIS ZIEHEN

Hier ein paar supereinfache Schritte zur Erzeugung eines magischen Kreises (komplizierter wird's später noch früh genug). Achte darauf, dass du alles, was du für die Arbeit brauchst, vorab bereitstellst. Dazu gehört auch etwas Wasser zum Trinken – selbst die erfahrensten Hexen dehydrieren bei ihren magischen Bemühungen leicht. Und es mag sich von selbst verstehen, aber ich erwähne es trotzdem: Geh aufs Klo, bevor du loslegst.

1 Du kannst entweder in der Mitte des Kreises, den du ziehen willst, stehen bleiben oder seine äußere Begrenzung im Uhrzeigersinn abschreiten, während du voll fokussiert visualisierst, wie er – ebenfalls im Uhrzeigersinn – Gestalt annimmt. Wenn du magst, kannst du auch den Umriss des Kreises nachzeichnen, während er entsteht, indem du die Bewegung mit Zauberstab oder Zeigefinger auf den Boden projizierst.

2 Wenn dir danach ist, darfst du gern ein paar Worte sagen. Ich persönlich spreche oft die Absichten an, die ich mit dem Kreis verbinde, und erkläre, was ich darin vorhabe, zum Beispiel:»Mit der Magie, die ich heute Abend in diesem heiligen Kreis wirken werde, verbinde ich den Vorsatz, in Zukunft noch größeren Erfolg zu haben«, oder:»Dieser Kreis wird dem Schutz der Schwächsten in meiner Community dienen, ihnen zu mehr Stärke verhelfen und ihre materiellen Möglichkeiten erweitern.«

3 Solltest du den Kreis während deiner Arbeit aus irgendeinem Grund verlassen müssen, kannst du ihn unter Zuhilfenahme von Zauberstab oder Zeigefinger mit einer Tür versehen. So kommst du raus, ohne das Gefüge zu zerstören. Sobald du den Kreis anschließend wieder betrittst, kannst du ihn auf dieselbe Art und Weise neu versiegeln.

4 Sobald du bereit bist, den Kreis zu schließen beziehungsweise aufzuheben, kannst du ihn entgegen dem Uhrzeigersinn abschreiten und die Begrenzung auffordern, sich wieder aufzulösen.

Zwar machen sich zahllose Hexen für die unbedingte Erschaffung eines heiligen Raumes stark, aber ich halte dagegen, Mausebär. Denn erforderlich ist es nicht. Es handelt sich um eine Option, die seit Jahren ihre Fürsprecherinnen hat, das ja, klar. Trotzdem würde ich nie behaupten, dass dieser heilige Raum Bestandteil deiner Praxis sein müsse, komme, was wolle. Weil ich mich nämlich viel mehr dafür interessiere, was *du* meinst. Was *du* für nötig hältst und was *dir* Kraft gibt.

Solltest du der Überzeugung sein, Fremdenergien und äußere Einflüsse könnten dein magisches Arbeiten beeinträchtigen, kann es durchaus sinnvoll sein, Grenzen zu ziehen und einen heiligen Raum zu erschaffen, stimmt's? Aber vielleicht hast du dieses Bedürfnis auch nicht immer. Gelegentlich schon, hin und wieder nicht. Womöglich legst du dich da einfach nicht gern fest.

Ich persönlich erschaffe mir vor dem Zaubern oder Durchführen eines Rituals nur noch selten einen heiligen Raum um meinen Altar herum. Weil ich nämlich das Gefühl habe, dass mein Schlafzimmer als solches bereits einen heiligen Raum darstellt. Psychospirituell halte ich diesen durch die Zeit aufrecht, die ich dort verbringe, durch die Gegenstände, die sich darin befinden, und nicht zuletzt durch die hexischen und kreativen Aktivitäten, die dort regelmäßig stattfinden. In diesem sicheren, geschützten Raum noch einen sicheren, geschützten Raum zu erschaffen käme mir deshalb ziemlich gaga vor. Weil es irgendwie keinen Sinn ergibt.

Doch als ich früher noch im Wohnzimmer gezaubert habe, in der Natur oder bei jemand anderem zu Hause, habe ich mir sehr wohl einen heiligen Raum erschaffen. Weil ich das starke Bedürfnis nach einer solchen Schutzbarriere empfand. Und ich kann bestätigen, dass es genutzt hat. Also gebe ich jetzt meinen Instinkten nach und tue immer, was ich vom Gefühl her gerade für erforderlich halte.

Wovon ich mich in meinen vielen Hexenjahren allerdings überzeugen konnte, sind die Beruhigung und Stärkung, die man in heiligen Räumen empfinden kann. Und obwohl ich es, wie gesagt, vor dem Zaubern an meinem Altar nicht mehr tue, ziehe ich doch vor dem Schlafengehen zuzeiten einen magischen Kreis um mein Bett, etwa in Phasen, in denen ich schlecht träume oder Schlafstörungen habe. Er gibt mir das Gefühl, geschützt und geborgen zu sein – beinahe wie ein Baby im Mutterschoß.

Auch beim Malen oder Gedichteschreiben ziehe ich in letzter Zeit oft vorab einen heiligen Kreis. Denn wie ich bemerkt habe, verbessert sich dadurch mein Konzentrationsvermögen, und ich komme eher in den Flow, wenn ich mich zuvor mit einem solchen Schutz umgeben habe. Ich schließe das Kreisziehen also nicht komplett aus. Sondern weiß halt nur immer gern, warum ich was tue.

Es fällt dir relativ leicht, dich durch das Ziehen eines Kreises gut zu schützen? Super! Tu's einfach, wann immer du deinem magischen Werk nachgehen willst oder Schutz und höherschwingende Energie brauchst. Aber so gut klappt's leider nicht bei allen Hexen. Weshalb viele nach alternativen Möglichkeiten suchen, sich energetisch abzusichern. Gründe dafür können sein:

- »Das Zimmer, in dem ich praktiziere, ist sehr klein. Und wann immer ich einen großen Energiekreis zu visualisieren versuche, werde ich automatisch von den ganzen Sachen abgelenkt, die rumliegen, genau wie von den Wänden und dem Fußende des Bettes, auf die unwillkürlich mein Blick fällt.«
- »Da ich in meiner Bewegungsfähigkeit eingeschränkt bin, kann ich den Kreis beim Visualisieren nicht abschreiten, und das f*t mich echt ab!«
- »Sosehr ich auch versuche, mich auf dieses ganze Unsichtbarer-energetischer-Kreis-Ding einzulassen, fühlt es sich für mich irgendwie irreal und nicht gerade vertrauenswürdig an. Ich brauche einfach was, was ich auch sehen kann.«
- »Emotional finde ich die Idee, einen Kreis um mich zu ziehen, weder ansprechend noch attraktiv, deshalb fehlt mir auch jegliche Motivation, es mal zu versuchen.«

Hier deswegen einige Anregungen für mögliche Alternativen:
- Such dir ein paar Steinchen, Muscheln, kleines Spielzeug oder andere Gegenstände, die du weihst und in ein Kistchen beziehungsweise eine Tüte gibst. Diese Objekte kannst du später nach Bedarf zu einem Kreis zusammenfügen oder auch in anderer Form um dich herum auf dem Boden positionieren. Ich verwende gern ein paar graue Steine, die ich einmal an einem Wasserfall in Wales gesammelt habe. Wenn ich sie hinlege, flüstere ich jedem von ihnen etwas zu und reibe sie kurz zwischen den Händen, um sie auf ihren Job vorzubereiten: alle muffigen oder abgestandenen Energien fernzuhalten. Du möchtest lieber mit einer Schnur arbeiten? Klar, warum denn nicht?
- Stell dir vor, wie um dich herum der energetische Schutzkreis/ die Schutzblase Gestalt annimmt. Dafür musst du nicht einmal den kleinen Finger rühren. In der Wahl des Materials, aus dem die Grenze ist, die du setzen möchtest, bist du vollkommen frei.

Wie wäre es mit Luftpolsterfolie oder pinkem Zellophan? Doch vielleicht ziehst du ja Legosteine, Glitterspray oder Haare aus dem Schweif eines Pferdes vor? Wie auch immer ... die Möglichkeiten sind unbegrenzt.

- Lass den energetischen Schutzkreis in deinem Inneren aufsteigen, indem du dich auf die feste Absicht fokussierst, deine Arbeit gefahrlos zu verrichten, und die entsprechende Schwingung dann nach außen projizierst, kreisförmig um dich herum.
- Erschaffe einen Servitor, den du immer herbeirufen kannst, wenn du ihn brauchst, um die Existenz des heiligen Raumes aufrechtzuerhalten. Ich könnte mir da gut einen kleinen Drachen mit langem Schwanz vorstellen, der von einem Lied beziehungsweise einer Klangfolge aktiviert oder von irgendeiner Art Leckerbissen herbeigelockt werden kann. Der Drache könnte dann temporeich um dich herumtänzeln, wobei sein Schwanz einen schillernden Kreis bildet. Oder was hältst du von einer gespenstischen Gestalt in dunkler Montur?

Sobald du mit deinem Hexenkram fertig bist, kannst du die gleiche Kreativität, die du zur Erschaffung des Kreises an den Tag gelegt hast, auch bemühen, um ihn wieder aufzuheben. Ich nehme dafür meistens die Wasserfallsteine wieder vom Boden auf und staube sie symbolisch ab. Danach bedanke ich mich bei ihnen und lege sie in ihren Behälter zurück. Hier noch ein paar weitere Vorschläge:

- Annulliere den energetischen Kreis, indem du ihn wegsaugst oder -putzt (beziehungsweise es dir vorstellst).
- Ist deine energetische Barriere nicht materieller Natur, kannst du zweimal in die Hände klatschen und dabei »Verschwinde!« rufen. Ganz einfach!
- Lass den für deinen heiligen Raum zuständigen Servitor die Energie fressen und gegebenenfalls damit wegfliegen (wenn es

die Eigenschaften des von dir für diesen Aufgabenbereich vorgesehenen Wesens zulassen).

- Leg ein bestimmtes Lied oder Musikstück fest, das du spielst, sobald du mit der Aufhebung deines heiligen Raumes beginnst. Lass die Töne deine Grenze zum Schmelzen bringen.

SCHREIB'S AUF

◊ Wie wichtig ist dir die Erschaffung eines heiligen Raumes zum gegenwärtigen Moment deiner Hexenreise – und warum?

PROBIER'S DOCH MAL

◊ Entscheide dich versuchsweise für drei verschiedene Methoden, den heiligen Raum zu erschaffen, und dokumentiere die Empfindungen, die das jeweilige Ergebnis bei dir auslöst. (Solltest du schon seit Ewigkeiten ein und dieselbe Technik anwenden, fällt dir dieses Experiment möglicherweise nicht ganz leicht, aber lass dich bitte trotzdem darauf an. Denn, hey – ein bisschen Veränderung kann doch nie schaden, oder?)

11

Tools

Obwohl ich nun schon so viele Jahre als Hexe unterwegs bin, freue ich mich doch auch jetzt noch immer wieder über die Vielzahl der Hilfsmittel, die mir für meine verschiedenen Arbeiten zur Verfügung stehen. Doch nachdem du das Buch bis hierher gelesen hast, wird es dich wohl kaum überraschen, wenn ich dir versichere, dass du keinerlei Tools benötigst, um unsere Kunst ausüben – und sogar eine hervorragende Hexe werden – zu können.

Viele von uns nutzen nichts als die Kraft ihres Geistes, um ihre Intentionen zu bündeln und Dinge zu bewirken. Manchmal sind ja Dinge, die mit dem Hexen assoziiert werden, nicht erlaubt, erwünscht oder erhältlich. Das muss uns aber nicht davon abhalten, unsere Kunst auszuüben.

Selbst Hexen, die eine große Sammlung von Tools besitzen, kämen nie auf die Idee, ihre Instrumente für unverzichtbar zu halten. Ich zum Beispiel habe einen ganzen Haufen von Hexenkram, bin aber überzeugt, dass ich genauso gut ohne jedes Hilfsmittel arbeiten könnte.

Der ganze Schnickschnack ist schön, aber nicht notwendig. Diese Einstellung habe ich sehr bewusst gewählt, weil ich nicht bereit bin, mir erst materielle Besitztümer zulegen zu müssen, um in meine Kraft kommen zu können. Und ich würde auch jeder Hexe, die noch nie »ohne« gearbeitet hat, dringend empfehlen, es einmal zu versuchen. Schließlich könnte man ja jederzeit in eine Situation kommen, in der die Tools nicht zur Hand sind und man trotzdem schnell hexen muss.

Lass uns jetzt ein paar der Hilfsmittel anschauen, die uns zur Verfügung stehen – aber es ist wirklich nur eine kleine Auswahl, Zittergürkchen. Und es wäre bestimmt keine schlechte Idee, wenn du dir selbst auch Tools einfallen ließest und dir noch weitere Listen anschauen würdest.

KORRESPONDENZTABELLEN

In vielen Hexenbüchern und auf einschlägigen Websites finden sich sogenannte Korrespondenztabellen. Dabei handelt es sich im Grunde um eine Enzyklopädie von Hexentools, Planeten, Pflanzen, Farben, Mondphasen und so weiter, meistens nach Kategorien unterteilt und alphabetisch geordnet.

Diesen Tabellen kannst du einige der wichtigsten in unserer Zunft geltenden Konsense entnehmen. Beispielsweise, zu welchem Zweck sich Erika einsetzen lässt, wofür Rosenquarz steht und welche Bedeutung den verschiedenen Farben zugewiesen wird.

In diesem Buch findest du keine Korrespondenztabellen – und zwar aus gutem Grund. Denn seien wir doch mal ehrlich: In der Welt der Hexenkunst kannst du kaum einen Besenschwung tun, ohne auf eine von diesen Tabellen zu stoßen. Es gibt unzählige davon, und die meisten Einträge sind überall gleich. (Der Vollmond steht für Vollendung, Fülle, Feierlichkeiten ... Die Farbe Schwarz symbolisiert Mysteriöses, Düsternis, Tod und das Reich der Spirits ... Na, du weißt schon, was ich meine.)

Hilfreich können diese Tabellen sein, wenn du etwa die Ingredienzien eines Zaubers zusammenstellen willst und nicht genau weißt, welche Bedeutung der vorherrschenden Meinung nach eine bestimmte Zutat hat. Verlässt du dich jedoch allzu sehr auf eine dieser Tabellen, besteht die Gefahr, dass du keine eigenen Beziehungen zu den Dingen aufbaust, die du verwendest. Und das ist natürlich das genaue Gegenteil von dem, was eine Rebel Witch anstreben würde.

Am Anfang meines Berufsweges habe ich mich auch noch gern mit diesen Tabellen beschäftigt und mir so auch einen Überblick über die Mehrheitsmeinungen auf dem Gebiet der Hexenkunst verschafft, jetzt aber schaue ich nur noch höchst selten rein. Na ja, du wirst schon selbst herausfinden, was für dich am besten passt.

Viele Hexen erstellen im Laufe der Zeit übrigens auch eigene Tabellen, und die sind dann mehr Resultat persönlicher Erfahrungen als Sammlungen von Gemeinplätzen.

SYMBOLE

Schon seit Ewigkeiten arbeiten Hexen mit Symbolen – von denen es eine Riesenmenge gibt. Und eines kann ich dir sagen: Magische Symbole sind wahnsinnig kraftvoll. (Weil für mich Salz und Feuer die größte Bedeutung besitzen, habe ich mir die entsprechenden alchemistischen Symbole auf die Finger tätowieren lassen.)

Regelmäßig verwende ich bei meiner Arbeit auch Runen. Ich ritze sie in die Kerzen, die ich für Andachten oder zu magischen Zwecke nutze, zeichne sie über Objekten nach, die ich segne, oder visualisiere ihren Umriss, während ich durch den Raum gehe, um ihn mit einer Schutzsperre zu versehen. Online stehen super Listen mit vielen Symbolen und den entsprechenden Bedeutungen zur Verfügung. Für bestimmte Zwecke finde ich es als Rebel Witch oft sogar wirksamer, anstelle der Verwendung bereits vorhandener Symbole meine eigenen zu entwickeln. Wenn ich allerdings mal einen eher uninspirierten Tag erwischt habe und mir partout kein Symbol einfallen will, greife ich durchaus auf eines zurück, mit dem ich früher schon einmal erfolgreich gearbeitet habe – oder verlasse mich auf eine liebe Vertraute: meine Unterschrift (funktioniert wie ein Zaubermittel).

BESEN

Das klassische und typischste Hexenutensil. Wiccans bezeichnen den Hexenbesen als Besom, und beides – sowohl der Name als auch die spezielle Form (ein Bündel an einen Stock gebundener Zweige) – unterscheidet ihn von einem normalen Haushaltsbesen unserer Tage. Den kannst du aber natürlich auch verwenden. Genauso wie den borstigen Teil eines Handkehrsets, einen großen flachen Malerpinsel oder auch jede weiche Haarbürste.

Besen können zur Beseitigung schmuddeliger Energien verwendet werden oder auch zur Reinigung eines Zimmers, in dem ein heiliger Raum entstehen soll, um nur zwei Beispiele zu nennen. Wenn du mit einem kleinen Reisealtar unterwegs bist oder aufgrund von Platzmangel nur improvisieren kannst, lässt sich auch ein Make-up-Pinsel zum Minibesen umfunktionieren. Süß, oder?

ZAUBERSTAB

Bei der klaren Ausrichtung von Energien und Intentionen hilft dir ein Zauberstab. Du kannst mit ihm die Umrisse des von dir geplanten heiligen Raumes auf den Boden zeichnen oder zum Beispiel auch nach einer magischen Arbeit deine Energie wieder erden. Du kannst mit ihm an die Decke zeigen, wenn du »Hoch-hinaus-Wollen« symbolisieren, deine Schwingungen erhöhen oder auf deine guten Absichten hinweisen willst. Auch kannst du deinen Stab verwenden, um eine energetische Demarkationslinie zwischen zwei Örtlichkeiten oder zwei Seinszuständen zu ziehen. Wenn du magst, stellst du dir dabei ein starkes Licht vor, das aus der Spitze des Stabes austritt.

Du kannst deinem Stab einen Namen geben und ihn in einem besonderen Tuch oder einem Kästchen aufbewahren, wenn er nicht in Gebrauch ist und du ihn nicht ständig auf deinem Altar liegen lassen willst.

Wenn du in der emotionalen Verfassung dazu bist, lässt sich jeder kleine Ast, den du beim Spazierengehen im Wald findest, zu einem Zauberstab umfunktionieren. Du musst ihn nur segnen, und schon ist er einsatzbereit. Willst du ihn etwas aufpimpen, kannst du den Stecken lackieren oder bemalen, das Griffstück mit Stoff umwickeln oder mit aufgeklebten Steinchen verzieren. Aber natürlich gibt es auch Künstlerinnen, die Zauberstäbe für Hexen herstellen und verkaufen. Ein Stäbchen vom Chinesen oder ein Plastikteil aus dem Kostümbedarf erfüllen den Zweck letztlich genauso gut.

SCHNUR/FADEN

Müssen Dinge verbunden, zusammengefügt oder geheilt werden, kannst du als Symbol für die bindende Kraft/Energie Schnur verwenden. Als ich einmal das Gefühl hatte, nicht mehr so recht in mein Zuhause zu gehören, nahm ich zwei Tarotkarten, von denen die eine mein Zuhause und die andere mich und meine Gefühle repräsentierten. Die Karten habe ich als Symbol für den Wunsch, mich in meiner häuslichen Umgebung wieder heimischer zu fühlen, mit einer Schnur verbunden. So vereint habe ich die beiden Karten eine Nacht lang dem Licht des Vollmonds ausgesetzt und sie in der nächsten unter mein Kopfkissen gelegt. Und ich kann nur sagen: Dieser Zauber war ausgesprochen wirksam.

Schnur wird auch gern für Bindezauber (siehe Kapitel 18: »Ethik«) verwendet sowie zur Kennzeichnung heiliger Räume und bestimmter anderer Bereiche auf dem Boden. Oder auch zur Markierung von »Vergangenheit«, »Gegenwart« und »Zukunft« bei der Arbeit mit den Runen oder Karten. Darüber hinaus eignet sie sich als Symbol für Heilenergie. Du kannst also Dinge damit umwickeln, die gesunden oder reifen müssen. Oder du nutzt sie zur Herstellung von Perlenketten beziehungsweise Halsbändern mit Anhängern, die du bei der Durchführung von Ritualen tragen kannst. Blumen oder Kräuter lassen sich damit gut zu einem Strauß binden – den du dann einem lieben Menschen schenken oder einer Gottheit opfern kannst. Unglaublich, wie viele Verwendungszwecke es für Schnur gibt!

MESSER

Dafür, ein scharfes Messer (und/oder eine Schere) in dein Toolkit aufzunehmen, gibt es viele gute Gründe. Du brauchst zum Beispiel eines, wenn du Kräuter oder Blumen für eine Opfergabe oder einen Zauber vorbereitest oder wenn du *während* der magischen Arbeit etwas schneiden musst. Da ich etwa beim Zaubern oft eine Rolle Bindfaden benötige, ist es für mich ganz normal, eine Schere mit in meinen heiligen Raum zu nehmen. Auch kannst du vielleicht ein Athame – ein rituelles Messer – brauchen, das allerdings mehr dem *metaphorischen* Zerschneiden dient als dem realen und deshalb nicht sehr scharf ist.

Bei meinem Athame handelt es sich um einen schönen altehrwürdigen Brieföffner. Ich benutze ihn vor allem symbolisch – zum Trennen/Teilen und als Sinnbild für mein Vermögen, Dinge zu beenden oder mich, jemand anders beziehungsweise ein Projekt/eine Situation mit einer Schutzmauer zu umgeben. Auch verwende ich mein Athame gern, um Energien zu lenken – ähnlich wie mit einem Zauberstab. Offen gestanden besitze ich gar keinen Zauberstab. Ich kann damit nämlich irgendwie nichts anfangen – und finde Messer viel effektiver.

KERZEN

Wenn es um die Ästhetik geht und um Rituale, Zauberei oder Andachten, stellen Kerzen meistens die Lichtquelle der Wahl dar. Nur wenige Magierinnen dürften keinen Gefallen an der Atmosphäre finden, die ihr Licht zaubert, oder an ihren Schwingungen. Kerzen können bei unserer Arbeit jedoch auch als solche eine Rolle spielen. So kannst du beispielsweise ihren jeweiligen Farben eine Bedeutung zuweisen und dann einen Kerzenzauber wirken. (Mehr darüber erfährst du in Kapitel 13: »Zaubern«.)

Kerzen können das Licht der Erkenntnis oder die schützende Wärme symbolisieren. Und natürlich sind sie auch ein Sinnbild der Hoffnung. Sie können für das Verrinnen der Zeit stehen, Absichten, Menschen und Lebensläufe verkörpern. Ich kann es kaum erwarten, mich später noch ausführlicher darüber auszulassen.

ELIXIERE

Zwar stellen sich die meisten ein Elixier als Mischung mehrerer Flüssigkeiten vor, aber es kann sich dabei auch nur um eine einzige handeln. Selbstverständlich spricht nichts dagegen, verschiedene Kräuter, Fruchtsäfte und andere Zutaten zu einem Zauberelixier zusammenzustellen. Genauso gut darfst du es aber ganz simpel halten.

Im Grunde stellt jede Flüssigkeit oder Salbe bereits ein Elixier dar, auch ohne dass du nur die geringste Mühe auf ihre Herstellung verwendest. Letztlich müsstest du also nicht mehr tun, als eine Flasche Limo zu köpfen und, hex hex … Eines muss natürlich klar sein:

Wann immer ein Elixier innerlich eingenommen oder auf der Haut verrieben wird, hast du unbedingt dafür Sorge zu tragen, dass keine der Ingredienzien eine Gefahr für die Gesundheit darstellt.

Elixiere können auch ins Badewasser gegeben und – vorausgesetzt, sie sind fürs Erdreich unschädlich – auf den Boden geträufelt werden; man kann die Kleidung mit ihnen besprühen oder sie als Massageöl verwenden – je nach Inhaltsstoffen und Konsistenz.

Mein Lieblingsgrundstoff für Elixiere ist ein Trägeröl, dem ich – je nach Bedarf – Parfum oder ätherische Öle hinzufüge und das ich zur Haarpflege verwende oder mir auf die Handgelenke tupfe. Für Freund:innen und Bekannte fülle ich Fläschchen mit speziell für sie zusammengestellten Ölen ab. Dabei wähle ich die Zutaten ihren jeweiligen Bedürfnissen entsprechend und gebe einen wirkmächtigen Segen hinzu, bevor ich die Fläschchen zusammen mit Anwendungsempfehlungen verschenke.

Gern stelle ich auch Elixiere aus Mondwasser her – wobei es sich einfach um Wasser handelt, das über Nacht dem Licht des Vollmonds ausgesetzt wird, damit es sich mit den herrlichen Mondschwingungen tränken kann. Schnee- und Regenwasser geben ebenfalls eine hervorragende Basis für Elixiere ab. Da alles eine Sache der Interpretation ist, überlasse ich dir die Entscheidung, welches dieser Wasser du für deine Arbeit verwendest. Für mich persönlich allerdings ist Mondwasser eine Art Allzweckbasis; Schneewasser verwende ich zum Reinigen und Klären; und Regenwasser zur Stärkung sowie hin und wieder auch, um etwas blitzschnell zu beenden. Meistens allerdings zu meinem Schutz oder dem von anderen.

Und denk daran: Auch feste Nahrungsmittel kannst du in magische Substanzen verwandeln, indem du sie mit entsprechenden Intentionen versiehst und sie dann zu dir nimmst – oder jemand anderem zum Verzehr anbietest.

FLÄSCHCHEN, TIEGEL, BOXEN, KARTONS, TÜTEN UND ANDERE BEHÄLTER

Es heißt ja immer, Hexen hätten eine Schwäche für hübsche Fläschchen und Tiegelchen, und wie an jedem Klischee ist auch an diesem etwas dran – du weißt schon: ganz nach dem Motto »Wo Rauch ist, ist auch Feuer«. Ich jedenfalls besitze ein paar mehr, als ich benötige. Und bedauere es nicht die Spur. Denn solltest du bei der Arbeit einmal etwas aufheben wollen, wirst du dich genauso freuen wie ich, wenn du in deinem Fundus ein Glas oder Fläschchen findest, das dir einst in der Küche dienlich war.

Ich sammele auch alte Parfumflakons, die sich hervorragend zum Abfüllen verzauberter Düfte und Elixiere eignen. Ebenso wenig würde ich je eine Pipettenflasche wegwerfen, weil sich Flüssiges mithilfe des Saugröhrchens exakt dosieren lässt: wenn du beispielsweise im Zuge eines Zaubers einer Puppe etwas »einflößen« willst. Tüten und Kästchen sind ebenfalls nützlich, und zwar nicht nur zum Aufbewahren, sondern auch als Tools beim Zaubern. Denn solche Behälter leisten gute Dienste, wenn es gilt, ihren Inhalt zu schützen, zu stärken, zu reinigen oder zu verstecken.

Ich persönlich habe eine Box mit einem Totenkopf drauf, die ich verwende, wenn Dinge abkühlen oder an Intensität verlieren sollen. Geht mir etwa ein Gedanke ständig durch den Kopf und lässt mich nicht los, sodass ich an nichts anderes mehr denken kann, schreibe ich ihn auf und lege den Zettel in die Totenkopfbox – auf deren Deckel dann noch ein paar extra dafür ausgewählte Kristalle kommen.

Einen anderen dekorativen Karton verwende ich als »Ladebox«, die ich mit den besten Absichten sowie mit Kraft und Stärke versehen habe. Hinein gebe ich Schmuck (eigenen und den von anderen), damit er die Energien der Box aufnehmen kann.

KESSEL

Der klassische Hexenkessel – groß, schwarz, zwiebelförmig – mit der geheimnisvollen Flüssigkeit, die er enthält, und dem trüben Rauch, der aus ihm aufsteigt: Ist das nicht ein tolles Bild? Mir wird bei dem Gedanken daran immer ganz warm ums Hexenherz!

Aber vielleicht entscheidest du dich auch lieber für eine auf den typischen drei Füßen stehende Miniversion des Kessels; die spart Platz und lässt sich nach Gebrauch gut verstauen. Dabei sind diese Winzkessel feuerfest und überraschend strapazierfähig. Du kannst sogar ausgesprochen hübsche Exemplare mit Pentagrammen drauf finden und was nicht sonst noch allem. Grundsätzlich aber erfüllt auch jede feuerfeste, stabile Schüssel ihren Zweck – der Kessel muss nicht unbedingt das charakteristische Erscheinungsbild haben. Hier einige Vorschläge für die Verwendung deines Kessels:

• Zur Aufbewahrung und zum Aufladen der Zutaten, die du für einen Zauber, den du wirken willst, vorbereitest – im Grunde genauso, wie ich es eben für die Verwendung meiner Boxen und sonstigen Behälter beschrieben habe.

• Zum Verbrennen von Listen mit Dingen, die du loswerden willst. Schreib alles auf, dann gibst du eine Räucherkohletablette in den Kessel, zündest sie an und wirfst den Zettel hinein. (Stell den Kessel unbedingt auf eine feuerfeste Unterlage und in ausreichender Entfernung zu entzündlichen Gegenständen, damit keine glühende Asche auf deinem Altartuch landet.)

• Zum Ansetzen deiner Elixiere. Ja, stimmt, das ist der klassische Verwendungszweck von Hexenkesseln – als magische Rührschüssel! Du kannst die Mixtur auch vor dem Abfüllen in Fläschchen eine Zeit lang darin stehen lassen, womöglich im Licht des Mondes, damit sie durchziehen und sich aufladen kann.

• Als praktisches Gefäß für Räucherwerk. (Bisschen arg naheliegend, aber da kann ich nun auch nix für.) Ich besitze welches, das ich nur zu meinem besonderen Schutz abbrenne, bevor ich mich etwa einer schwierigen oder unvorhersehbaren Situation aussetze. Speziell bei diesem Räucherwerk habe ich das Gefühl, dass sein Rauch viel stärker wirkt, wenn es in meinem Kessel verglüht.

- Als guten Mörser zum Zerreiben von Kräutern, Blütenblättern und dergleichen. Nimm deinen Stößel oder was immer du sonst zum Zerkleinern verwenden kannst, und los geht's. Solltest zu der Sorte Rebel Witches gehören, die ihre Mahlzeiten gern mit magischen Vibes versieht, verarbeitest du die Kräuter und Gewürze für deine Speisen vielleicht auch lieber in deinem Kessel als in einem normalen Küchengerät. Wahrscheinlich sollte er dann allerdings am besten auch in der Küche wohnen.

LERNMATERIALIEN

Bücher, Websites, Videos, Podcasts, Online-Chatgroups, Gruppen von Gleichgesinnten, Workshops und Kurse – es gibt zahllose Möglichkeiten, dein Wissen übers Hexen zu erweitern. (Ich liebe das Verb »hexen«!) Du hast die Wahl.

Sollte dir das Lernen aus Büchern zu anstrengend sein, sind vielleicht Podcasts oder Videos eher etwas für dich. Fällt dir das Lernen im Gespräch mit anderen am leichtesten, möchtest du vielleicht überlegen, dich einer Gruppe anzuschließen (on- oder offline) oder dir eine Hexenlehrerin oder -mentorin zu suchen. Und natürlich kannst du deine Informationsmedien auch ganz nach deinen Bedürfnissen mischen.

Und sei ruhig kritisch, vergleiche die verschiedenen Infos, die du erhältst, und versuch Diskrepanzen auf den Grund zu gehen. Mach dir klar, dass du dich über alles schlaumachen kannst, auch über die allgemein vorherrschenden Auffassungen, ohne dass du dich ihnen anschließen musst, wenn es sich für dich nicht richtig anfühlt.

Solltest du es überhaupt nicht so mit der Theorie haben, mit Lesen und Recherchieren, ist das auch okay. Du musst kein erklärter Bücherwurm oder eine ewig Studierende sein, um effektiv hexen zu können.

Viele von uns sind extrem erfolgreich, ohne je auch nur ein einziges Buch zum Thema aufgeschlagen zu haben. Manche haben ihr Handwerk von einer Verwandten oder Freundin gelernt, andere tun einfach, wozu sie sich instinktiv hingezogen fühlen, und es funktioniert.

Es gibt Kolleginnen, die keine zweite Meinung brauchen und gar nicht wissen wollen, wie die anderen arbeiten. Ich kenne jedoch auch welche, die ständig über ihre Arbeit sprechen und möglichst viele Meinungen hören wollen. Nichts davon ist falsch. Es kommt alles auf deine Persönlichkeit an und darauf, was du suchst.

KLEIDUNG, SCHMUCK UND ACCESSOIRES

Das Wichtigste zuerst: Du darfst alles anziehen, was dir das Gefühl gibt, das du beim Hexen haben möchtest. Bei der Arbeit tragen viele sogar überhaupt nichts. (Man sagt dazu auch gern: »Sie praktizieren im Evakostüm.«) Ich persönlich ziehe beim Hexen eine eher feierlichere, »anlässliche« Kleidung vor, die Ausdruck von Stärke ist. Bei mir schlägt sich das vor allem in Accessoires und Farbwahl nieder. Im Laufe der Jahre ist so bei mir eine Menge Power-Schmuck und extravagante Garderobe zusammengekommen.

Viele dieser Stücke habe ich gewählt, weil sie mir bei meinen Ritualen und anderen Arbeiten ein Gefühl von Power geben und deshalb auch in meinen heiligen Raum gehören. Vielleicht entscheidest du dich für eine bestimmte Klamotte, für ein Schmuckstück oder Accessoire, das du bei deinem magischen Wirken immer trägst – als Symbol dafür, dass du ganz bei der Sache bist. Aber natürlich kannst du dich auch jedes Mal etwas anders aufmachen, je nach Stimmung und Vorhaben.

Außerdem besteht die Möglichkeit, Kleidungsstücke zu verzaubern, die du später zu einem bestimmten Zweck oder im Kontakt mit einer bestimmten Person anziehst, um das erwünschte Resultat zu erzielen. So könntest du beispielsweise eine Portion romantische Energie in die Nähte des Outfits geben, das du bei einem ersten Date tragen willst. Oder dafür sorgen, dass es deinem Trikot beim nächsten großen Spiel nicht an den nötigen Sieges-Vibes fehlt.

KINDERSPIELZEUG, ORNAMENTE, KRIMSKRAMS

Brauchst du ein Objekt, das dir bei einem Zauber oder Ritual als Symbol dient oder das du als Tool auf deinen Altar legen möchtest, kannst du etwas aus deiner (familiären) Vergangenheit nehmen, ein Andenken, Geschenk oder Souvenir zum Beispiel. Du kannst aber auch etwas kaufen.

Du ziehst vielleicht etwas Neues vor, ich allerdings finde, dass gebrauchte Dinge eine besonders große Kraft ausstrahlen. Sollte dich die Energie von Objekten aus zweiter Hand ebenfalls so ansprechen, dass du sie für deine Zaubereien nutzen möchtest, kannst du dich auf eine interessante Suche gefasst machen.

Den Prozess der Deutung des energetischen Erlebens eines Objekts bezeichnet man als Psychometrie. Dabei geht es um die Erinnerungen besagten Objekts, die über seine Vorbesitzer und die frühere Umgebung Auskunft erteilen, in der es sich befunden hat. Wenn du einen Gegenstand gefunden hast, der dich anzieht, kannst du ihn in die Hand nehmen, die Augen schließen und ihn einfach fragen, wo er die ganze Zeit über war, ob er dir etwas beibringen kann, und wenn ja, was. So empfängst du vielleicht blitzartige Eindrücke von der Vorbesitzerin oder empfindest starke Emotionen, wenn du die Energie des Gegenstandes auf dich einwirken lässt. Auch möglich, dass du gar nichts spürst. Aber das ist nicht weiter schlimm. Kaufen kannst du das Teil trotzdem, wenn es dir gefällt.

PUPPEN

Es gibt gewisse Puppen und Püppchen, die speziell für magische und rituelle Zwecke benutzt werden. Viele Hexen stellen aus Stoff selbst welche her und stopfen sie aus. Aber du kannst sie auch kaufen oder einfach Puppen aus dem Secondhandshop nehmen. Vielleicht besitzt du ja sogar noch eine, mit der du als Kind gern gespielt hast?

Die Puppen, mit denen wir arbeiten, müssen übrigens gar nicht unbedingt eine menschliche Gestalt haben. Ich habe zum Beispiel mal auf dem Trödelmarkt ein herzförmiges Nadelkissen gefunden. Für eine Arbeit zur Heilung von einem schlimmen Liebeskummer, den ich zu der Zeit hatte, kam es mir wie gerufen. Also habe ich es gewaschen, mit meinem Parfum eingesprüht und meine Initialen draufgeschrieben, um den hexischen Deal zu besiegeln. Ich habe ewig mit dem Ding gearbeitet, es mit Zetteln gespickt, auf denen inspirierende Worte und Sätze standen, es mit Lavendelblüten überschüttet und ihm gelegentlich sogar etwas vorgesungen. Dass mein Liebeskummer schnell vorbei war, muss ich wohl nicht eigens erwähnen. Und bis auf den heutigen Tag liegt das Nadelkissen in der Schublade in meinem Altar. Für den Fall, dass ich mal wieder einen emotionalen Tiefpunkt erlebe und etwas Aufmunterung brauche.

Ansonsten arbeite ich auch viel mit einer Puppe, die Menschengestalt hat. Wobei ich mich oft auf die untere Rückenpartie konzentriere, weil ich ein Wirbelsäulenleiden habe, das sich hin und wieder bemerkbar macht, und die Magie einen entscheidenden Bestandteil meines Schmerzmanagements darstellt.

EIN EINFACHES PÜPPCHEN BASTELN

Die zwei Puppen, mit denen ich arbeite, symbolisieren mich beide. Und beide enthalten Blut, Haare und Nägel von mir. Soll deine für unterschiedliche Arbeiten genutzt werden und verschiedene Personen repräsentieren, bringt es natürlich wenig, Haare oder so etwas von jemandem hineinzugeben. Definitiv eine gute Idee ist dies aber, wenn du die Puppe nur als Symbol für einen bestimmten Menschen verwenden möchtest.

1 Schnapp dir einen sauberen, gebügelten Kissenbezug und skizziere darauf die Gestalt, die deine Puppe haben soll. Achte darauf, dass die Figur, die du zeichnest, nicht zu klein wird, schließlich muss später ja noch Platz sein für das Füllmaterial.

2 Anschließend schneidest du den Umriss der Gestalt aus. Und zwar beide Lagen des Bezugs auf einmal, um sicherzustellen, dass du nachher zwei identische Stücke Stoff in den Händen hältst.

3 Steck die zwei Teile mit ein paar Nadeln zusammen und verbinde so die beiden Rückseiten miteinander.

4 Anschließend fügst du die beiden Stoffstücke dauerhaft zusammen. Dafür kannst du sie mit der Hand aneinandernähen, mit der Maschine – oder auch einen Tacker verwenden. Aber vergiss nicht, eine hinreichend große Öffnung für das Füllmaterial zu lassen.

5 Zieh den Stoff durch die Öffnung, die du gelassen hast, und dreh ihn auf rechts, sodass keine Stiche, Heftklammern und Stiftmarkierungen mehr zu sehen sind. (Dieser Schritt ist optional. Wenn du's lieber etwas rustikaler hast oder der Stoff deiner Puppe sich nur schwer wenden lässt: Keine Sorge, das macht gar nichts.)

6 Und nun zum Füllmaterial. Ich nehme am liebsten Mais oder andere getrocknete Getreidekörner. Geschreddertes Altpapier geht aber auch. Ebenso Stroh. Früher habe ich gern Watte verwendet, der Umwelt zuliebe verzichte ich mittlerweile jedoch darauf. Hinzugeben kannst du neben Kräutern, kleinen Kristallen, kleinen Zetteln mit Botschaften auch Haare oder abgeschnittene Fingernägel der Person, die die Puppe repräsentieren soll.

7 Ist die Figur zu deiner Zufriedenheit ausgestopft, nähst/ tackerst du die Öffnung zu, und das war's – jetzt hast du dein ganz eigenes Püppchen.

BLUMEN, FRÜCHTE, KRÄUTER, GEWÜRZE UND SO WEITER

Aus diesen Ingredienzien lassen sich Zaubermischungen zusammenstellen, die du anschließend als Räucherwerk verbrennen, bei einem Ritual/Zauber verstreuen oder – Bekömmlichkeit vorausgesetzt – in Teebeutel beziehungsweise ins Essen geben kannst.

Natürlich kannst du auch selbst Blumen, Kräuter oder dergleichen anbauen, die Pflanzen mit deiner besten Hexenintention versehen und sie dann verschenken oder selbst verzehren, um in den

Genuss der Energien zu kommen, die du ihnen in der Phase ihres Wachstums mitgegeben hast. Solltest du weder genügend Platz noch Lust haben, selbst zu gärtnern, findest du bestimmt eine Hexe mit grünerem Daumen, die dir die benötigten Pflanzen verkauft.

Die überlieferte Bedeutung der jeweiligen Blumen oder Kräuter findest du online oder in Korrespondenztabellen. Ignorier aber vor allem auch dein eigenes Gespür nicht. Was symbolisiert die und die Pflanze für *dich*? Wobei hilft sie dir am besten? Woran erinnert sie dich? Was gefällt dir an ihr besonders gut?

Ausgesprochen wichtig finde ich auch, die ökologischen und kulturellen Folgen zu bedenken, die die Wahl unserer Arbeitsmaterialien hat. So stehen etwa Palisander, Rosenholz und der Weihrauchbaum (dessen Harz der Weihrauch ist) auf der Liste gefährdeter Arten. Heute sind sich glücklicherweise schon viele Hexen des schädlichen Einflusses bewusst, den wir nicht nur auf andere Menschen haben, sondern auch auf den Planeten als Ganzen, wenn wir weiterhin mit Ingredienzien arbeiten, deren Bestände gefährdet, übererntet sind oder die bei marginalisierten spirituellen Gruppen als heilig gelten. Auf diesem Gebiet ist eine gründliche Recherche wirklich dringend geboten.

KRISTALLE, MUSCHELN, KNOCHEN, STEINE UND DERGLEICHEN

Nimm diese Naturgegenstände ruhig für deine Zauber und Rituale her, wenn du magst. Ganz besondere Schätzchen zu finden ist einfach nur schön. Ich besitze zum Beispiel einen beinahe kreisrunden, superflachen grauen Stein, der aussieht, als verdanke er seine Form maschineller Bearbeitung. Dabei hat ausschließlich die Natur ihn gestaltet. Mittlerweile dient er mir beim Riffeln meiner Tarotkarten als »Mischstein«.

Weil ich nahe am Meer wohne, bin ich auch eine passionierte Sammlerin von Muscheln. Sie liegen überall auf meinem Altar, ich verschenke sie gern und verarbeite sie auch zu heiligem Schmuck.

Da manche Steine, die ich besitze, für mich bestimmte Absichten und Stimmungen repräsentieren, verwende ich sie bei Zauberarbeiten oft als Symbole mit entsprechender Bedeutung. Versuch das doch auch mal, vielleicht mit einem schweren Exemplar als Sinnbild für Disziplin und Entschlossenheit. Als Symbol für erfolgreiches Gelingen kannst du den Stein beispielsweise auf eine zusammengefaltete Liste mit all den Aufgaben legen, die du zu erledigen hast.

Früher habe ich mir Kristalle gekauft, und verwenden tue ich sie auch heute noch. Inzwischen aber ist mir bewusst geworden, wie moralisch bedenklich der Kristallabbau ist. Und deshalb arbeite ich nur noch mit den Steinen, die sich bereits in meiner Sammlung befinden, oder mit welchen, die ich selbst in der Natur finde, schaffe mir aber keine neuen mehr an. Und sollte ich wirklich einmal einen Stein benötigen, den ich nicht schon zu Hause habe, würde ich mich ausschließlich im Secondhandhandel umsehen.

HAARE, NÄGEL, TRÄNEN, SPEICHEL, BLUT UND – ÄHM – ANDERE KÖRPERFLÜSSIGKEITEN

Alles, was die DNA eines Menschen enthält, stellt ein hocheffektives Tool für alle möglichen Arten von Magie dar – angefangen bei Bann- und Bindezaubern über Heil- bis hin zu Liebeszaubern. Das Vermischen des Blutes von zwei oder mehr Personen etwa kann als starkes Symbol für Verbindung, Verbindlichkeit, geballte Kraft und unverbrüchliche Schwüre betrachtet werden.

Haare kannst du gut verwenden, um Dinge in einer Zauberzeremonie miteinander zu verbinden oder Kleidungsstücke damit zu

»vernähen«. Haare und Abgeschnittenes von Fingernägeln kannst du einem Zaubersäckchen mit Kräutern, Blütenblättern und dergleichen hinzugeben und ihn jemandem unters Kopfkissen legen oder irgendwo an einen Haken hängen.

Ich selbst habe einmal ein solches Zaubersäckchen für eine Person hergestellt, die mich immer sehr vermisst hat, wenn ich nicht bei ihr war. Es enthielt eine kräftigende Mischung aus getrockneten Kräutern, Früchten und Blütenblättern nebst Haaren und Fingernägeln von mir sowie einen handgeschriebenen kleinen Text, mit dem ich das Säckchen darauf »programmiert« hatte, dem betreffenden Menschen über die Zeit unseres Getrenntseins hinwegzuhelfen. (Ja, was kann denn ich dafür, dass ich so unwiderstehlich bin!)

Dass bei der Arbeit mit Blut, Samenflüssigkeit und dergleichen nie auch nur das geringste Risiko eingegangen werden darf, versteht sich von selbst. Nimm nichts in den Mund, was dir nicht hundertprozentig geheuer ist, und zieh im Zweifel Handschuhe an. Ja, ja, wir sind Rebel Witches – trotzdem: Gewisse Regeln sollten auch wir unbedingt befolgen.

ERDE, GRAS, SAND UND SO WEITER

Die Erde von einem Ort, der in deinem Leben eine Rolle spielt oder eine bestimmte Bedeutung für dich hat, kann von großer magischer Wirkung sein, sei es als Bestandteil eines Zaubers oder zum Schutz bei dir zu Hause. Früher hatte ich eine Kette mit mehreren Anhängern – Fläschchen, die jeweils Sand von einem mir wichtigen Strand enthielten. Und immer, wenn ich traurig war, habe ich die Kette angelegt, um besser drauf zu kommen und mich stärker zu fühlen. Ein wenig Sand von dem Strand, in dessen Nähe ich jetzt wohne, verwende ich auch, um den Boden meines Kessels damit zu bedecken, wenn ich Räucherstäbchen darin abbrenne.

Solltest du umziehen wollen, kannst du ein wenig Erde aus dem Garten deines bisherigen Domizils abfüllen, wenn du etwas von seiner Energie in dein neues Zuhause transferieren möchtest. Viele Hexen nehmen auch eine kleine Menge Erde vom Grab einer geliebten Person an sich. Friedhofserde generell kann ziemlich stark sein, die meisten Hexen aber sind sich einig, dass man sie lieber nicht direkt von Gräbern nimmt, wenn man die darin Ruhenden zu Lebzeiten nicht persönlich kannte. Wie es ja allein schon der Respekt gebietet.

TAGE- UND NOTIZBÜCHER, DIGITALE UND ANDERE METHODEN DER DOKUMENTATION UND AUFZEICHNUNG

In Kapitel 16 geht es ausführlich ums Thema Aufzeichnungen. In diesem Zusammenhang befassen wir uns intensiv mit den verschiedenen Möglichkeiten sowie mit deiner gegenwärtigen Praxis und der Frage, was sich daran noch verbessern ließe – und warum. An dieser Stelle möchte ich deshalb nur festhalten, dass schriftliche, Audio- oder Videoaufzeichnungen nicht unabdingbar sind. Allerdings erfreuen sie sich unter uns Hexen nicht ohne Grund großer Beliebtheit. Weil es nämlich supernützlich ist, zu einem späteren Zeitpunkt noch einmal nachlesen zu können, was man bereits einmal versucht hat und wie es ausgegangen ist.

Auch ist der Akt des Dokumentierens an sich schon eine gute Möglichkeit, sich bestimmter Dinge bewusst zu werden. Allerdings sollten wir uns auch keinen Druck machen und nicht meinen, jede Kleinigkeit aufzeichnen zu müssen. Manche Hexen nehmen's damit genauer als andere – das ist aber eine reine Geschmacksfrage.

HEILIGE BÜCHER

Im Christentum gilt die Bibel als heiliges Buch, im Islam der Koran und die Tora im Judentum. Und wie sieht's diesbezüglich mit uns Rebel Witches aus? Sollte es für dich ein Buch geben, das dich wirklich inspiriert, dir Kraft gibt und dich verzaubert, dann trau dich ruhig, es zu einem heiligen Bestandteil deiner Praxis zu erklären – wobei du dich natürlich nicht auf einen einzigen Text beschränken musst.

Für mich persönlich sind *Die Chroniken von Narnia* absolut magisch und heilig. Ich habe mich intensiv mit den Büchern auseinandergesetzt, Passagen daraus in meine Zauberbücher (Grimoires) übertragen und Zitate in meine Gebete, Zauberformeln und Mantras aufgenommen. Für mich als Hexe ist die Figur des Aslan von großer Bedeutung. Ich bin ihm schon im Traum und auf meinen spirituellen Reisen begegnet. Wann immer ich ängstlich oder unsicher bin, bitte ich ihn um Energie und geistige Führung.

Im Rahmen meiner Arbeit betrachte ich zudem *Alice im Wunderland* als heiliges Buch. Auch mit dieser Geschichte habe ich mich ausführlich beschäftigt und versucht, ihre Symbolsprache zu entschlüsseln. Als ich auf der Suche nach spirituellen Antworten war, diente mir Alice als Spirit Guide – und, ja, selbstverständlich traf ich bei einer Teeparty im Garten des Märzhasen auch auf den verrückten Hutmacher.

Außerdem arbeite ich mit Dylan Thomas' Gedichten sowie mit einem Buch, in dem vielerlei Künstler:innen-Manifeste enthalten sind. Auch diese stellen für mich heilige Texte dar.

Bei der Wahl deines heiligen Textes musst du dich nicht auf ellenlange Romane beschränken. Genauso können infrage kommen:
- Bücher mit Gedichten, Zitaten oder Songtexten
- Kurzgeschichten, Theaterstücke oder Essays
- Biografien und Tagebücher berühmter Persönlichkeiten, die du bewunderst

- illustrierte Bücher und Bildbände
- Comics und Bilderromane
- Lexika

Ein Buch, das dir einmal heilig war, bleibt dies womöglich nicht für immer. Vielleicht hast du den Text ausgiebig studiert, ihn zu einem geschätzten Teil deiner täglichen Praxis gemacht und stellst dann mit einem Mal fest, dass du ihm alles entnommen hast, was er dir zu sagen hatte. Zwar behauptet der Band noch seinen Platz in deiner Sammlung wichtiger Werke, doch fühlst du dich nicht mehr ganz so sehr von ihm gefesselt. Und du findest ein neues Buch, das die Rolle seines Vorgängers einnimmt. Aber selbstverständlich kannst du jederzeit auf die heiligen Bücher zurückgreifen, die einst auf deiner Prio-Liste ganz weit oben standen, solltest du das Bedürfnis danach verspüren.

WIE DU EIN FÜR DICH HEILIGES BUCH FINDEST UND WAS DU DAMIT TUN KANNST

Für den Fall, dass dir die Vorstellung eines heiligen Textes zusagt, du dir aber nicht sicher bist, welcher dafür geeignet wäre, habe ich hier ein paar Vorschläge für dich:

◊ **Du könntest ein Buch wählen, das du sehr magst und auch schon ziemlich gut kennst, mit dem du dich aber gern noch intensiver vertraut machen möchtest.**

◊ **Oder du gehst nach dem Zufallsprinzip vor – in der Erwartung, dass die göttliche Führung dich nach dem für dich in dem Moment genau richtigen Band greifen lässt.**

◊ Überleg doch mal, welche Bücher du als besonders inspirierend, aufbauend und magisch empfindest.

◊ Mach dir klar, dass du einem heiligen Text durchaus
eine Art Probezeit geben kannst, in der du schaust, ob
er für dich passt oder nicht. Du musst nicht zwanghaft
versuchen, gleich beim ersten Schuss ins Schwarze zu
treffen, wenn ich das mal so ausdrücken darf. Denn
dass du ein bestimmtes Buch sehr magst, muss ja noch
lange nicht heißen, dass es auch ein gutes Hexentool
abgibt. Also nimm dir ruhig ein paar Wochen Zeit, um
zu entscheiden, ob du die richtige Wahl getroffen hast
oder doch lieber erst noch ein anderes Buch auf den
Prüfstand stellen möchtest.

Und was passiert, nachdem du dich entschieden hast? Das
liegt natürlich vollkommen an dir, Himmelsfenchel. Jedoch
stehen dir unter anderem die folgenden Optionen offen:

◊ Leg regelmäßige Studienzeiten fest, in denen du in
dem Buch liest und dich intensiv mit der Wirkung befasst, die die Lektüre auf dich hat. Vergiss nicht, dir
jedes Mal Notizen zu machen.

◊ Lies im Zuge von Ritualen oder Zaubereien Passagen
aus dem Buch laut vor, etwa als Beschwörungsformel
oder in Form einer direkten Ansprache.

◊ Steck vor dem Schlafengehen, im Café oder auf dem
Weg von und zur Arbeit in Bus oder Bahn die Nase in
das Buch – nimm es einfach überall mit hin.

◊ Lies online, in Büchern oder Zeitschriften alle Rezensi-
onen und Artikel über deinen heiligen Text, die du nur
finden kannst. Stimmst du mit den darin geäußerten
Auffassungen überein? Und was hättest du der existierenden Sekundärliteratur hinzuzufügen?

◊ Schau, ob du Freude daran hast, einzelne Passagen oder Sätze auswendig zu lernen und sie mit besonderer Bedeutung zu versehen, damit du sie bei passender Gelegenheit im Wortlaut wiedergeben kannst.

◊ Notier dir regelmäßig die Erfahrungen, die du mit deinem heiligen Text machst. Schreib auf, zu welchen Erkenntnissen er dir verhilft, warum er für dich so wichtig ist und wie sich dein Verhältnis zu ihm sukzessive verändert.

◊ Nutze den Text, um mit seiner Hilfe Antworten auf Fragen zu finden, Probleme zu lösen oder Ratschläge zu erhalten. (Diesen Prozess bezeichnet man fachsprachlich als Bibliomantie. Nähere Informationen dazu findest du am Ende von Kapitel 15: »Divination und kosmische Führung«.)

Mit einem bestimmten Exemplar des Buches zu arbeiten, das dir aus welchen Gründen auch immer besonders am Herzen liegt, geht dir womöglich gegen den Strich. Denn vielleicht möchtest du ja Stellen highlighten, dir am Rand Notizen machen, Klebezettel beziehungsweise Seitenreiter verwenden oder den Band jedenfalls so oft zur Hand nehmen, dass sich Eselsohren auf Dauer nicht vermeiden ließen. Weil meine Freundinnen und Freunde genau wissen, wie sehr ich *Alice im Wunderland* liebe, haben sie mir im Laufe der Jahre einen ganzen Stapel hübscher Hardcover-Ausgaben davon geschenkt. Aber wenn ich mit dem Text arbeite, dann immer in meinem schon ziemlich abgegriffenen Exemplar einer Taschenbuch-Edition, das ich ganz meiner spirituellen Praxis gewidmet habe.

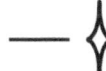

BÜCHER, FILME, FERNSEHSENDUNGEN, MALEREI, MUSIK ET CETERA

Sollte sich deine Praxis als Rebel Witch durch etwas Bestimmtes auszeichnen, dann definitiv dadurch, dass sie Ausdruck all dessen ist, was du liebst und besonders spannend findest. Sieh deshalb zu, dass das gesamte Gewebe deines Wirkens von den Dingen durchdrungen wird, die dich inspirieren und zu der machen, die du bist.

Neben den heiligen Texten steht auf deiner Liste magischer Hilfsmittel wahrscheinlich noch eine Menge anderer für dich wichtiger Bücher, mit denen du dich mal intensiver beschäftigst und dann wieder überhaupt nicht. Verwende auch von ihnen ruhig Passagen als Basis für Zauberzeremonien oder Rituale. Versetz dich in die Welten hinein, die sich dir in diesen Werken eröffnen, und nutz die Örtlichkeiten und Szenen darin, um deiner Praxis noch mehr Bums zu verleihen, indem du sie als Rahmen hernimmst, um in der Fantasie Erfahrungen zu machen, hinzuzulernen und in Aktion zu treten.

Was befeuert deine Seele am nachdrücklichsten? Wenn du zum Beispiel an Platten, Romane, Kleidungsstile bestimmter Epochen, Protagonist:innen aus Fernseh- oder Streamingserien denkst ... Welche Themenwelten und Stimmungen geben dir das Gefühl, stark zu sein? Entrückt? Verzaubert? Schön? Freudig erregt?

Hier können Bilder eine wichtige Rolle spielen – vielleicht möchtest du einem bestimmten Kunstwerk einen Ehrenplatz auf deinem Altar einräumen, weil es dich auf irgendeine Weise bei der Verkörperung deines Hexe-Seins unterstützt. Dass dich etwas zutiefst berührt, kann vollkommen undurchsichtige Gründe haben. Und das Schöne daran: Du bist niemandem auch nur die geringste Erklärung dafür schuldig. Du bist die Erbauerin einer Welt – und diese Welt ist total deine.

HILFSMITTEL ZUR DIVINATION

Da ich diesem Thema ein ganzes Kapitel widme (das Kapitel 15), kann ich mich an dieser Stelle kurzfassen. Und mich auf den Hinweis beschränken, dass die einschlägigen Hilfsmittel dazu dienen, einen Blick in die Zukunft zu werfen, die Wahrscheinlichkeit des Eintretens bestimmter Szenarios abzuschätzen und die besten Erfolgsaussichten zu ermitteln. Derartige Tools sind unter anderem Tarot- und Orakelkarten, Kristallkugeln, Pendel und Runen. Als Hexe kannst du jedoch auch ohne diese Dinge wahrsagen. Wie das gehen kann, zeige ich dir ebenfalls später noch.

SPIEGEL

Das Spiegelthema spreche ich hier an, weil ich selbst so oft mit einem arbeite, dass es mir komisch vorkommen würde, es nicht zu erwähnen. Allerdings arbeite ich auch mit Discokugeln und Nonnenpüppchen – und beabsichtige keineswegs, in diesem Buch alle irren Aspekte meiner Praxis zu behandeln, sonst würde es dicker als ... na ja, jedenfalls so dick, dass kein Mensch es würde lesen wollen.

Spiegel jedoch sind vielfältig einsetzbar. Du kannst zum Beispiel reingucken, um an dir zu arbeiten. Bei Problemen ist es hilfreich und stärkend, wenn man dem eigenen Spiegelbild gut und aufmunternd zuspricht.

Natürlich muss es kein materieller Spiegel sein. Viele schließen auch einfach die Augen, visualisieren ihr Gesicht und lassen sich auf diese Weise liebevollen Zuspruch und gute Vibes zukommen. Funktioniert super! Aus eigener Erfahrung kann ich bestätigen, dass das Mir-selbst-in-die-Augen-Sehen eine gute Möglichkeit darstellt, mir auch im größten Shitstorm Kraft und Zuspruch zu holen.

Aber auch zur Divination kannst du einen Spiegel verwenden. Eine Technik, die ich allerdings wahrscheinlich nie selbst ausprobieren werde, besteht darin, die Lampen auszuschalten, sich im Kerzenlicht hinzusetzen und zu schauen, was wohl im Dunkeln hinter dem Spiegelbild abgehen mag. Ähm ... nee!

Für eine Hexe mag sich das vielleicht irgendwie komisch anhören, aber ich habe Angst vor der Dunkelheit und fürchte, dass mir meine hyperaktive Fantasie ein ganzes Potpourri der schrecklichsten Horrorvorstellungen präsentieren würde. Solltest du es aber mal versuchen wollen – nur zu!

OUIJA-BRETT

Für alle, die gern Kontakt mit Toten aufnehmen würden, ist dieses Tool der Klassiker schlechthin. Und genauso beliebt wie kontrovers. Wahrscheinlich kennst auch du mindestens eine Person, die in ihrer Kindheit mithilfe eines gekauften oder selbst gebastelten Ouija-Bretts versucht hat, Kontakt zu den verstorbenen Großeltern aufzunehmen oder einfach mal zu fragen, ob vielleicht jemand von der »anderen Seite« bereit wäre, mit einer Botschaft rüberzukommen.

Mit einem Ouija-Brett können wir missmutigen Geistern eine Chance geben, sich mal so richtig auszukotzen. Oder angenommen, du ziehst um und bekommst schnell den Eindruck, dass die Türen von allein zuschlagen oder dass sich irgendwelche Gegenstände mitten in der Nacht selbstständig machen. Vielleicht spürst du auch nur eine rätselhafte Präsenz. In solchen Fällen kannst du das Ouija-Brett befragen und schauen, ob du eine Antwort erhältst.

Es beruht auf der Idee, dass sich Geister nur bemerkbar machen, wenn sie wirklich etwas zu sagen haben, und nach getaner Arbeit in aller Ruhe wieder verschwinden. Allerdings wird davor gewarnt, über das Brett Kontakt mit Energien aufzunehmen, die man nicht kennt. Denn dabei besteht dem Vernehmen nach die Gefahr, etwas anzuziehen, was nie menschlicher Natur war und alles andere als friedliche Absichten verfolgt.

BEWUSSTSEINSVERÄNDERNDE SUBSTANZEN

Zwar ist es in keiner Weise erforderlich, trotzdem konsumieren viele Hexen Alkohol, Cannabis und Psychedelika wie zum Beispiel gewisse Pilze und LSD, um bei ihrer Arbeit in einen veränderten Bewusstseinszustand zu gelangen – also etwa bei Ritualen, auf spirituellen Reisen, in tiefer Meditation und dergleichen. Auf der Suche nach Antworten gelten insbesondere Psychedelika schon seit Langem als Transportmittel in einen höheren/veränderten Bewusstseinszustand, in dem Lösungen aufscheinen können.

Wirkmacht und Bedeutung solcher Substanzen für die spirituelle Arbeit werden oft sowohl über- als auch unterschätzt – gleichermaßen glorifiziert wie dämonisiert. Manche, die diese Dinge konsumieren, um ihre Verbundenheit mit dem Spirituellen zu intensivieren, mögen sich einreden, dass ohne chemische Einflüsse keine wirklich tiefgreifenden Erfahrungen möglich wären. Dabei besteht die Gefahr, dass sie in nüchternem Zustand nichts als so gut oder nützlich empfinden, wie wenn sie drauf sind.

Die Vertreter:innen der Gegenposition dagegen neigen dazu, jede Hexe, die zugunsten spiritueller Erfahrungen irgendetwas konsumiert, für unvertretbar durchgeknallt zu halten, und bestehen darauf, dass keinerlei Substanz je nötig ist – unter welchen Umständen auch immer. Mir persönlich kommen diese Extreme irgendwie ... na ja ... allzu extrem vor.

Klar ist: Der sakramentale Einsatz von Substanzen ist heftig umstritten. Das Spektrum der Meinungen ist breit. Und letztlich hängt alles von der persönlichen Perspektive und individuellen Beurteilung ab. Die Entscheidung musst du selbst treffen.

Dass manche Drogen illegal sind, ist für viele schon Grund genug, um ihren Konsum für sich kategorisch auszuschließen. Möchtest du dich trotzdem substanzinduziert in einen veränderten Bewusstseinszustand versetzen, solltest du zunächst besser in einem nicht rituellen, nicht heiligen Setting damit experimentieren. Denn allererste Drogenerfahrungen, die man während der Durchführung eines Rituals oder bei einer Astralreise macht, können ordentlich reinhauen. Deshalb ist das nicht unbedingt empfehlenswert.

Und du musst natürlich auch an deine psychische Gesundheit denken. Solltest du kontinuierlich bestimmte Probleme haben, die dein Denken und Fühlen entscheidend prägen, lässt du die Finger am besten von allen bewusstseinsverändernden Substanzen.

Erkunde alles, was dein Interesse weckt. Etwas zu recherchieren ist nicht gleichbedeutend mit der Entscheidung, es auch zu probieren. Es heißt lediglich, dass du dich informieren möchtest. Und das kann ja nur gut sein. Hier sind einige Fragen, denen du in diesem Zusammenhang vielleicht nachgehen möchtest:

- Wo kommt diese Substanz her, und welche Geschichte verbindet sich mit ihr?
- Wie sieht es gesetzlich damit aus?
- Welche Erkenntnisse gibt es bezüglich dieser Droge?
- Werden Workshops oder Vorträge zum Thema angeboten?
- Welche ökologischen Folgen hat die Ernte und Herstellung dieser Droge?
- Was geht aus den Erfahrungsberichten von Leuten hervor, die diesen Stoff konsumieren?

Auch die folgenden Fragen kannst du dir stellen:
- Was weiß ich eigentlich über diese Substanz?
- Welche Infos sollte ich mir noch verschaffen?

- Habe ich womöglich schon Erfahrungen mit dem Stoff gemacht? Und wenn ja: welche?
- Was bringt mich eigentlich zu der Überlegung, mir diese Substanz eventuell für meine spirituellen Arbeiten nutzbar machen zu wollen?
- Wozu könnte es bestenfalls kommen?
- Was könnte schlimmstenfalls geschehen?
- Muss/sollte ich andere in meinen Entscheidungsprozess einbeziehen?
- Wie kann ich dafür Sorge tragen, dass jedweder Konsum einer Substanz in meiner Praxis maßvoll und risikofrei bleibt?
- Woran merke ich es, wenn mein Verhältnis zu einer bestimmten Substanz in spiritueller Hinsicht oder allgemein riskant wird?

SCHREIB'S AUF

◊ Stell dir vor, du hättest in deiner hexischen Praxis sechs Monate lang nur ein einziges Tool zur Verfügung. Und dürftest nur mit diesem arbeiten, mit keinem anderen. Für welches würdest du dich entscheiden und warum?

◊ Achte einmal darauf, wie sehr du dich in deinem gegenwärtigen Wirken auf Hilfsmittel verlässt. Hältst du dein Verhältnis zu diesen Instrumenten für gesund und positiv? Oder verlässt du dich allzu sehr auf sie?

◊ Was meinst du: Inwieweit wärest du auch in der Lage, ganz ohne Hilfsmittel auszukommen? Erläutere deine Antwort bitte.

◊ Schreib einem deiner bevorzugten Hexentools einen Brief, in dem du ihm verrätst, warum du es so schätzt, und ihm erklärst, dass es ein wichtiger Bestandteil deiner Praxis ist.

PROBIER'S MAL AUS

◊ Benutze ein Tool, das du noch nie zuvor verwendet hast. Leg eine Probezeit fest, und bestimme drei Dinge, die du mit seiner Hilfe erledigen willst. Im Anschluss beurteilst du, wie sich das Tool geschlagen hat. Was nimmst du aus dem Experiment mit? Wirst du das Instrument auch weiterhin verwenden?

◊ Verzichte eine bestimmte Zeit lang auf ein Tool, das du in deiner Praxis viel benutzt, und schau, wie du ohne es auskommst. Was kannst du aus diesem Experiment lernen?

12

ALTÄRE

Ich gehe bestimmt nicht fehl in der Annahme, dass viele Rebel Witches unter meinen Leserinnen dieses Kapitel für das spannendste im ganzen Buch halten werden. Denn in unserer Mitte haben wir jede Menge Elstern – wir lieben, lieben, *lieben* nämlich alles, was schimmert oder glitzert. Und ganz besonders hängen wir an unseren Sammlungen funkelnder Dinge, die uns Freude machen, die wir bewundern und mit denen wir arbeiten.

Altäre können irre beeindrucken, inspirieren und uns tief bewegen. In diesem Kapitel nun soll es um Altäre in all ihrer Pracht und Herrlichkeit gehen, und ich kann es kaum erwarten, endlich anzufangen. Doch es hilft ja nichts: An dieser Stelle sind zunächst einige Disclaimer unerlässlich.

Es fängt damit an, dass dich niemand zwingt, einen Altar zu haben oder überhaupt mit Hilfsmitteln irgendeiner Art zu arbeiten. Du bist und bleibst eine praktizierende Hexe – auch wenn dir das gesamte damit zusammenhängende Tamtam und Blingbling sonst wo vorbeigeht.

Im Gegenteil: Nicht darauf angewiesen zu sein hat deutliche Vorteile. Denn manchmal muss ja auch ein Zauber gewirkt werden, wenn keinerlei Hilfsmittel zur Verfügung stehen. Und klammerst du dich allzu sehr an das ganze materielle Hexengedöns, kommst du am Ende noch auf die Idee, ohne das alles ginge gar nichts und könntest du auch keine Hexe sein.

Für bestimmte Arbeiten kann die Fokussierung auf ein Tool, das für dich große Bedeutung hat, durchaus sinnvoll sein. Aber generell sehr an irgendwelchen materiellen Dingen zu hängen ist nicht so dolle. Denn was, wenn du in einem öffentlichen Verkehrsmittel schnell einen Schutzzauber, im Krankenhaus eine beruhigende Visualisierung oder am Urlaubsort ein Entspannungsritual durchführen möchtest? In solchen Situationen kommt es allein auf die Kraft deiner Entschiedenheit, deiner Intention an. Und solange du krampfhaft nach irgendwelchen Tools suchst, wird die nur geschwächt.

Zweitens. Angenommen, du könntest dir aus Mangel an Platz, Geld, Mobilität oder Privatsphäre keinen physischen Altar leisten. Was würde das über dein Potenzial beziehungsweise deine Fähigkeiten als Hexe aussagen? Nicht das Geringste. (Im Ernst: nicht einmal das Schwarze unter deinen mega manikürten Fingernägeln.)

Hexen müssen mit den verschiedensten Lebenssituationen klarkommen, und in manchen gibt es nun mal beim besten Willen keinen Altar. Das kann viele Gründe haben: Vielleicht weißt du, dass dich eine dir nahestehende Person dissen würde, solltest du dir einen zulegen wollen. Oder du hast zu wenig Zeit zur Pflege des Altars, sodass er über kurz oder lang verstauben und nur unnötig Platz in Anspruch nehmen würde. Oder du hast gegenwärtig einfach viel zu wenig Geld oder Platz, um dir einen leisten zu können. Möglicherweise weißt du auch noch gar nicht so genau, ob du wirklich einen brauchst beziehungsweise haben willst – oder was du daraufflegen möchtest. Alle diese Gründe wären legitim. Jeder Grund ist vertretbar.

Vielleicht fragst du dich, warum ich so lange auf diesem Punkt herumreite. Nun, um die Wahrheit zu sagen: Auf bestimmten Punkten herumzureiten gehört einfach zu meiner Persönlichkeit. Und da du mir bis hierher gefolgt bist, hast du das bestimmt auch schon gecheckt. Dieser Punkt – dass du nicht zwangsläufig einen Altar brauchst – ist mir jedoch so wichtig, dass ich ihn ganz besonders hervorheben möchte. Weil nämlich die Gefahr besteht, dass das Materielle beim Hexen die Oberhand gewinnt. Und dem Eigentlichen im Weg steht. Das kann so weit gehen, dass sich die betreffende Akteurin einschüchtern lässt oder sich minderwertig fühlt, wenn sie nicht über das ganze schillernde Trallala und Hoppsassa verfügt, kein Plätzchen in der Wohnung hat, an dem sie sich täglich ihrer magischen Kräfte vergewissern kann und so weiter.

Mir ist echt mordsmäßig daran gelegen, dir klarzumachen, dass du ohne Altar nicht weniger Hexe bist als mit einem. Kapiert? Wenn du den Rest dieses Kapitelabschnitts überspringen willst, weil der Inhalt nicht auf dich zutrifft, dann tue es bitte.

Und *unter allen Umständen* solltest du es überspringen, wenn du dir von Herzen einen Altar wünschst, dir momentan aber keinen zulegen kannst. Ich will nämlich absolut nicht, dass du eine Altar-FOMO kriegst (FOMO = *fear of missing out*; Angst, etwas zu verpassen).

Allerdings möchte ich dir noch sagen, dass du am Schluss dieses Kapitels Informationen über temporäre sowie versteckte, geheim gehaltene Reise- und Astralaltäre findest – als mögliche Alternative zum physischen oder Zwischenlösung.

Aber warum überhaupt ein Altar? Hexen haben dafür viele Gründe, von denen sich einige überlappen können. Und von Zeit zu Zeit variieren sie auch. Hier nur einige wenige naheliegende Verwendungsmöglichkeiten:

• Als Gedächtnisstütze, die dich daran erinnert, deine Hexenkunst regelmäßig auszuüben. (Im Ernst: Von manchen Altären geht eine erhebliche Sogwirkung aus.)
• Als superguter Platz zur Durchführung der verschiedenen Arbeiten, zum Abhalten von Andachten und so weiter – weil ein Altar nämlich magisch aufgeladen und geschützt ist
• als geeigneter Aufbewahrungsort für deine Tools und Stehrümchen

- als spirituelles Zuhause und Ort, an den du dich flüchten kannst, wenn mal alles um dich herum sch…, also eher suboptimal ist
- als äußere Entsprechung deiner inneren Hexenwelt, das heißt als Spiegelbild deiner Intentionen, Überzeugungen und der Gottheiten, die du verehrst
- als Gelegenheit, deine Kreativität zum Ausdruck zu bringen – beispielsweise in Form der Bilder und Gegenstände et cetera, die du daraufstellst
- als kuscheliges Plätzchen, das du aufsuchst, wenn du weinen musst, Tagebuch führst, deinen Morgenkaffee trinkst und über Gott und die Welt nachdenkst
- als Möglichkeit, deine Identität als Hexe geltend zu machen und unter Beweis zu stellen. Denn der Altar kann dein Selbstbild verstärken und dich stolz auf dich machen
- als Ort der Ehrerbietung, an dem du mithilfe von Bildern und Opfergaben den Wesenheiten, mit denen du zusammenarbeitest, deinen Respekt erweisen kannst.

Auch wenn du schon einen Altar hast, kannst du die Überlegungen in diesem Abschnitt natürlich nutzen, um dir Klarheit darüber zu verschaffen, wie du eigentlich mit ihm umgehst und wofür du ihn nutzt. Denn selbst nach einer halben Ewigkeit bringt es noch eine Menge, sich möglicher Veränderungen bewusst zu werden, sei es für den Altar selbst, sei es, was deine Einstellung ihm gegenüber betrifft.

Schließ dich mir bei meinem Bummel durch die Welt der Altäre jetzt also gern an, und pick dir alles raus, was dir gefällt, Mausebein.

ALTÄRE – ZWECK, ÄSTHETIK UND TYPENVIELFALT

Im Allgemeinen entstehen Altäre auf Tischen, Regalen oder Kommoden; manche Hexen errichten ihren jedoch stattdessen auf dem Fußboden. Du kannst dich auf einem Stuhl oder im Rollstuhl an deinen Altar setzen oder aber eben auch auf ebener Erde Platz nehmen. Vielleicht möchtest du bei der Arbeit aber auch lieber stehen? Hängt alles davon ab, wo sich der Altar befindet, wie du dich fühlen möchtest und was für dich insgesamt am besten passt.

Am Altar selbst musst du nicht unbedingt arbeiten. Manche Hexen tun das, andere nicht. Bei mir ist es so, dass das meiste von dem, was auf meinem Altar steht, an Ort und Stelle bleibt – zum Beispiel der große Spiegel hinten in der Mitte, seitlich Statuetten der wichtigsten Gottheiten, mit denen ich arbeite, sowie andere kleine Gegenstände, die jeweils einen Aspekt meiner Glaubensstruktur und Praxis repräsentieren. Vorn habe ich eine kleine Arbeitsfläche auf einem gläsernen Tablett. Darauf lege ich die Tarot- oder Orakelkarten, und wenn ich mit Feuer und Wasser arbeite, stelle ich manchmal auch meinen Kessel darauf. Außerdem verwende ich die Glasplatte, um für mich und andere Dinge zu segnen oder aufzuladen.

Die meiste Arbeit mit Hilfsmitteln tue ich jedoch nicht auf, sondern vor meinem Altar. Und zwar einfach, weil da mehr Platz ist und es sich für mich auch irgendwie richtiger anfühlt, meine Sachen statt auf der begrenzten Fläche oben eher auf dem Boden auszubreiten. Aber natürlich kannst du dich genauso gut dafür entscheiden, den gesamten Altar zum Arbeiten zu nutzen und deinen ganzen Kram ständig hin und her zu räumen.

Manche Hexenaltäre sollten eigentlich eher als Schrein bezeichnet werden, weil sie im Wesentlichen Orte der andächtigen Verehrung spezieller Figuren, Persönlichkeiten oder Wesenheiten darstellen. Man kann ihnen dort Opfergaben darbringen und die Verbundenheit mit ihnen intensivieren, indem man mit ihnen spricht und auf ihre Energie meditiert. Ich zum Beispiel habe bei mir im Flur einen Schrein für Freddie Mercury, der für mich die Verkörperung von Kreativität und selbstbewusstem Glamour darstellt.

Du kannst deinen verstorbenen Vorfahren einen Schrein widmen, einer Figur des öffentlichen Lebens oder sogar einer fiktiven Gestalt. Und zwar nicht unbedingt nur einer einzigen Person, sondern gern auch einer Gruppe von Menschen, zum Beispiel dem Cast einer Filmproduktion oder einer ganzen Ahnenlinie deiner Vorfahren. Auch kannst du deinen Schrein einer geschichtlichen Epoche widmen, einer Kunst- oder Designrichtung – du verstehst, was ich meine, oder? Lass deine Fantasie von der Leine. Und natürlich kann ein Schrein auch Teil eines größeren Altars sein.

Bei der Arbeit musst du dich übrigens nicht in der Nähe deines Altars aufhalten. Rituale, Zauberzeremonien, Andachten – das kannst du alles auch an jedem x-beliebigen Platz in deiner Wohnung durchführen und den Altar allein der Reflexion und Kontemplation vorbehalten. Das kommt aber natürlich eher selten vor. Denn die meisten Hexen, die einen Altar haben, wollen auch daran arbeiten. Ich möchte dich nur daran erinnern, dass das alles *deine* Show ist. Und dass du sie exakt so gestalten kannst, wie du sie dir vorstellst. Apropos: Solltest du über genügend Platz verfügen, kannst du dir gern auch mehrere Altäre einrichten, falls dir danach ist.

Die ästhetische Ausrichtung deines Altars bleibt ebenfalls ganz dir überlassen. Und wenn sein Erscheinungsbild für dich keine Rolle spielt, weil du dich ausschließlich auf praktische Erwägungen konzentrierst – was draufstehen muss und was du bei der Arbeit unbedingt brauchst –, geht das natürlich auch klar. Mach dir da bloß keinen Kopf.

Eines möchte ich jedoch hinzufügen: Für das Gefühl, das dir dein Altar vermittelt, spielt dessen Aussehen durchaus eine gewisse

Rolle. Achte also darauf, wie sich sein Fluidum, die verschiedenen Themen- und Farbwelten auf deine emotionale Verfassung und allgemeine Stimmungslage auswirken. Dabei stellst du vielleicht fest, dass dich eine bestimmte Farbe, ein Muster oder Stil besonders inspirieren oder stimulieren.

An allem, was sich bewährt und dir ein gutes Gefühl gibt, kannst du so lange festhalten, wie du willst. Aber wenn du magst, darfst du das Set-up deines Altars auch regelmäßig verändern – wie es viele Hexen tun. Sie wechseln nach jedem Gebrauch das Altartuch, arrangieren ihre Tools neu und wechseln die Deko – Bilder, kleine Naturgegenstände, die sie beim Spazierengehen finden, oder Dinge aus dem Secondhandshop.

Da so ein Altar leider schnell einstaubt, ist das Austauschen oder Umräumen der Gestaltungselemente auch eine gute Gelegenheit, ihn sauber zu machen. Manche Hexen, die ich kenne, verzichten auf ein Tuch und kleben die Gegenstände stattdessen auf die Oberfläche des Altars, um sie so gefahrlos mit einem Federwisch abstauben zu können. (Vielleicht leistet dieser Tipp für Putzfaule ja auch dir gute Dienste?)

Hier ein paar Überlegungen, die du anstellen kannst, bevor du dir einen Altar einrichtest:

- Was inspiriert dich an der Idee, dir einen Altar einzurichten, am meisten?
- Inwiefern könnte ein Altar deiner Entwicklung als Hexe förderlich sein?
- Was gefällt dir an den Altären, die du kennst, am besten?
- Was möchtest du bei deinem eigenen unbedingt vermeiden?
- Wie viel Platz steht dir für deinen Altar zur Verfügung, und wie ließe der sich optimal ausnutzen?
- Wo ist mehr Platz bei dir: auf dem Altar oder davor?
- Was musst du tun, damit du dich längere Zeit bequem an deinem Altar aufhalten kannst?

- Befindet er sich außerhalb der Reichweite von Kindern und Haustieren?
- Welche Bestandteile deines künftigen Altars hast du bereits? Und welche Tools und Requisiten?
- Welches Gefühl möchtest du haben, wenn du deinen Altar siehst und an ihm arbeitest?
- Welchen Eindruck soll er bei dir und gegebenenfalls auch bei anderen erwecken?
- Bist du, was deinen Altar betrifft, eher minimalistisch eingestellt, oder schwebt dir etwas Opulenteres vor?
- Mit welchen Schlüsselbegriffen würdest du die von dir angestrebte Ästhetik deines Altars beschreiben?
- In welchen Zeitabständen würdest du die Deko und das generelle Erscheinungsbild deines Altars wohl verändern wollen?
- Sollten alle Objekte, Farben und so weiter aufeinander abgestimmt werden?
- Findest du, dass alles, was auf deinem Altar steht, eine tiefe Bedeutung haben muss? Oder können einige Dinge darauf auch einfach nur hübsch sein?

SO ERRICHTEST DU DIR DEINEN ALTAR

1 Überlege als Erstes, ob du einen oder mehrere der folgenden Gegenstände auf deinem Altar haben willst – und wenn ja, welche(n):

- Altartuch
- Lichterkette
- Kerzen
- Fotos, Bilder und Skulpturen

- in der Natur gefundene Gegenstände wie etwa Steine, Muscheln und Knochen
- ein oder mehrere Tools, die du künftig regelmäßig verwenden möchtest

2 **Überlege, welche Dinge du zwar nicht in deinem unmittelbaren Blickfeld, aber doch in greifbarer Nähe haben möchtest. Denn nicht alles muss sich ja auf dem Altar selbst befinden. Manche Gegenstände kannst du getrost in einem Container unter dem Bett, in einer Schublade oder wo auch immer aufbewahren, bis du sie brauchst.**

3 **Skizziere den von dir geplanten Altar auf einem Blatt Papier, und fang an zu brainstormen: Unterteile die Fläche in verschiedene Bereiche, die jeweils ein Thema repräsentieren oder Stammplatz eines bestimmten Gegenstandes werden sollen. Solltest du keinen Bock auf Zeichnen haben, kannst du genauso gut mit den Objekten spielen und sie hin und her schieben, um die optimale Anordnung zu finden. Mach Fotos von deinen Arrangements, damit du immer wieder darauf zurückkommen und dir die vorherigen Zusammenstellungen noch einmal anschauen kannst.**

4 **Ist dann alles so, wie es deinen Vorstellungen entspricht, mach ein paar einschlägige Moves, um herauszufinden, ob das Set-up auch in der Praxis deinen Anforderungen entspricht. Angenommen, du hast Kerzen auf dem Altar. Kommst du an sie heran, um sie anzuzünden, ohne irgendwas umzuwerfen? Kannst du die Tools, die du häufig verwendest, gut erreichen? Kannst du alles, was du überblicken musst, ohne Weiteres sehen, wenn du vor dem geplanten Altar sitzt?**

5 Setz dich dann einfach ruhig hin, und erspüre, welche Gefühle dein Entwurf bei dir auslöst. Gibt es noch irgendwas, was du optimieren kannst?

ZEITWEILIGE ALTÄRE

Nicht alle Altäre sind von Dauer. Du kannst dir auch einen errichten, der nur einem bestimmten Zweck dient – zum Beispiel zur Durchführung eines vierundzwanzigstündigen Vollmondrituals – und danach wieder abgebaut wird. Denn vielleicht gibt es in deiner Wohnung ja nicht genügend Platz für einen permanenten Altar, oder du ziehst es vor, diesen für etwas anderes zu nutzen.

Eine temporäre Installation ist auch die perfekte Idee für alle, die ihre Hexenaktivitäten (noch) unter der Decke – beziehungsweise unter dem Altartuch – halten müssen. Denn so hast du im Bedarfsfall Zugang zu deinem Heiligtum, ohne dich unfreiwillig zu outen.

Verfügst du über einen permanenten, kannst du dir für deinen zeitweiligen Altar Dinge davon ausborgen. Vergiss nicht, alles zu fotografieren. So ein Foto kann übrigens auch für sich genommen schon als Altar dienen. Lad es dir einfach auf den Bildschirm, oder druck es aus, und setz dich davor wie vor den echten Altar: Das Bild wirkt wie eine machtvolle Zauberformel.

REISE- UND VERSTECKTE ALTÄRE

Stell dir vor, du würdest eine Art Minialtar mitnehmen, wenn du in den Urlaub fährst oder Leute besuchst. Hört sich doch irgendwie goldig an, oder? Und stell dir weiter vor, du könntest diesen Altar in Windeseile hinten im Schrank oder unter dem Bett verstecken. Hier ein paar Vorschläge, die du dir mal durch den Kopf gehen lassen könntest:

- Nimm ein Schminktäschchen mit Deckel oder ein Schmuck-kästchen, wie ich es auch schon oft getan habe. Damit hättest du dann nämlich sogar bereits einen hervorragenden Rahmen beziehungsweise Mittelpunkt für deinen künftigen Minialtar. Die Innenseite des Deckels kannst du mit Bildern, Perlen, Glitter oder anderem Dekomaterial verzieren. Auf dem Boden ist Platz für ein Teelicht, einen Kristall oder Blümchen von deinem letzten Spaziergang. Ich mag am liebsten die Schmuckkästchen, die unten eine kleine Schublade haben, in der man die eine oder andere Kleinigkeit verwahren kann. Manchmal behelfe ich mir aber auch mit einer ausrangierten Puderdose, die beim Öffnen den Blick auf ein Bildchen freigibt, das ich an den Spiegel geklebt habe. Und auf den unteren Teil (dort, wo zuvor der Puder war) kommen dann ein Teelicht oder ein Kristall. Mega!
- Oder wie wär's mit einem Geheimversteck in einem hohlen Buch? Dafür musst du im Grunde nur ein Loch in einen Buchblock schneiden. (Ausführliche Anleitungen finden sich viele im Internet.) Und schon bleiben deine kleinen Kostbarkeiten den Blicken Unbefugter verborgen.
- Richte deinen Altar in einem Schuhkarton ein. Da kannst du alles reinpacken, und wenn es so weit ist, legst du nur ein Stück Stoff als Altartuch in den Deckel und ordnest deine Devotionalien darauf an.
- Genauso gut kannst du ein paar deiner Utensilien in ein Säckchen tun und sie dann im Handumdrehen auspacken, wenn du sie brauchst.
- Häng ein Bild auf. Für sich allein erregt es keinen Verdacht und nimmt auch nur wenig Platz an der Wand in Anspruch. Alles andere – zum Beispiel Räuchergefäß, Kerze, kleine Figürchen oder ein Blumenstrauß – kann solange irgendwo verstaut bleiben, bis

du die Dinge unter dem Bild versammelst und in aller Schnelle deinen Pop-up-Altar aufbaust.

- Richte einen Ordner auf deinem Rechner an, in dem du Bilder sammelst, die du dir als Mittel- oder Schwerpunkt deines Altars vorstellen kannst. Sobald du mit deiner Arbeit beginnen möchtest, öffnest du diesen Ordner, suchst ein passendes Motiv aus und nimmst es als Bildschirmhintergrund.
- Versteck als Herzstück deines Altars ein ansprechendes Bild hinter einem Regal oder einer Kommode. Zum gegebenen Zeitpunkt ziehst du es einfach hervor. Auf dem Boden davor drapierst du einige Utensilien deiner Wahl. Und schon hast du das Gefühl, dich in deinem gewohnten Hexenumfeld zu befinden. Anschließend räumst du einfach mit ein paar Handgriffen alles wieder zurück.

GEISTIGE ALTÄRE

Einen permanenten Altar habe ich, der in meiner Fantasie wohnt. Ich bezeichne ihn als meinen »geistigen Altar«, und er enthält alles, was ich brauche, um magisch wirken und Rituale durchführen zu können. Physisch existiert er allerdings nicht.

Sollte dich diese Vorstellung ansprechen, kann ich sie dir nur wärmstens ans Herz legen. Denn wann immer ich nicht zu Hause bin und mich nicht an meinen »realen« Altar setzen kann, erweist sich der geistige als ausgesprochen praktisch. Genauso hilfreich ist er, wenn mich meine Rückenverletzung mal wieder einholt und ich magisch-rituell dagegen vorgehen möchte, mich aber wegen der Schmerzen nicht an meinen physischen Altar setzen kann. Ist doch genial, oder?

Wenn du bezweifelst, dass ein immaterieller Altar überhaupt von Bedeutung sein kann – von Nachhaltigkeit ganz zu schweigen –, erinnere dich bitte daran, dass Tolkien die gesamte *Herr-der-Ringe*-Trilogie im Kopf hatte, bevor er schließlich anfing, sie aufzuschreiben. Jede Figur, die ganze Handlung – all das war zuvor fein säuberlich in seinem Geist entworfen worden. So viele wunderbare Details, zusammengesetzt zu einem lebendigen, atmenden Universum, das seit der Veröffentlichung des Werkes Millionen und Abermillionen von Menschen in seinen Bann zieht. Nun bin ich zwar kein literarisches Genie wie Tolkien, Welten erbaue ich in meiner Praxis jedoch ebenfalls. Und so habe ich mir eben auch meinen geistigen Altar erbaut, den ich regelmäßig besuche und der längst zu einem festen Bestandteil meiner Praxis geworden ist.

Wenn du das Adjektiv »imaginär« für deine immateriellen Tools, Erfahrungen und so weiter nicht magst, kannst du sie gern auch als »astral« bezeichnen. Die Astralebene mit ihren mythologischen Gestalten und Gottheiten ist jenseits der materiellen Welt angesiedelt. Man kann sie sich vielleicht als nicht physische Heimat aller spirituellen Ideen und Wesenheiten vorstellen, die der Menschheit im Laufe der Zeit ihren Stempel aufgedrückt haben.

Mir sind zwar durchaus detaillierte Beschreibungen der Astralebene bekannt, dennoch glaube ich, dass deren Erleben höchst subjektiver Natur ist.

Menschen, die der Astralebene einen Besuch abstatten, erhalten spirituelle Botschaften und beobachten gewisse Dinge, doch sieht es für jeden anders aus und fühlt sich auch nicht für alle gleich an – in Abhängigkeit von der jeweiligen Person und davon, wonach sie auf der spirituellen Ebene sucht.

So wird zum Beispiel nicht jeder Mensch Engel sehen. Und nicht alle werden die Dinge erleben, von denen andere sprechen. Manche werden das Gefühl haben, von den Erfahrungen profitieren zu können, die sie dort machen, andere kommen vielleicht verwirrt und ratlos zurück, nicht ahnend, welchen Reim sie sich auf das Gesehene und Empfundene machen sollen.

Ich habe auch den Eindruck, dass es nicht unbedingt hilfreich ist, sich die spirituelle Welt als etwas Entrücktes, außerhalb der eigenen Person Befindliches vorzustellen. Deshalb male ich sie mir lieber als eine Sphäre aus, die zwar *in mir* liegt, die ich aber dennoch mit allen anderen Menschen teile.

Ich betrachte die der Menschheit bekannten spirituellen Gedankenwelten, Wesenheiten und Erfahrungen als Teil dessen, was C. G. Jung als das kollektive Unbewusste bezeichnete: ein tief in uns verwurzelter Aspekt der Conditio humana, zu dem wir alle Zugang haben. Deshalb bediene ich mich am liebsten der »Fantasie«, wenn ich etwa über Orte oder Dinge jenseits der materiellen Wirklichkeit spreche. Denn für mich ist die Fantasie der Ort, an dem alles Nichtmaterielle angesiedelt ist. So jedenfalls stelle ich es mir vor.

Du siehst das anders? Alles gut, Schnecke, das weißt du doch nun schon. Jede, wie sie es mag und für richtig hält.

Wie du dir nun den Altar in deiner Fantasie errichten sollst, fragst du? Zunächst entscheidest du, was du eigentlich willst: etwas Vorübergehendes oder etwas von längerer Dauer. Ich für mein Teil verwende sehr häufig ein und dasselbe Set-up und komme damit gut klar. Sollte deine Vorstellungskraft jedoch anders funktionieren, ist dagegen auch nichts zu sagen.

Mein dauerhafter Fantasie-Altar jedenfalls steht auf einem roten Podest inmitten eines Stausees und lässt sich nur per Boot erreichen. Darüber befindet sich eine Art Rahmen, der mit allerlei Ornamenten geschmückt ist und von dem bunte Bänder herabhängen.

Die Dinge, die auf dem Altar stehen, variieren von Mal zu Mal ein wenig, immer mit dabei aber ist ein bestimmtes Set von Tarotkarten. Oft finde ich bei meinen Besuchen eine Flasche mit (immer anderer) Medizin vor. Und einige Male war der Altar auch schon von Springfröschen übersät. Einiges von dem, was ich an meinem Fantasie-Altar erlebe, habe ich vorab geplant, manches aber geschieht auch völlig unerwartet.

Und hier sind meine wichtigsten Tipps für die Erarbeitung und Errichtung eines Heiligtums in deiner Fantasie:

- Überleg dir unbedingt, was du in deiner Fantasie erschaffen möchtest. Aber lass auch genügend Platz für Unerwartetes. Denn möglicherweise wirst du von der Gestaltung deines Altars überrascht oder erlebst bei deinen Besuchen etwas, womit du nie gerechnet hättest.
- Stell für deine geistige Kreation dieselben Überlegungen an wie bei der Errichtung deines materiellen Altars.
- Denk dran: Was deinen geistigen Altar betrifft, so sind deiner Vorstellungskraft keine Grenzen gesetzt. Solltest du also in deiner wirklichen Welt wenig Platz haben, gestaltest du das Heiligtum in deinem Kopf eben riesengroß und opulent. Du wünschst dir gleich ein ganzes Dutzend Altäre – was aber in deinen realen Lebensverhältnissen ein Ding der Unmöglichkeit ist? Dann weißt du jetzt doch bestimmt schon, was zu tun ist: Du erbaust sie dir im Reich deiner Vorstellungskraft. Denn dort ist ja alles möglich: Dein Altar kann dort aufleuchten, er kann sprechen, hat vielleicht Roboterarme oder kennt jeden deiner Gedanken ... in der Fantasie wird alles möglich, was du dir vorstellst.
- Überleg, ob du deinen Altar nicht vielleicht schützen lassen willst. Über meinen zum Beispiel wachen drei Dobermänner, die auch im Traum und bei meinem magischen Wirken auf mich aufpassen. In der Fantasie habe ich mir auch schon Orte erschaffen, die von großen steinernen Gargoyles bewacht wurden. Aber das sind alles nur gedankliche Spielereien. Und stellen deshalb natürlich auch kein Muss dar.

SCHREIB'S AUF

◊ Erstelle eine Zeitleiste, beginnend mit deinen frühesten Erinnerungen an Spiele, die du erfunden, oder Dinge, die du gebastelt hast. Beziehe auch Tagträume, Fantasien und immer wiederkehrende Sorgen mit ein, die dich umtreiben. Was fällt dir beim Aufschreiben hinsichtlich des Verhältnisses auf, das du zu deiner Fantasie hast? Und wie hat es sich im Laufe der Zeit entwickelt?

◊ Beschreibe deinen idealtypischen Altar. Geld und Platz spielen dabei keine Rolle. Wie würde er aussehen? Was würde darauf stehen? Wo stünde er? Und was verraten dir deine Antworten auf diese Fragen im Hinblick darauf, welche Dinge du als hilfreich und nützlich erachtest?

◊ Worin bestehen für dich Wert und Bedeutung eines Altars? Welche Rolle spielt ein derartiges Heiligtum in deiner Praxis? Bitte begründe deine Antworten.

PROBIER'S DOCH MAL

◊ Setz dich vor deinen Altar und schau, wie du emotional darauf reagierst: Welche Gefühle kommen bei dir hoch? Bist du überrascht? Und wenn ja: wovon genau? Und warum?

◊ Mach ein kleines Experiment, und füge deinem Altar versuchshalber zwei Dinge hinzu, die weder deinem Geschmack noch deinen Überzeugungen als Hexe entsprechen. Du kannst dazu hernehmen, was du willst, ein Küchenutensil vielleicht und ein Schmuckstück, das für dich keine besondere Bedeutung hat. Kunstwerke, mit denen du nicht groß was anfangen kannst, gehen auch. Lass die Gegenstände ein paar Tage auf deinem Altar liegen, und schwing dich auf die Gefühle ein, die sie auslösen. Das gelegentliche Verlassen der ästhetischen Komfortzone kann nämlich ausgesprochen hilfreich sein.

◊ Errichte dir einen Fantasie-Altar an einem Ort, den du aus deinem Lieblingsvideospiel, -buch oder -film kennst. Das macht irren Spaß, echt jetzt mal!

◊ Die Fokussierung auf deinen Fantasie-Altar bereitet dir Mühe? Dann erstell dir eine Skizze von ihm, auf Papier oder digital. Zeichne alles ein, was dazugehört. Diesen Übersichtsplan kannst du dann immer zurate ziehen, sollte dich dein Gedächtnis einmal im Stich lassen. Statt dir mit geschlossenen Augen den Altar vorzustellen, kannst du auch einfach deine Zeichnung anschauen oder den Finger darauflegen, um eine Verbindung zu haben, wenn du mit der Arbeit beginnst. Die Vorstellungskraft funktioniert nicht bei allen gleich, also tu, was für dich am besten ist. Du kannst auch das Foto eines Altars hinzuziehen, der dir besonders gut gefällt, und dir bei deinem Wirken einfach vorstellen, es wäre deiner.

13

ZAUBERN

Ein Zauber ist im Grunde nichts als eine Formel, die sich aus Worten und Handlungen zusammensetzt und oft auf Symbolen und Entsprechungen beruht. Diese Formel nun lässt sich anwenden, um Ereignisse zu prägen, Resultate hervorzubringen, oder auch zur Verstärkung einer bestimmten Atmosphäre oder Einstellung. Die Zauberkunst kann schädigen oder heilen. Sie kann Dinge sowohl vergrößern als auch verkleinern. Sie kann Ideologien zum Untergang verdammen oder ihre Entwicklung fördern. Du kannst zaubern, um zu schützen, zu inspirieren, zu stärken, um Mut zu machen, Freude zu schenken und Fülle zu erzeugen, um Fähigkeiten zu erweitern und Schönes hervorzuheben. Du kannst für dich selbst zaubern, für dir nahestehende Personen, für Gruppen von Menschen oder sogar für die ganze Welt. Die Zauberkunst wird oft bemüht, um bestimmte Resultate im Außen zu erzielen, zum Beispiel ein erfolgreiches Vorstellungsgespräch, eine gelingende Prüfung oder Glück in der Liebe. Doch auch das *innere Wachstum*, die Entwicklung der Persönlichkeit, kannst du beim Zaubern in den Mittelpunkt stellen, etwa die Überwindung eines Traumas oder einer Enttäuschung oder auch den endgültigen Verzicht auf eine schlechte Angewohnheit.

Manch ein Zauber dient nur einem einzigen Zweck, einen anderen magst du womöglich zu einem festen Bestandteil deines Hexenrepertoires befördern, indem du ihn, vielleicht ein wenig abgewandelt, in ganz unterschiedlichen Situationen einsetzt.

Deine Zauberkunst ist Magie. Das heißt, du bündelst die Intensität deines Anliegens und die deiner Absicht, diesen Wunsch zu realisieren, und richtest diese gesammelte Energie auf das Erreichen des Ziels. Dabei wird diese deine Vision von der Kraft deines Anliegens befeuert – bis sie schließlich Wirklichkeit wird.

BEVOR DU ANFÄNGST

Zuallererst solltest du dir über deine Absichten im Klaren sein. Welches Ergebnis strebst du an? Sobald du dein Ziel klar definiert hast, kannst du entscheiden, ob es das bestmögliche ist. Ist es heilsam? Denn nur, dass du einen Zauber wirken *kannst*, heißt ja noch lange nicht, dass du es auch tun *solltest*. Falls du dir unsicher bist, fokussierst du dich am besten auf dein intuitives Wissen und die Ethik, der du dich als Hexe verpflichtet fühlst. Sie werden dir den Weg weisen.

Mit einem Zauber lassen sich mehrere Absichten verfolgen. Doch für dein magisches Wirken ist es vermutlich das Beste, wenn du dich nicht auf zu viele Ziele gleichzeitig kaprizierst; das kann nämlich schnell ziemlich verwirrend sein. Denn es wird bestimmt nicht leicht, die gesamte Wucht deiner Wunschenergie auf das anvisierte Ergebnis zu lenken, wenn dieses Ziel aus einer Menge verschiedener Einzelkomponenten besteht. Mach dir also, bevor du anfängst, ganz genau klar, was du eigentlich willst.

Anlass für einen Zauber kann im Grunde so ziemlich alles sein. Hier einige Beispiele, damit du mal siehst, wie breit das Spektrum der Möglichkeiten ist. Du kannst zaubern ...

- ... um bis zu einem festen Termin eine bestimmte Geldsumme in dein Leben zu ziehen.
- ... um eine hartnäckige schlechte Angewohnheit endgültig abzulegen.

- … um eine dir zuträgliche Gewohnheit neu zu etablieren.
- … um dir einen tollen neuen Kundenkreis zu erschließen und im Netz super Bewertungen für dein Unternehmen zu erhalten.
- zum Schutz und zur Stärkung einer Gemeinschaft, der du angehörst (oder der du dich verbunden fühlst).
- … um neue Jobchancen zu kreieren.
- … um dich grundsätzlich dynamischer/stärker/attraktiver (oder was du dir eben besonders wünschst) zu fühlen und weniger Sorgen zu haben.
- … um dich und dein Zuhause vor spirituellen oder weltlichen Bedrohungen zu bewahren.
- … um sicherzustellen, dass ein bestimmtes Projekt oder eine Mission erfolgreich abgeschlossen wird.
- … um kreativer zu werden.
- … um mehr Selbstachtung und Eigenliebe zu bekommen.
- … um in Kontakt mit einer Gottheit oder einem Spirit Guide zu kommen.
- … um dich an deine nächtlichen Träume erinnern und sie besser verstehen zu können (und um sie außerdem informativer zu machen).
- … damit Katzen dich mehr mögen.
- … um auf Dating-Apps bessere Matches zu erreichen.
- … um mit Verstorbenen in Kontakt zu kommen.
- … um deine sportlichen/mathematischen/künstlerischen (oder was dir eben besonders am Herzen liegt) Fähigkeiten zu verbessern.
- … um öfter zu Special Events eingeladen zu werden.
- … um weniger Schmerzen zu haben oder nicht so oft müde zu sein.
- … um Fame zu erlangen und prominent zu werden.
- … um eine Competition zu gewinnen.
- … um besser mit negativen Denkmustern umgehen zu lernen.

- ... um dich von deiner Vergangenheit zu erholen und der Zukunft endlich hoffnungsvoll entgegenblicken zu können.

Auch solltest du dich fragen, ob du bereits weltliche Schritte unternommen hast, um an dein Ziel zu kommen. Du weißt schon: den ganz normalen Kram. Das Alltägliche. Ja, klar: öde und superlangweilig. Ich persönlich bin allerdings nicht die Sorte Hexe, die sich den perfekten Job herbeizaubern will, ohne Bewerbungen zu schreiben und zu Vorstellungsgesprächen zu gehen. Und ich würde auch nie versuchen, mir eine perfekte Partnerschaft herbeizuzaubern, solange ich nicht auf Dating Sites bin, meine Freundinnen nicht gefragt habe, ob sie vielleicht jemanden für mich kennen – oder auch nur jemanden angelächelt habe. Denn ein Ja herbeizaubern zu wollen, während alles, was ich sonst so tue, lautstark Nein schreit, scheint mir irgendwie keinen Sinn zu ergeben. Außerdem arbeite ich ausgesprochen ungern gegen mich selbst an.

Im Minimum *eine* nicht hexische Aktivität, in der die Kraft deines Anliegens zum Ausdruck kommt, könnte ein wichtiger erster Schritt sein, *bevor* du die Zauberkraft bemühst. Und dafür gibt es viele gute Gründe:

1. Solange du noch keinen Schritt zur Erfüllung deines angeblich doch so starken Wunsches gemacht hast, stellt sich natürlich die Frage, ob er *wirklich* so groß ist. Womöglich reden dir Freund:innen, Angehörige, die Werbung oder Social Media ein, du würdest etwas Bestimmtes erreichen wollen – aber stimmt das auch, ich meine: Willst du es tief in deinem Inneren wirklich? Womöglich versuchst du dich davon zu überzeugen, dass sich dein Leben um Welten verbessern würde, sobald du am Ziel wärst, aber dein Herz kennt die Wahrheit. Was man sich am meisten wünscht, erkennt man im Allgemeinen am besten an den Schritten, die man unternimmt, um es zu erreichen, auch wenn diese Schritte

noch so klein und zögerlich sind. Sollte also dein Handeln keinerlei Hinweis auf deinen Wunsch erlauben, wärest du gut beraten, noch einmal gründlich darüber nachzudenken, bevor du versuchst, die Kunst des Zauberns zu bemühen.

2. Na ja … Zaubern kann ganz schön anstrengend sein. Ich persönlich jedenfalls gehe in Sachen Magie gern in die Vollen. Und da erspart es mir oft viel Zeit und Energie, wenn ich zunächst ein paar weltliche Maßnahmen ergreife, bevor ich Molchsaugen und Froschzehen bemühe. (Scherz! Zu meinen Requisiten gehören natürlich weder die einen noch die anderen.)

3. Außerdem müssen wir Hexen uns fragen, ob es nicht vielleicht einfach nur Faulheit ist, wenn wir zunächst *absolut nichts* Weltliches versuchen, uns dann aber torschlusspanisch volle Kanne auf die Kraft des Zaubers verlassen. Sogar wenn es mir gelingen würde, alle profanen Anstrengungen durch Zauberei zu ersetzen, würde ich dadurch noch lange nicht zur besten und klügsten Version meiner selbst, glaube ich. Auf jegliche alltäglichen Bemühungen verzichten und nur in meiner Hexen-only-Komfortzone bleiben möchte ich auch gar nicht. Denn ich will mich ja Herausforderungen stellen und auch Dinge tun, vor denen ich mich fürchte. Ob ich nicht trotzdem schon einmal in letzter Minute zu einem Notfallzauber gegriffen habe? Aber sicher. Und so, wie ich mich kenne, auch nicht zum letzten Mal. Denn schließlich bin ich ja doch immer noch eine Rebel Witch.

Das sind alles nur Überlegungen von mir. Letztlich aber liegt die Entscheidung, warum, wann und wie oft du die Macht des Zaubers heraufbeschwörst, natürlich ganz bei dir. Und wahrscheinlich schadet es auch nicht, wenn du bereits ganz am Anfang deiner Bemühungen, etwas zu erreichen oder zu bekommen, damit loslegst. Denn wer bin ich schon, dass ich dir erzählen könnte, das Zaubern dürfe immer nur der letzte Schritt sein?

Und seien wir doch mal ehrlich: So mühsam es auch sein mag, macht es doch auch einen Riesenspaß. Und etwas Übung kann ja auch nichts schaden. Ich selbst habe auch schon einige Male nur um des Zauberns willen gezaubert – beziehungsweise um mein Können zu testen – und fand diese Erfahrungen ausgesprochen nützlich. Dabei ging es aber immer um etwas relativ Belangloses wie zum Beispiel:»Innerhalb der nächsten drei Tage werde ich eine Eule sehen« oder»Ich finde etwas, von dem ich gar nicht wusste, dass ich es verloren hatte, freue mich aber sehr darüber«. Vielleicht hast du ja auch Lust, dir so ähnliche Dinge vorzunehmen, um deine Fähigkeiten zu testen und zu erweitern.

Die nächste Überlegung, die du anstellen solltest: Ein wie großer Teil des jeweiligen Zaubers soll auf deinem eigenen Mist gewachsen sein? In Büchern und im Internet findest du unzählige Zauberformeln, die du übernehmen kannst. Manche davon sind blumig, ewig lang und voller Tamtam, andere eher quick and dirty. Eigene Zauberformeln zu entwickeln scheint sich für Rebel Witches von selbst zu verstehen, andererseits berichten viele Hexen auch über den erfolgreichen Einsatz von Fremdbeschwörungen.

Am Anfang der Hexenreise ist es ja oft gar nicht so leicht, sich etwas Locker-Flockiges, Inspirierendes einfallen zu lassen, und da können fertige Zauberformeln (die sich natürlich personalisieren lassen) ein guter Ausgangspunkt sein. Sollte dir der Wortlaut fad und abgestanden vorkommen, darfst du dir selbstverständlich eine knackigere Formulierung einfallen lassen, die deine tiefsten Absichten eins zu eins widerspiegelt.

Natürlich liegt nicht jeder Zauber in Schriftform vor, so mancher ist nicht einmal geplant. Und unter bestimmten Umständen ist eine gewisse»Notfall-Spontaneität« sogar das einzig Richtige.

So habe ich mich zum Beispiel einmal spontan zu einem Schutzzauber für mich und alle Mitreisenden aufgeschwungen, als während einer längeren Busfahrt plötzlich eine heikle Verkehrssituation entstand und ich das Gefühl bekam, auf die Schnelle etwas tun zu müssen. Und ich sag dir: Solch ein Ad-hoc-Zauber muss nicht weniger machtvoll sein als einer, den wir erst nach wochenlanger Vorbereitung durchführen. Selbstverständlich kannst du dich auch für eine »Halbe-halbe«-Lösung entscheiden, also einige Aspekte planen und zugleich Raum für Unverhofftes lassen.

Für den Fall, dass du Zeit und Lust hast, einen Teil deines Zaubers oder auch den ganzen vorab zu planen, solltest du die folgenden Punkte bedenken:

Aufwand und Zeitrahmen

Was das betrifft, gibt es ganz unterschiedliche Zauber. Manche gehen im Handumdrehen, andere können von Anfang bis Ende mehrere Stunden in Anspruch nehmen. Aus wie vielen Schritten soll dein Zauber bestehen? Sollen diese Schritte die verschiedenen Aspekte des von dir anvisierten Ziels symbolisieren? Wie viel Zeit und Energie wirst du realistischerweise benötigen?

Zeitpunkt und Terminierung

Wenn du magst, kannst du dich für eine bestimmte Mondphase entscheiden und eventuell noch andere astrologische Konstellationen in deine Überlegungen einbeziehen. Vielleicht fällt deine Wahl jedoch auch auf einen Tag, der aus anderen Gründen von Bedeutung ist. Oder du legst einfach an einem Tag los, von dem du weißt, dass du genug Energie und Zeit hast.

Vorbereitung

Essen, trinken, meditieren, heiße Musik hören, ein rituelles Bad nehmen oder Telefon, Laptop und so weiter ausstellen – all das sind gute Ideen für die Vorbereitungszeit. Aber vielleicht hast du ja auch ganz eigene Vorstellungen.

Ich persönlich schleppe manchmal alle meine Stofftiere aus dem Wohn- ins Schlafzimmer, damit sie mir beim Zaubern als Zeugen und Verbündete zur Seite stehen. Keine Ahnung ... manchmal fühlt sich das eben einfach richtig an ... Auch lege ich vor der Zeremonie meinen witchy Schmuck an – und manchmal zusätzlich bestimmte Kleidungsstücke. Vielleicht könnte das ja auch für dich etwas sein?

Material

Brauchst du für dein Vorhaben irgendwelche Hilfsmittel oder Zutaten? Musst du etwas bestellen? Und wie lange kann es dauern, bis du alles zusammenhast? Solltest du mit einer fertigen Formel arbeiten, ist es jetzt an der Zeit zu überlegen, ob du vielleicht noch etwas an ihr verändern möchtest.

Worte

Beabsichtigst du, bei der bevorstehenden Arbeit laut zu sprechen? Oder bleibst du lieber stumm und formulierst deine Sätze nur im Kopf? Worauf legst du bei der Wortwahl besonderen Wert? Vielleicht, dass dein Wunsch möglichst präzise zum Ausdruck kommt oder dass ein Zeitrahmen gesetzt wird, innerhalb dessen er sich verwirklicht haben soll? Aber nicht alle Hexen verbalisieren ihre Zauber. Deshalb die Frage: Willst du das von dir erwünschte Ergebnis nicht vielleicht doch eher in Form von Bildern, Gesten, Emotionen oder auch bloß in der Fantasie zum Ausdruck bringen?

Handeln

Nur du allein bestimmst, wie dein Zauber aussieht und wie er sich anfühlt. Allen Bewegungen und Gesten, die du machst, liegen Entscheidungen von dir zugrunde, und sie haben genau die Bedeutung, die du ihnen zuweist. So kannst du zum Beispiel beschließen, deine gesamten Zutaten in den Kessel zu geben, während du die Worte sagst, die du dir aufgeschrieben hast. Danach magst du eventuell den Deckel auf den Kessel legen, die Hände darüberhalten und dich deinen Visualisierungen widmen. Anschließend kannst du den Kessel noch dreimal umrunden, um den Zauber zu besiegeln. Und zum Schluss nimmst du vielleicht wieder Platz und zündest eine Kerze an. Alles ganz so, wie es dir gefällt.

Und denk auch daran: An einem Altar deiner Fantasie lässt sich genauso gut zaubern. Du wirst in diesem Kapitel später noch eine Reihe von Vorschlägen für Zauber finden, die du wirken kannst.

WILLST DU LOSLEGEN, SCHÄTZCHEN? SO GEHT'S!

Nachdem du dich mithilfe der beschriebenen Vorbereitungen in Zauberstimmung versetzt hast, stellst du die Materialien, die du verwenden möchtest, an der Stelle zusammen, die gleich zu deinem heiligen Raum werden wird. Gehst du davon aus, dass du dich längere Zeit in dem Kreis aufhältst, solltest du unbedingt Wasser bereithalten, damit du nicht dehydrierst. Und für den Fall, dass du nach der Zeremonie eine Stärkung brauchst, hältst du vielleicht auch einen kleinen Snack bereit.

1 Wenn es sich für dich nicht richtig anfühlt oder du kein Bedürfnis danach hast, brauchst du dir keinen heiligen Raum zu erschaffen. Willst du es aber doch tun, dann ist jetzt der richtige Moment dafür (siehe Kapitel 10:»Spirituelle Hygiene: Reinigende Energie und die Erschaffung eines heiligen Raumes«).

2 Beim Zaubern bedienst du dich deiner angeborenen magischen Kräfte, kannst darüber hinaus jedoch auch,

quasi als besonderen Kick, die Hilfe anderer Wesenheiten erbitten oder heraufbeschwören, zum Beispiel – solltest du mit ihnen zusammenarbeiten – Gottheiten, Ahn:innen, Spirit Guides oder Ikonen wie etwa Rockstars. Auch kannst du dich an die Kräfte der Natur wenden: an den Mond, das Wetter oder die Elemente Erde, Luft, Feuer und Wasser. Eine weitere Möglichkeit stellen Gestalten aus deinen heiligen Texten dar. Nicht minder gut zur Anrufung eignet sich der Spirit von starken Geschichten, Liedern oder Kunstwerken, die die Intentionen, die du mit deinem Zauber verbindest, unterstützen. Ich habe zum Beispiel einmal im Zuge einer Heilzeremonie für meine Beziehung die Energie von Gustav Klimts Gemälde *Der Kuss* heraufbeschworen. Und zwar mit überragendem Erfolg!

3 Nun ist es an der Zeit, dein Energielevel zu erhöhen. Solltest du jetzt schon den Eindruck haben, sofort mit dem Zauber beginnen zu können, möchtest du diesen Schritt vielleicht auslassen. Ich für mein Teil will allerdings offen gestanden immer noch etwas mehr, und deshalb versuche ich meine Energie auch dann noch zu steigern, wenn ich mich schon superstark und zu allem bereit fühle. Das ist der Punkt, an dem deine Leidenschaft geweckt wird. Denn die mächtige Energie, mit der du dich aufgeladen hast, fließt gesammelt in das von dir gewünschte Ergebnis ein. Deshalb lohnt es sich schon, diesen Aspekt nicht zu vernachlässigen. Hier eine Reihe von Aktivitäten, die du mal ausprobieren könntest:

• Tanzen, trommeln, singen, summen, dich hin und her bewegen oder chanten.

- Musik auflegen und dich in ihren Rhythmus und ihre Energie einfühlen, dich dabei von den dahinterliegenden Überzeugungen, Motiven und der Kraft anfeuern lassen, die die Stücke ausstrahlen. Ich persönlich liebe zu diesem Zweck besonders Black Metal und Minimal Techno – je nachdem, auf welchen Zauber ich mich gerade eingroove.

- die Power-Energie in dir und deiner Umgebung visualisieren: dir ausmalen, wie sie wächst und stärker wird, ihre Farbe verändert ... und dich unterstützt.

- mit Gebetsperlen arbeiten, sie dir durch die Finger gleiten lassen, während du wiederholt einen beflügelnden Satz oder ein Mantra von dir gibst wie zum Beispiel: »Schnell wie der Wind trifft der Pfeil meines Zaubers mitten ins Herz meines wahren Wunsches« oder »Ich bin eine Hexe, machtvoll sondergleichen, und mein Wille ist heilig«.

- dich mit einem Duft besprühen, der dir ein Gefühl der Stärke gibt und deine Bereitschaft symbolisiert, den Zauber zu wirken. Anstelle von Parfum kannst du auch mit Räucherwerk oder Duftkerzen arbeiten.

- dir etwas Großes, Beeindruckendes vorstellen und dich voll auf dessen Visualisierung einlassen. Passend wären zum Beispiel ein tosendes Meer oder ein wildes Tier aus der Gruppe der Big Five.

- einer geleiteten Meditation folgen, die die Psyche stärkt und ihre Entwicklung fördert.

4 Sobald du dich energiegeladen genug fühlst, kannst du mit dem Zaubern beginnen. Vielleicht am besten mit einer Art Einleitung, in der du deinen Wunsch sowie die Gründe für deine Arbeit darlegst. Danach kannst du alles sagen und tun, von dem du denkst, dass es ein Symbol für die Realisierung dieses Wunsches sein könnte. Während du

ausführst, was du dir vorgenommen hast, konzentrierst du dich voll auf deinen Wunsch und die Entschiedenheit, mit der du ihn umsetzen willst. Denk an eine Situation, in der du dir einmal etwas von ganzem Herzen gewünscht hast und felsenfest entschlossen warst, es zu erreichen beziehungsweise zu bekommen. Genau diese Bestimmtheit und Energie mobilisierst du jetzt auch beim Durcharbeiten der von dir geplanten Schritte, die dein Ziel repräsentieren. Zauber bestehen gewöhnlich aus Anfang, Mittelteil und Ende – aber darauf kommen wir später noch einmal zurück. Am Ende deiner Arbeit solltest du jedenfalls definitiv das Gefühl haben, dass deine gesamte Wunschenergie auf die Erreichung deines Zieles gelenkt ist.

5 Nun, da es geschafft ist, bedankst du dich bei allen, die du um Hilfe gebeten hast. So etwa bei der Göttin, die präsent war, um dein Wirken zu überwachen und zu beschützen. Solltest du einen Servitor angerufen haben, den du zur Stärkung deiner Magie erschaffen hast, sagst du ihm, dass er jetzt sein wohlverdientes Schläfchen machen und sich den Rest des Abends freinehmen kann.

6 Nach dem Zaubern bist du womöglich ganz von den Socken vor Begeisterung und total enthusiastisch; die herrliche Energie all der Magie, die du mobilisiert hast, um deiner Arbeit Nachdruck zu verleihen, sprudelt geradezu über in dir. Das kann herrlich sein, sich in dem Moment, in dem du versuchst, in die Welt jenseits des Kreises zurückzukehren, aber auch ein bisschen komisch anfühlen. Du spürst besagte magische Energie noch in dir? Hier einige Vorschläge zum Umgang mit ihr:

- Du kannst eine beruhigende Visualisierung durchführen, bei der du dir ausmalst, wie sich deine Energie allmählich setzt oder abkühlt. Dabei kannst du sanfte Musik spielen.
- Auch kannst du die übrig gebliebene magische Energie erden – sie buchstäblich in den Boden unter deinen Füßen lenken.
- Oder du leitest sie in eines deiner Tools beziehungsweise in deinen Altar zurück, indem du die Hände über das Objekt hältst und spürst, wie die Energie durch deine Arme in die Finger fließt, um von dort aufgenommen zu werden.
- Vielleicht willst du die Restenergie aber auch praktisch nutzen, etwa zum Saubermachen, für Papierkram oder ein Telefonat mit einer Person, die du schon lange einmal hättest anrufen wollen, ohne je die Zeit dafür gefunden zu haben.
- Du kannst sie auch verschenken. Und zwar, nachdem du vor dem Zauber jemanden gefragt hast, ob er oder sie sie haben möchte, wenn du fertig bist. Genauso gut kannst diese Energie einer verstorbenen Vorfahrin von dir als Opfergabe darbieten, einer Ikone oder einer Göttin, mit der du zusammenarbeitest. Oder du spendest sie einer Person beziehungsweise Gruppe, die sie brauchen kann, zum Beispiel einem Frauenhaus in der Nachbarschaft oder einer Freundin, die chronische Schmerzen hat und oft erschöpft ist. Dazu kannst du etwas sagen wie:»Ich schicke ... diese Energie, damit sie zugunsten ihrer Vision und zu ihrem absolut höchsten Wohl wirken mag«, oder:»Ich schicke ... diese Energie als Dank für seine weise Unterstützung.«

7 Nun, da du die übrig gebliebene Energie losgeworden bist, hast du vielleicht das Bedürfnis, wieder mehr in

deinen Körper zurückzukommen und dich der sogenannten normalen Wirklichkeit anzunähern. Dafür solltest du jetzt etwas zu dir nehmen, einen Energieriegel, Obst, Nüsse, Schokolade, ein Brötchen, etwas Gebäck oder ein Sandwich. Trink ein Glas Wasser. Diesen Snack darfst du gern auch als eine Feier zu Ehren der von dir geleisteten Arbeit auffassen. Diese Idee spricht dich an? Dann solltest du dir schon vorab etwas Besonderes einfallen lassen. Und wenn du bei deinem Wirken von Wesenheiten unterstützt wurdest, solltest du ihnen als Opfergabe und zum Dank ein Stückchen von deinem Essen widmen, das du draußen vergräbst beziehungsweise in deinem Kessel verbrennst. Oder du sprenkelst etwas von deinem Getränk auf den Erdboden, kippst einen Schluck in eine Opferschale oder gibst ein, zwei Tropfen auf deine Altardecke.

8 Solltest du dir eingangs einen heiligen Raum erschaffen haben, kannst du ihn jetzt wieder aufheben (siehe ebenfalls Kapitel 10: »Spirituelle Hygiene: Reinigende Energie und die Erschaffung eines heiligen Raumes«).

ZAUBER – SELBST GEMACHT

Beim Zaubern kannst du echt die Frau vom Eber rauslassen und die Grenzen deiner Fantasie voll ausloten. Deshalb das Wichtigste noch einmal: So verführerisch es dir auch vorkommen mag, verzichte darauf, nur die Formeln anderer Leute zu verwenden. The Real Shit, um mega Ergebnisse zu erzielen, ist die Entwicklung eigener Zauber.

Denn du musst wissen: Eine Kontrollkommission für Hexen, die deine Arbeit beurteilt und deine Zauber abnickt, gibt es nicht. Es kommt ausschließlich darauf an, dass du dir etwas ausdenkst, was du für schlagkräftig, bedeutsam und erfolgversprechend hältst.

Und sollte sich das Ergebnis deiner Überlegungen anders gestalten als alles, wovon du je gehört oder gelesen hast, ist es wahrscheinlich umso besser. Denn wenn du dich auf Zauber aus dem Internet oder irgendwelchen Büchern beschränkst und keinerlei emotionale Verbindung zu den dazugehörigen Zutaten, Formulierungen oder Handlungen empfindest, lässt du dabei mit Sicherheit den größten Teil deiner Person außen vor. Und nimmst etwas als vollkommen fremd wahr, was dir, deinen Absichten und Wünschen eigentlich total entsprechen sollte. Dabei geht es ja gerade darum, dass du dir den Zauber, den du wirken willst, mithilfe perfekt auf dich zugeschnittener Symbole und Entsprechungen zu eigen machst.

Doch selbstverständlich kannst du Aspekte der traditionellen Zauberkunst jederzeit ganz nach deinem Geschmack mit den höchst individuellen Aspekten deiner persönlichen Magiewerkstatt vermischen.

Was deine Zaubersprüche betrifft, darfst du sie genauso formulieren, wie du es für richtig hältst, und kannst alle Ausdrücke oder Satzteile weglassen, die dir gegen den Strich gehen (egal, wie oft du sie schon gelesen hast).

Stell die Worte, die du verwendest, so zusammen, dass sie eine für dich sinnvolle Kombination ergeben, dass sie sich gut anhören und dir leicht von der Zunge gehen, weil du sie oft benutzt. Willst du zum Beispiel einen Zauber wirken, der Schönheit und Harmonie in dein neues Zuhause bringt, sollte das gewünschte Ergebnis bestenfalls bereits in deiner Wortwahl zum Ausdruck kommen. Die Formulierung, die ich verwenden würde, lautet in etwa so:

»Ich versehe jeden einzelnen meiner Räume mit
schimmernder, funkelnder Schönheit.
Von jeder Zimmerdecke, jedem Flur, allen Treppen und
Türen gehen jetzt harmonische Schwingungen aus.

Alle Farben, Materialien und Gegenstände bringen meine
Lebensgeister zurück und erweitern meinen Blickwinkel.
Möge dieses Zuhause der perfekte Ort zum Tanzen, Schlafen und Kre-
ativsein werden – ein schützender Palast für mich und die Meinen.«

Gewöhnlich beende ich meine Zauber mit den Worten:»Dies ist der von Herzen kommende Wille einer Hexe. So möge es sein.« Keine Ahnung, für mich funzt das irgendwie. Vielleicht gefällt dir das alles gar nicht, und das ist völlig in Ordnung. Denn auch wenn du noch nicht weißt, welche Art Zauber du wirken willst, weißt du jedenfalls schon einmal, was für dich überhaupt nicht infrage kommt. Und das ist ja schließlich auch ein Anfang. Die eigene Sprache zu finden dauert seine Zeit. Doch lass dich davon nicht frustrieren, sondern genieß lieber die Reise.

Da für mich persönlich Reime keinesfalls in die Tüte kommen, versuche ich mich gar nicht erst daran. Genauso wenig zu haben bin ich für die Sprache früherer Jahrhunderte – also kein Ye-Olde-English für Frau Maddox. Danke, aber NEIN danke. Ich empfinde das heute als unecht und bin nicht recht bei mir, wenn ich solche antiquierten Formeln reproduziere, die sich aus meinem Mund kommend einfach nur albern anhören.

Wann immer ich auf einen besonders kraftvollen Zauberspruch aus bin, begebe ich mich zuvor auf die Suche nach sprachlichen Inspirationen. Höre mir geilen Hip-Hop oder Poetry-Slams an. Lese mir laut aus Zitatsammlungen oder Gebetsbüchern vor. Auch kann ich Stunden damit verbringen, online in Synonymlexika zu stöbern, um Ersatz für Wörter zu finden, die eigentlich passen würden, für mein Empfinden aber noch nicht genügend Schmackes haben. Nach solchen Recherchen werden meine Sprüche meistens besser. Bestimmt wäre es bei dir auch so – du kannst es ja mal versuchen.

Letztlich aber gilt nur: Wenn es deinem Geschmack entspricht, dass sich deine Zaubersprüche wie spleenige Nonsens-Gedichte anhören, ist nichts dagegen einzuwenden. Du möchtest lieber, dass sie wie Passagen eines wilden Rap-Battles tönen? Lass dich nicht aufhalten! Und solltest du auf eine blumige, locker-flockige Sprache stehen, die hübsch und vielleicht auch etwas entrückt klingt, dann ist *das* eben der Stil, in dem du deine Zaubersprüche schreibst.

Solltest du beim Entwurf eines Zaubers einmal nicht weiterkommen, kann es hilfreich sein, ihn in drei Teile zu untergliedern:

Teil 1:
Erkläre die Absicht, und symbolisiere das Problem

Im ersten Teil deines Zaubers wirst du wahrscheinlich verbal oder symbolisch erklären wollen, was du verbessern möchtest. Leg ein paar Gegenstände aus, die für die Veränderungen stehen, die du in die Wege leiten willst, und sprich ein paar Worte, um deine Intentionen für die Zukunft zu bekräftigen.

So kann etwa eine mit roter Schnur umwickelte – gefesselte – Puppe den Liebeskummer repräsentieren, den du heilen möchtest. Tarotkarten können für ein familiäres Problem stehen, das du zu lösen versuchst, und eine nicht angezündete Kerze kann den idealen Job symbolisieren.

Teil 2:
Fokussiere dich auf dein Ziel, und mobilisiere deine gesamte Kraft

Im zweiten Teil hast du die Chance, dir das erhoffte Ergebnis deines Zaubers zu Herzen zu nehmen und dir von dort aus in den Kopf steigen zu lassen, wenn ich das mal so ausdrücken darf.

Konzentrier dich mit aller Kraft auf die Größe deines Wunsches und darauf, und wie sehr du dir seine Erfüllung herbeisehnst. Dabei kannst du visualisieren, chanten oder trommeln und hochenergetisch aufgeladene Worte sagen, die die Veränderung in Gang zu setzen.

Um die Beispiele aus dem ersten Teil wiederaufzunehmen: Jetzt ist es an der Zeit, die rote Schnur durchzuschneiden, mit der die Puppe gefesselt war, als Symbol für die Verbesserung der Familiendynamik weitere Tarotkarten hinzuzufügen oder in Sachen Arbeitsplatz die Kerze anzuzünden. Während des gesamten zweiten Teils der Zeremonie bleibst du auf deinen Wunsch und deine Kraft fokussiert, ihn zu realisieren.

Teil 3:
Schick deinen Wunsch ab – und zwar mit Karacho

Wenn du dir Teil 1 als das Anzünden einer Lunte vorstellst und Teil 2 als ihr Abbrennen – nun, dann entspricht der dritte Teil der Explosion der Ladung. Das ist der Moment, in dem du deinen Zauber loslässt.

Viele Hexen tun dies, indem sie ein paar Worte von sich geben, aus denen in etwa hervorgeht, dass die Absicht nunmehr das Haus verlassen habe und hochoffiziell auf dem Weg in die Wirklichkeit sei.

Ich persönlich sage, wie bereits erwähnt, meistens: »Dies ist der von Herzen kommende Wille einer Hexe. So möge es sein.« Denn das verleiht dem Ganzen noch etwas mehr Nachdruck, wie ich finde. Du musst aber auch kein einziges Wort verlieren. Vielleicht machst du als Symbol für deine magischen Intentionen lieber eine bestimmte Bewegung oder ein Geräusch? Und es soll auch Magier:innen geben, deren bevorzugte Anschubkraft ein guter alter Orgasmus ist.

An dieser Dreiteilung kannst du dich beim Zaubern gern orientieren, ein Muss ist es aber nicht.

VERSCHIEDENE KATEGORIEN VON ZAUBEREI

Wenn du dich in Büchern oder online übers Zaubern informierst, stellst du fest, dass immer mal wieder neue Motive und Techniken aufkommen. Dabei ist an altbewährten Varianten wie Kerzen- oder Puppenmagie absolut nichts auszusetzen. Sie sind schließlich nicht grundlos so beliebt! Doch natürlich darfst du auch jederzeit etwas Neues ausprobieren. Die folgenden Beispiele können dir, hoffe ich, bei der Orientierung helfen.

Mondmagie

Jeder Mondphase wird eine bestimmte Bedeutung zugewiesen. So dürften beispielsweise die meisten Hexen den Vollmond als Symbol für Vollendung und Fülle auffassen und den Neumond mit Neuanfängen assoziieren. Du kannst dich jedoch auch von deinem persönlichen Standpunkt aus mit den Mondphasen befassen und sie ganz anders interpretieren. Und unabhängig davon, in welcher Phase sich unsere Freundin Luna gerade befindet, kannst du dich ihrer immensen Kraft jederzeit versichern, dich von den Wogen ihrer Güte erfassen lassen und diese in dein magisches Wirken einbeziehen.

Schau doch mal, wie sich die verschiedenen Mondphasen auf dein Hexen und Zaubern auswirken. Du kannst die lunare Energie nutzen, um dir nahestehende Menschen zu beschützen, sie anzuleiten oder zu stärken, um deine Projekte abzusichern und deine Träume zu beflügeln. (Dasselbe gilt übrigens für die Energie aller natürlichen oder menschengemachten Phänomene. So kannst du etwa auch die Energien eines verlassenen Hauses, einer Gänseschar, des Elements Wasser oder auch die eines Sportwagens für deine magischen Zwecke mobilisieren.)

Kerzenzauber

Kerzen eignen sich gut als Symbol für dein glühendes Verlangen, ein Ziel zu erreichen. Dabei stünde eine angezündete Kerze für die Fortschritte, die du machst, also für deinen zunehmenden Erfolg: Je weiter sie runterbrennt, desto näher kommst du deinem Triumph. Aber eine Kerze kann auch das Licht der Erkenntnis repräsentieren. Während sie brennt, gelangst du zu neuen Einsichten und erkennst in ihrem Licht die Wahrheit.

Die Kerze als solche kann aber auch stellvertretend für etwas stehen, was du nicht länger haben willst – etwas, was du mit gezielter Hexenintention reduzieren und ablegen möchtest.

In einem Zauber habe ich einmal eine Kerze als Symbol für den Liebeskummer genommen, den ich nach einer schmerzlichen Trennung empfand. Die Kerze hatte eine Brenndauer von dreißig bis vierzig Stunden, und ich habe Runen in das Wachs geritzt, die Heilung und Befreiung bedeuten. So stellte ich die Kerze in die Mitte meines Altars. Jedes Mal, wenn sie angezündet war, schrieb ich Tagebuch, schrieb mir den Schmerz vom Leib, den ich empfand, und schickte mir sowie der anderen Person, die in die Situation verwickelt war, heilsame Energie. Während die Kerze runterbrannte, arbeitete ich aktiv an meiner Heilung. Und nachdem sie schließlich vollends verlöscht war, hatte ich ihr ein magisch inspirierendes Lehrstück in Sachen Verantwortung zu verdanken.

Beim Zaubern können Kerzen auch Personen repräsentieren. Welche Bedeutung könnte es haben, wenn eine dich symbolisieren würde? Dass du endlich aus dem tiefen dunklen Tal des Liebeskummers herauskommst? Dass du ein Licht in der Finsternis sein kannst? Oder ist die Kerze vielleicht eher Sinnbild deiner strahlenden Attraktivität, die alsbald zu einer glücklichen Partnerschaft führen wird?

Puppenmagie

Die Puppen oder Püppchen, die ich meine, können aus Wachs, Filz, Papier, Stroh oder anderen Materialien sein. Menschengestalt jedoch müssen sie nicht unbedingt haben, manche sind auch herzförmig oder einem Tier nachempfunden. Du kannst sie fertig kaufen oder dir selbst eine basteln (siehe Kapitel 11: »Tools«). Und ähnlich wie Kerzen können diese Puppen auch Menschen repräsentieren, dich oder jemand anderen.

»Badest« du eine in getrockneten Lavendelblüten, so ziehst du damit Frieden und Ruhe in dein Leben. Versiehst du den Hals der Puppe mit einem Symbol oder einem Kristall, verbessert sich dadurch die Fähigkeit, offen deine Meinung kundzutun. Willst du dich oder eine geliebte Person aus einer doofen Situation befreien, kannst du die Puppe symbolisch fesseln und dann die Schnur durchschneiden.

Schnüre durchtrennen

Bei dieser Art des Zaubers geht es um die Befreiung von etwas, an das du noch irgendwie gebunden bist: Sei es eine Person, dein Zuhause, der Beruf, Einstellungen, was auch immer. Dass diese Bindung weiterhin besteht, kann daran liegen, dass du selbst immer noch emotional engagiert bist, oder hat womöglich auch mit der Energie zu tun, die sich trotz deiner Versuche, dich aus der Situation zu befreien, nicht verändert hat.

Bei einem Trennungszauber kannst du dir vorstellen, dass die Schnur durchgeschnitten wird. Oder aber du kannst dich und das, was du loswerden möchtest, durch Platzhalter ersetzen und diese Gegenstände mit einer Kordel oder einem Band zusammenfügen. Dann nimmst du dein Athame oder eine Schere und trennst die Verbindung damit.

Verzauberungsmagie

Diese Variante hätte eigentlich den Titel des am häufigsten angewandten Zaubers verdient. Denn um ihr Ziel zu erreichen, üben sich ja zahllose Menschen auf der ganzen Welt in der Kunst des Glamours und Sich-Herausputzens.

Subtil oder radikal: Mit dieser Verzauberungsmagie kannst du auch die Fremdwahrnehmung deiner Person beeinflussen. Und das ist auf vielerlei Art und Weise möglich. Zum Beispiel mithilfe von verzaubertem Parfum, Schmuck beziehungsweise Outfit. Oder auch durch veränderte Bewegungen, Gesten und Sprechgewohnheiten.

Wie sieht's bei dir aus? Hättest du vielleicht Lust, einmal die Energie eines Rockstars, einer Top-Schauspielerin oder vielleicht sogar einer gesamten Epoche oder Musikrichtung zu channeln? Entscheidend bei der Verzauberungsmagie ist, dass du dir genau überlegst, was du ausstrahlen willst, und dann alles dafür tust, exakt den von dir beabsichtigten Eindruck zu vermitteln.

Bei dieser Form der Zauberei geht es nicht nur um Make-up oder Makeover, obwohl auch das dazugehört. Ausschlaggebend ist jedoch, dass du die gesamte Energie um dich herum veränderst und dafür sorgst, dass die Leute dich so sehen und wahrnehmen, wie du es dir wünschst.

Mag sein, dass du diese Form von Magie für ein übles Täuschungsmanöver hältst. Doch ich nutze sie nur, um Eigenschaften, die ich habe, bis an die Grenzen auszureizen, oder um in bestimmten Situationen sichtbarer zu sein und mehr Aufmerksamkeit zu bekommen. Angenommen, du willst auf einem Event jemanden dazu bringen, sich einen Eindruck von dir zu verschaffen, der nicht ganz den Tatsachen entspricht. Dann kannst du zum Beispiel den Glamour, den du ausstrahlst, zeitlich begrenzen, vielleicht am besten bis zum Ende der Veranstaltung.

Sigillenmagie

Unter einem Sigill versteht man ein Symbol, das für einen Wunsch von dir steht – es stellt im Grunde also das Logo deines Anliegens dar. Und tatsächlich wird jedes Sigill nur speziell demjenigen Ziel zugeordnet, das du gerade anstrebst.

Wie du dir ein Sigill erschaffst? Zum Beispiel, indem du deinen Wunsch in einem ganzen Satz aufschreibst, alle Vokale und jeden mehrfach auftretenden Konsonanten rausnimmst und die verbleibenden Buchstaben in Form einer aufregenden kleinen Grafik – eben besagtem Sigill – arrangierst.

Ich persönlich erstelle oft lieber eine Collage oder auch ein abstraktes Symbol, um das Ziel meines Zaubers auf Papier zu bringen. Was die Gestaltung deines Sigills betrifft, sind deiner Fantasie keinerlei Grenzen gesetzt – wirklich gar keine. Nicht einmal einen Stift musst du unbedingt zur Hand nehmen. Genauso gut kannst du nämlich als Sigill zum Beispiel ein akustisches Signal erstellen – indem du mit dem Telefon deine Stimme aufnimmst und sie dir wieder und wieder anhörst. Auch könntest du eine Folge von Tanzschritten zu einem Sigill erklären, ein GIF oder eine Auswahl bestimmte Emojis.

Nachdem dein Sigill erschaffen ist, fixierst du dich quasi darauf, verbindest dich mit seiner Bedeutung und lenkst einen Großteil deiner Energie und Aufmerksamkeit darauf. So kann es in dein Unbewusstes hinabsinken, wo es auf dich einwirkt und dich auf die Erfüllung deines Wunsches ausrichtet. Es hält Probleme und Schwierigkeiten von dir fern und schubst dich sanft in Richtung vielversprechender Chancen.

Gib deinem Unbewussten zunächst Gelegenheit, sich das Erscheinungsbild (oder den Klang) deines Sigills sowie seine Bedeutung einzuprägen, und tu dann etwas, um es zu »programmieren«. Es also mit deiner Kraft und deinen Intentionen aufzuladen. Das geht zum Beispiel, indem du das Sigill betrachtest, während du chantest, singst, trommelst, tanzt, Sport treibst, Atemübungen machst, masturbierst, Sex mit deiner Partnerin/deinem Partner hast oder was dir sonst noch so einfällt.

Nachdem es aufgeladen wurde, ist es an der Zeit, das Sigill zu zerstören. Zerreiß den Zettel, auf dem es steht, verbrenn ihn oder sieh sonst wie zu, dass er verschwindet. Der Wunsch ist in dein Unbewusstes vorgedrungen und beginnt sich nun auf dein Verhalten auszuwirken und dich dem von dir ersehnten Ergebnis auf Wegen näher zu bringen, die dir nicht einmal richtig bewusst sind. Als eine Art Navi, das dir die Richtung weist, ist das Sigill zu einem Teil deiner selbst geworden.

Sexmagie

Die Energie, die sich bei einer sexuellen Begegnung aufbaut, kann unglaublich stark sein. Viele Hexen nutzen den orgasmischen Zustand, um die daraus erwachsende Kraft während des Sexualakts in die Fokussierung auf ihre Ziele beziehungsweise auf ein Symbol dafür (zum Beispiel ein Sigill) zu lenken.

Die Partnerin/der Partner braucht nicht einmal unbedingt zu wissen, was du da tust. Trotzdem solltest du es der Person vielleicht besser erzählen – nicht, dass sie sich wundert, wenn du dich mit einem Mal anders verhältst als sonst. Sollte es sich bei ihr auch um eine Hexe handeln, freut sie sich vielleicht sogar, wenn sie das orgasmische Feuer in dir entfachen und dir so beim Zaubern helfen kann.

Tarot-Magie

Schnapp dir die Karten, und such drei aus: eine für dich, eine für das Hindernis und die dritte für die von dir gewünschten Lösungen und/oder Ergebnisse. Leg die Karten vor dir auf den Tisch, und mal dir aus, wie du dich einzeln durch die Dinge hindurcharbeitest, die sie symbolisieren. Gern kannst du die Geschichte, die dir die Karten erzählen – eine Geschichte von Erfolgen und großer Freude – auch laut aussprechen.

Außerdem lassen sich Tarotkarten als Talismane verwenden, die Schutz und Kraft versprechen. Leg dafür einfach eine Karte auf deinen Altar, und beschwöre ihre Kraft herauf, oder nimm sie mit, wenn du einer schwierigen Situation entgegensiehst. Solltest du unversehens in eine belastende Konstellation geraten, kannst du eine bestimmte Karte visualisieren, um ihre Bedeutung zu realisieren.

Elementarmagie

Erde, Luft, Feuer und Wasser stellen ein starkes Quartett dar, das sich symbolisch gut für die magische Arbeit nutzen lässt. So könntest du etwa als Sinnbild für Wachstum ein Samenkorn im Boden vergraben oder dich zwecks Schutz und Stärke mit Steinchen aus der Erde umgeben. Die Luft könnte deine Botschaften und Vorhaben in die Welt tragen – mit dem Rauch von Räucherwerk oder auch einfach nur beim Ausatmen. Im Feuer kann das Papier mit der Liste all der Dinge, die du loswerden willst, verbrennen; doch sein Licht vermag auch jemandem den Weg zu weisen, der sich verlaufen hat. Und das Wasser schließlich kann reinigen, heilen sowie für Klarheit sorgen – also nimm ein Bad darin, oder begieße etwas damit.

Maskenmagie

Das Tragen einer Maske kann sich anfühlen, wie in eine neue Rolle zu schlüpfen. Und hast du diese dann angenommen, kannst du womöglich Dinge tun, an die du dich zuvor nicht einmal zu denken trautest.

Für diese Art Zauber kannst du dir eine Maske basteln oder kaufen, die eine Gottheit repräsentiert, mit der du zusammenarbeitest. Das erleichtert es dir, deren Eigenschaften heraufzubeschwören und unter ihrem starken Einfluss magisch tätig zu werden.

Eine Maske kann aber auch einen bestimmten Charakterzug von dir repräsentieren und ihn, wenn du sie trägst, in den Fokus stellen. Oder sie symbolisiert dein zukünftiges Ich: Sobald du sie überstreifst, kannst du so tun, als ob, und daraus eine sich selbst erfüllende Prophezeiung machen.

Bannzauber

Hier handelt es sich um einen »Verschwinde-Zauber«. Mit anderen Worten: Du verrichtest ihn, wenn du jemanden oder etwas weghaben und fernhalten willst. Da dieses Verbannen etwas tricky sein kann, musst du genauestens auf die Wahl deiner Worte und Gesten achten, um einen unerwünschten Ausgang des Unternehmens zu verhindern. Aber wer würde schon behaupten, dass es im Leben nie Situationen geben könnte, in denen jemand oder etwas einfach wegmuss? Ich mein ja nur …

Du kannst eine Puppe aus biologisch abbaubarem Material hernehmen und sie verbrennen oder vergraben – als Symbol für das Verschwinden der Person, des Projekts oder der Situation, um die es eben geht. Vielleicht ist es dir aber auch lieber, wenn ein Servitor oder eine Gottheit diesen Jemand beziehungsweise dieses Etwas aus deinem Leben entfernt. Oder einen Schutzwall um dich herum errichtet, sodass dir diese Widrigkeit nichts mehr anhaben kann.

Andere Möglichkeit: Du könntest visualisieren, dass du den Unruhestifter mit einem Fußtritt über den Regenbogen beförderst oder das dusselige Projekt in Stücke zerfetzt und in den Weltraum schießt.

Bindezauber

Willst du jemanden »vor sich selbst beschützen«, kannst du ihn einem Bindezauber aussetzen. Und ja: Das gilt auch für den Fall, dass du selbst deine schlimmste Feindin sein solltest.

Der Bindezauber ist weniger massiv als das Bannen. Denn beim Binden wird die dir lästige Person nicht vollkommen deiner Einflusssphäre entzogen, sondern nur auf magische Weise entwaffnet, sodass sie dir nichts mehr antun kann.

Eine klassische Methode besteht darin, die betreffende Person in einer Situation zu fotografieren, in der sie gerade Ärger macht, und dieses Foto dann mit einem Tuch oder Band zu »bandagieren«. Auf diese Weise wird das problematische Verhalten quasi isoliert – mit dem Ergebnis, dass die Person kein Unheil mehr anrichten kann. Und sich vielleicht sogar verändert, wenn sie mag.

Statt mit einem Foto kannst du diesen Zauber auch an einer Puppe durchführen.

Verhexen und verfluchen

Da diese Begriffe schon gern einmal verwechselt werden, werde ich zunächst einmal versuchen, sie voneinander abzugrenzen: Beide Worte, sowohl »hexen« als auch »verfluchen«, bezeichnen eine Aktion, die jemandem Unglück bringt, die Person ins Elend stürzt oder ihr jedenfalls schadet. Allerdings impliziert der Ausdruck »verfluchen« nicht unbedingt, dass es sich um eine hexische Aktivität handelt. Denn auch Nichthexen reklamieren diesen Begriff für sich, zum Beispiel wenn sie behaupten, vom Schicksal oder von Gott verflucht worden zu sein, oder über einen Fluch sprechen, der angeblich auf ihrer Familie liegt.

Und »verhexen«? Bezeichnet – Überraschung! – die hexische Version ebendieses Vorgangs, bei dem jemand mit einem unguten Zauber belegt wird.

Manche Hexen definieren die beiden Begriffe jedoch auch etwas anders. In ihrem Verständnis bedeutet »verfluchen« etwas eher Grausameres und Dauerhafteres als »verhexen«. Während unter Letzterem mehr eine Arbeit zu verstehen wäre, in deren Folge jemand eine Pechsträhne durchlebt oder eine bestimmte unangenehme Erfahrung macht. Die Folgen eines Verhexens lassen im Laufe der Zeit nach oder sind von vornherein als kurzfristige Lektion gedacht. Im Vergleich dazu ist ein Fluch extremer. Denn er wirkt mitunter bis ans Lebensende oder sogar noch in der folgenden Generation.

Zur besseren Individualisierung von Flüchen oder Hexenzaubern wird oft eine Puppe verwendet. Der Klassiker: Die Urheberin überlegt sich, wo es dem anderen physisch oder psychisch wehtun soll, und steckt sodann Nadeln in die entsprechenden Körperstellen einer Puppe, die den bedauernswerten Widersacher symbolisiert.

Wer einen anderen verwirren und Unordnung in dessen Leben bringen möchte, kann die Puppe in der Luft herumwirbeln und sie schütteln, Kauderwelsch mit ihr reden oder sie bei starkem Sturm oder im Schneegestöber mit ins Freie nehmen.

Besteht das erwünschte Resultat darin, dass die zu treffende Person etwas verliert, was ihr sehr am Herzen liegt, bieten sich zur symbolischen Inszenierung dieses Verlustes Steine, eine Tarotkarte oder dergleichen an. Die Hexe kann dieses Symbol mittels einer Schnur mit der Puppe verbinden, diese Verbindung anschließend wieder trennen und dabei die Traurigkeit visualisieren, die das Opfer empfinden wird, sobald der Verlust eintritt.

Eine andere Technik des Verhexens oder Verfluchens einer Person besteht darin, eine detailreiche magische Geschichte zu schreiben, in der dieser Person allerlei Missgeschick widerfährt. Die Story kann dann an einem heiligen Ort laut vorgelesen werden, während die Hexe visualisiert, wie die beschriebenen Katastrophen nacheinander eintreten. Auch kann man einen Servitor erschaffen, dessen Aufgabe darin besteht, der anderen Person das Leben schwer zu machen.

Verhext und verflucht werden Leute meistens, um sie für ein Fehlverhalten zu bestrafen. *Verhexen* wollen könntest du etwa einen Expartner, der dich betrogen hat, während die schwereren Geschütze – *das Verfluchen* – Extremsituationen vorbehalten bleiben würden, einem Missbrauch zum Beispiel.

Eines allerdings muss auch gesagt werden: Das Verhexen und Verfluchen von Menschen wird in der Hexenwelt durchaus kontrovers diskutiert. Letztlich musst du deine Entscheidung selbst treffen – schließlich geht es ja um *deine* Praxis. Während manche Hexen der

Meinung sind, dass sich schlechte Taten ganz von allein rächen, vertreten andere die Auffassung, Aufgabe der Hexenkunst sei es, für Gerechtigkeit zu sorgen, und scheuen an dieser Stelle auch nicht davor zurück, sich die Hände schmutzig zu machen. (Im Kapitel 18: »Ethik« erörtere ich einige der ethischen Fragen, die im Zusammenhang mit dem Verhexen und Verfluchen auftreten können.)

Schutzzauber

Nachdem wir nun ausführlich übers Hexen und Verfluchen gesprochen haben, scheint es mir doch an der Zeit, darauf hinzuweisen, dass einer der Schwerpunkte in der Magie das *Schützen und Beschützen* ist. Schützen oder beschützen kannst du deinen Besitz, deinen Körper, ein Projekt, eine Freundin in Not oder auch eine ganze Community. Du kannst das Objekt deiner schützenden Energie in hochschwingendes weißes Licht getaucht visualisieren. Oder alternativ ein Symbol für dieses Objekt »real« mit einem Schutzring aus Salz, Kristallen, Mond- oder Regenwasser umgeben. Sprich ein paar kraftvolle Worte, und gestalte deine Intentionen für eine sichere, starke Zukunft des zu schützenden Objekts so unwiderstehlich wie nur möglich.

Segnen und reinigen

Manchmal fühlt sich die Energie, die einen Menschen, einen Ort oder ein Projekt umgibt, so unangenehm oder massiv an, dass sich eine Reinigung empfiehlt. Die Methode, die ich dafür im Kapitel über die spirituelle Hygiene erläutert habe, lässt sich auch auf das Zaubern anwenden. Mit ihrer Hilfe kannst du Energien neutralisieren oder ihre Schwingungen erhöhen, damit sie sich optimistischer und positiver anfühlen.

Vertreibe alle Energien, die du als destruktiv oder beängstigend empfindest, und segne alles, was du reinigst, indem du es mit deinem Hexensiegel für Glück und hohe Schwingungen versiehst.

Kunstmagie

Beim Zaubern kannst du deine künstlerischen Schöpfungen für die verschiedensten Zwecken einsetzen. Zum Beispiel als Talisman gegen Versagen, Traurigkeit oder unvorhergesehene Hindernisse. Ein Kunstwerk kann aber auch für eine Person stehen, der du näherkommen möchtest, oder für ein Ziel, das du erreichen willst. Andere Möglichkeit: Du kannst eines deiner Bilder mit einer Menge guter Energien versehen und es dann aufhängen. Sodass alle, die in die Nähe kommen, seine freundlichen Vibes aufnehmen.

Bei der Entstehung deiner Werke kannst du superstrategisch vorgehen, um ein bestimmtes Ergebnis hervorzubringen, oder aber du lässt dich von deiner Fantasie und deinen Instinkten leiten und schaust, wo sie dich hinführen.

Nachdem dein Werk seinen Zweck erfüllt hat, stehen dir wieder verschiedene Optionen offen: Du kannst es zerstören, wenn du magst, oder es als Erinnerung an deine Kraft und Kompetenz behalten. Und selbstverständlich kannst du jedem Werk von dir auch gute Wünsche mitgeben und es einem Menschen schenken, den du magst.

Mit Nadel und Faden

Du willst deine Alltagsklamotten zu magischen Utensilien machen, die dich stärken und zu deinem Schutz beitragen? Zu diesem Zweck kannst du etwa ein mit einem Sigill versehenes Etikett in einen Pullover nähen oder eine Jacke mit verzauberten Perlen oder Pailletten verzieren.

Auch kann deine Kleidung Botschaften und Energien aussenden, die dir helfen, Freundschaften zu schließen, potenzielle Partnerschaften anzubahnen, dir deinen Traumjob zu angeln et cetera.

Energiegeschenke

Bist du schon einmal in einen Raum voller Menschen gekommen und hast mit deiner hochfrequenten Schwingung und der von dir ausgehenden freudvollen Energie die gesamte Atmosphäre verändert? Einfach unglaublich, wie ansteckend Optimismus und gute Gedanken sein können! Wann immer du dich bewusst dafür entscheidest, einer angespannten oder lustlosen Stimmung mit positiven Vibrations zu begegnen, verbesserst du die Laune aller Anwesenden. Das funktioniert bei schwierigen Konstellationen am Arbeitsplatz, aber auch, wenn ein dir nahestehender Mensch im Stress ist und du ihm helfen willst, sich zu entspannen.

Magie der Erinnerungen

Such dir im Gewebe deiner Vergangenheit Orte, an denen du Geheimnisse hüten, Ideen ausbrüten und wieder zu dir kommen kannst. Bieten sich dafür vielleicht deine Lieblingsverstecke aus der Kindheit an? Oder ein Urlaubsort, der dir schon zu guter Laune verhilft, wenn du nur an ihn denkst? Umgekehrt kannst du genauso gut zu den Dingen zurückgehen, die in deiner Erinnerung heute noch schmerzen, und sie ein Vollbad in heilender Absicht nehmen lassen. Stell dir deine Erinnerungen als Orte vor, an denen sich, wenn du magst, Transformationen anbahnen lassen.

Geschichten

Kreatives Schreiben kann dir helfen, deine Wünsche und Sehnsüchte lebendig zu machen. Hau deine wildesten Visionen aufs Papier oder in ein Dokument auf deinem Laptop oder Telefon. Spür beim Schreiben die Lust auf die Verwirklichung deiner Wünsche und Sehnsüchte, und sieh zu, dass diese Lust deiner Geschichte die magische Kraft verleiht, sich zu materialisieren.

Um ein optimales Resultat zu erzielen, liest du die fertige Story laut vor, und zwar am besten in einem heiligen Raum. Bei der Form,

die du für dein Schreiben wählst, bist du frei: Du kannst mit Kurzgeschichten arbeiten, von denen jede an einem anderen Ort spielt
und mit neuen Charakteren aufwartet, oder aber auch ein länge-
res, fortlaufendes Werk erschaffen, das auf einem Haupthandlungs-
strang mit bestimmten Charakteren beruht, die an klar definierten
Schauplätzen agieren.

Magische Playlists

Um ein Ziel, das du erreichen willst, oder ein Gefühl, das du dir
wünschst, zu umreißen, kannst du verschiedene Musikstücke zusammenstellen. Dafür bieten sich neben neuen Tracks, die es zu
entdecken gilt, auch Songs an, die dir schon länger ans Herz gehen
oder den Wunsch in dir erwecken, dir deine Macht zurückzuholen.
Spirituell ist Musik ein wahres Wundermittel; und eine sorgfältig
erstellte Playlist mit Stücken, die dich in eine bestimmte Stimmung
versetzen oder dich inspirieren, stellt ein verlässliches Instrument
dar, um Veränderungen auf den Weg zu bringen.

Du kannst dir diese Playlist von Anfang bis Ende anhören, während du deinen Erfolg visualisierst, oder den Shuffle-Modus aktivieren und dem Kosmos dabei helfen, deinen Zauber klangvoll ins
Werk zu setzen.

Food-Magie

Die Verzauberung von Lebensmitteln stellt eine perfekte Möglichkeit dar, dir deine magischen Intentionen buchstäblich einzuver-
leiben. So kann aus einer Frucht, einem Energieriegel oder einem
Teller Pasta ein irre potentes Zaubertool werden, dessen Kraft du in
dem Moment freisetzt, in dem du es zu dir nimmst.

Wenn du Nahrungsmittel verzauberst, die du nachher in Gesellschaft verzehrst, dann kommt eventuell die ganze Gruppe in den
Genuss deiner Magie und der guten Absichten, die du damit verbindest.

Verzaubern kannst du auch haltbare Snacks und Knabbereien, damit sie dich jederzeit mit allem versorgen, was du gerade brauchst. Eine Tüte Süßigkeiten im Handschuhfach wiederum kannst du magisch aufladen, damit dir ihr kalorienreicher Inhalt in stressigen Verkehrssituationen zu Ruhe und Umsicht verhilft.

Fiction- und Game-Magie

Was hängen wir emotional nicht manchmal an bestimmten Filmen, Büchern und Videospielen! Stunden um Stunden halten wir uns in den Welten auf, die sie uns eröffnen – wie also könnten wir ihr magisches Potenzial übersehen?

Dein Lieblingsbuch kann dir helfen, einem Raum seine schlechte Energie zu nehmen; eine besonders bewegende Film- oder Videospielszene bietet sich womöglich als Symbol für etwas an, was du in deinem Leben erreichen möchtest. Denn warum eigentlich sollte sich beispielsweise ein Racing Game nicht als Sinnbild für deinen Befreiungskampf aus der gegenwärtigen Situation/Position/Beziehung und für deinen Aufbruch in eine neue Welt eignen?

Internet-Magie

Verschiedene Aspekte deines magischen Wirkens kannst du bestimmten Suchworten, Websites, Memes oder auch Emojis zuordnen.

Willst du also etwa jemandem eine bestimmte Energie zukommen lassen, magst du der Person vielleicht ein bestimmtes Emoji schicken. Oder wünschst du dir selbst mehr von einer bestimmten Energie? Dann könntest du gezielt eine entsprechende Website besuchen oder einen passenden Kanal. So ungewöhnlich wäre das gar nicht, denn überleg doch mal: Wie viele Menschen schauen sich begeistert Videos eines bestimmten Typs an oder folgen einschlägigen Hashtags, wenn sie ein bestimmtes Gefühl in sich erzeugen wollen? Diese Leute verzaubern sich im Grunde selbst, sind sich dessen aber gar nicht bewusst – und können deshalb vielleicht auch nicht optimal davon profitieren.

— ✦ —

Führ diese Liste immer weiter, und lern noch andere magische Techniken hinzu. Probier möglichst viel aus, damit du herausfinden kannst, welche Arten von Zauber optimal wirken und deiner Praxis auf die Sprünge helfen. Natürlich kannst du auch zwei oder mehr Zaubertypen kombinieren. Also zum Beispiel verschiedene Situationen oder Menschen durch Tarotkarten symbolisieren, eine Kerze anzünden, die deinem Wunschergebnis gewidmet ist, und ihr beim Abbrennen zuschauen, während du eine magische Playlist laufen lässt.

Genau, Sönnchen: Schmeiß die verschiedenen magischen Ingredienzien alle in deinen Kessel, und vermische sie zu deiner knallbunten Rezeptur hexischer Verzauberung!

SCHREIB'S AUF

◊ Erstelle eine Liste mit Adjektiven, die beschreiben, wie deine ganz persönliche Zauberkunst aussehen und sich anfühlen soll. Wobei es hier kein »Richtig« oder »Falsch« gibt. Worte wie »durchdacht«, »prachtvoll« oder »mysteriös« können genauso passend sein wie »chaotisch«, »durcheinander« und »unkonventionell«. Du weißt schon: deine Zauberkunst, deine Methoden, deine Regeln – beziehungsweise deren Fehlen.

◊ Welche Zauberarten und Ideen würdest du gern mal selbst ausprobieren, und wofür würdest du sie jeweils einsetzen wollen? Dabei kannst du dich an meiner Liste orientieren oder woran immer du willst. Begründe deine Entscheidungen bitte schriftlich.

PROBIER'S DOCH MAL

◊ Such dir im Internet zwei bis fünf Zauber aus – Liebes- oder Geldzauber, zur Verbesserung deiner Arbeitssituation oder was auch immer ... Du hast die Wahl. Schau dir jeden dieser Zauber einzeln an, überlege, was dich an ihm inspiriert und was dir weniger zusagt. Variiere dann die einzelnen Komponenten, und spiele so lange mit ihnen, bis dich die Ergebnisse überzeugen.

◊ Überleg dir einen Zauber, der irgendwie untypisch für dich ist, und führ ihn aus. Schau dir das Ergebnis genau an. Manchmal kann es einen ganz schön weiterbringen, wenn man seine Komfortzone mal verlässt. Dabei entdeckst du vielleicht neue Techniken, die du gern in dein Repertoire aufnimmst.

RITUALE UND ANDERE HEXISCHE AKTIVITÄTEN

Ein Ritual ist ein äußerst effektiver Akt von großer Bedeutung. Im Unterschied zu Zaubern, die spezielle Resultate hervorbringen sollen, geht es bei Ritualen weniger um Veränderung als darum, die Gegebenheiten zur Kenntnis zu nehmen und anzuerkennen. Interessanterweise können Rituale jedoch durchaus Transformationen in die Wege leiten – meistens einen Wandel der eigenen Sichtweise und Emotionalität. Was daran liegt, dass Rituale eine tiefgreifende Akzeptanz deiner Erfahrungen und Gefühle ermöglichen. Deshalb verringern sie den Widerstand oder die Verleugnung, die den Umgang mit der Wirklichkeit zuvor zusätzlich erschwert haben.

Beim Zaubern hast du die Möglichkeit, deine Wünsche zu realisieren. Was aber gar nicht immer nötig ist. Denn manchmal wird dir vielleicht auch klar, dass dein Wunsch unrealistisch oder ungesund ist. In dieser Situation kann dir ein Ritual helfen, die Lage der Dinge zu durchschauen und dich nicht länger an die verzweifelte Hoffnung zu klammern, etwas ändern zu können.

Einem Zauber vorzuziehen sind Rituale auch, wenn du dir nicht hundertprozentig sicher bist, was genau du eigentlich erreichen willst. Vielleicht wartest du auch noch auf mehr Informationen, bevor du dich für oder gegen einen Zauber entscheidest. Kommt es aus diesem oder einem anderen Grund zu Verzögerungen, kann dir ein Ritual helfen, dich auf Unbekanntes vorbereiten, zur Ruhe zu kommen und dich bald etwas kompetenter zu fühlen.

Rituale können dich bei einer ganzen Reihe von Dingen unterstützen, beginnend bei der Akzeptanz der Wahrheit über die Befreiung von Spannungen bis hin zur Verarbeitung schwieriger Emotionen und der Vorbereitung auf etwas Neues.

Und es gibt ja auch jetzt bereits im Alltag alle möglichen Rituale, die eine Bedeutung transportieren und uns helfen, die Dinge des Lebens zu verarbeiten: kulturelle und religiöse Rituale anlässlich bestimmter Meilensteine wie zum Beispiel Geburt eines Kindes, Erreichen der Volljährigkeit, Eheschließung und Tod.

Auch im Zusammenhang mit dem Abschluss einer Ausbildung, dem Sieg in einem sportlichen Wettbewerb, einem neuen Job oder dem Umzug in ein neues Zuhause gibt es Rituale. Andere Traditionen entstehen im Familien- oder Freundeskreis und werden auch nur dort gepflegt. Und individuelle Rituale sind schließlich ebenso wirkmächtig wie weit verbreitet. Vielleicht hast ja du auch kleine Gesten, die du immer machst, wenn du dir etwa Glück wünschst, eine Entscheidung treffen musst oder dir den Weg zur Arbeit verschönern möchtest.

Rituale stellen den psychedelischen Faden dar, der das Gewebe des Lebens durchzieht, es bunter und interessanter macht.

Wann immer du als Hexe bewusst ein Ritual entwirfst und durchführst, bestätigst du damit auch die Wichtigkeit solcher Bräuche und hebst deren Sinn und Vielfalt auf die nächsthöhere Ebene.

Auch in der Hexenkunst kannst du (genau wie es bei den gerade erwähnten nicht magischen Traditionen der Fall ist) ein Ritual im Laufe der Jahre immer wieder durchführen. Aber du kannst dir auch Rituale zum einmaligen Gebrauch einfallen lassen. Vielleicht möchtest du zum Beispiel den Vollmond immer mit demselben Ritual feiern – im Rahmen einer Zeremonie für die Göttin, mit der du besonders häufig zusammenarbeitest.

Ziehst du dagegen in ein neues Zuhause um oder möchtest eine Freundschaft beenden, könnte ein eigens zu diesem Zweck entworfenes Ritual eine gute Idee sein.

Wann immer dir ein Ritual geboten scheint, kannst du wählen, ob du etwas Neues machen oder auf Bewährtes zurückgreifen willst. Rituale müssen nicht vorab minutiös geplant und geprobt werden (obwohl natürlich auch nichts dagegen spricht). Manche scheinen dich geradezu anzufliegen, sodass du dich dem Flow hingeben und die Dinge sich einfach von selbst entwickeln lassen kannst. Einige meiner Lieblingsrituale sind so entstanden. Aber ja, an anderen habe ich auch Stunden gearbeitet und mir jeden Schritt einzeln aufgeschrieben.

Wie du's am besten machst, hängt ganz davon ab, wie du dich in der jeweiligen Situation fühlst und was du für erforderlich hältst.

VERSCHIEDENE ARTEN VON RITUAL

Werfen wir nun einen Blick auf die verschiedenen Möglichkeiten. Aber auch hier gilt: Die Liste ist keinesfalls vollständig. Es gibt so viele weitere Varianten – und dir fallen bestimmt auch noch einige ein ...

Zur Feier des Tages

Willst du Ereignisse würdigen, die dein Leben entscheidend geprägt haben, stellen Rituale dafür eine hervorragende Möglichkeit dar. Das Spektrum feierlicher Rituale umfasst zum Beispiel Dankesreden (mit oder ohne Ausbringen eines Trinkspruchs), musikalische Darbietungen, Gesang, Tanz oder auch den gemeinsamen Genuss eines süßen Backwerks. Und, ja, all das kannst du auch in einem einzigen Ritual unterbringen. Denn du weißt ja: Nichts ist unmöglich!

Verehrung

Bei dieser Art von Ritual richtest du dich an eine Gottheit, verstorbene Verwandte, eine Ikone, einen Ort oder auch an den ganzen Planeten. Diesem Objekt deiner Verehrung widmest du eine Rede, bringst ihm Opfergaben dar oder kreierst ein Kunstwerk, um Bewunderung und Dank zum Ausdruck zu bringen. Hier geht alles, was dir in den Kopf kommt und was du für angemessen hältst. Und sicher: Ein solches Ritual kannst du sehr wohl auch für dich selbst durchführen. (Lass dir da bloß nicht das Gegenteil einreden!)

Hingabe und Weihe

Wenn du dir eine engere Beziehung zu einem Wesen wünschst, mit dem du zusammenarbeitest oder dich beschäftigst, möchtest du dich ihm vielleicht weihen. Diese Art von Ritual stellt ein Symbol für deine Hingabe dar. Sie zeugt von deiner Absicht, kontinuierlich etwas von dem betreffenden Wesen zu lernen, ihm eventuell regelmäßig Opfergaben darzubringen oder anderweitig mit ihm in Kontakt zu bleiben.

Du kannst ein solches Ritual auch durchführen, wenn du dich auf eine neue Praxis beziehungsweise ein neues Forschungs- oder Interessensgebiet festlegen oder eine destruktive Angewohnheit ablegen willst.

Weiter vorn im Buch habe ich über das Segnen von Gegenständen gesprochen, die wir zum Hexen verwenden. Solche Segnungen können insofern ebenfalls auch als Weihen betrachtet werden, als du dabei gelobst, das betreffende Objekt zu einem festen Bestandteil deiner Praxis zu machen, daraus zu lernen und nur für gute Zwecke einzusetzen.

Heilen

Solltest du oder eine dir nahestehende Person eine Verletzung erlitten haben oder dich unwohl fühlen, kann ein entsprechendes Ritual sowohl die Bereitschaft zur schnellen Genesung symbolisieren als auch Ausdruck der festen Überzeugung sein, dass bald alles wieder gut wird.

Dabei kannst du eines der Wesen, mit denen du zusammenarbeitest, bitten, den Heilungsprozess zu überwachen, du kannst die Gesundwerdung visualisieren oder eine Handlung verrichten, die die Heilung versinnbildlicht.

Führst du das Heilritual für dich selbst durch, möchtest du vielleicht Dinge hinzuziehen, die dir deiner Erfahrung nach helfen, zum Beispiel ein bestimmtes Musikstück, das du sehr magst, oder etwas Gesundes zu essen.

Ausdruck von Emotionen

Wenn du weißt, dass es dir in einer bestimmten Angelegenheit schwerfällt, deine Emotionen auf die Reihe zu bekommen und sie zum Ausdruck zu bringen, kann ein Ritual ebenfalls sehr hilfreich sein. Ich persönlich genehmige mir gern einmal ein »Ins-Kopfkissen-Schrei«-Ritual, bei dem ich – was auch sonst! – den Kopf ins Kissen stecke und einfach eine Zeit lang brülle, so laut ich kann. Anschließend geht es mir dann immer gleich viel besser, ich fühle mich leichter und von einer Menge Zorn und Frust befreit – ohne dass die Nachbarn die Polizei verständigen mussten. Das in einen rituellen Zusammenhang zu stellen tut echt gut.

Manchmal schreibe ich auch Briefe, die ich nicht abschicke, in denen ich aber meinem Ärger Luft mache. Dann stelle ich mir vor, der Adressat stünde mir gegenüber, während ich ihm den Brief vorlese. Anschließend beende ich das Ritual meistens, indem ich das beschriebene Papier auf meinem Altar verbrenne. Manchmal ziehe ich es aber auch vor, den Brief in einen Umschlag zu stecken, diesen zu versiegeln und in die Schublade in meinem Altar zu legen. So kann ich ihn später wieder zur Hand nehmen, wenn ich in der Lage bin, die ganze Sache aus einem größeren Blickwinkel heraus zu betrachten.

Reisen und pilgern

Rituale, in denen es um eine imaginierte oder reale Reise geht, können superspannend und von großer Bedeutung sein. Vielleicht magst du das Reich einer Gottheit visualisieren, mit der du zusammenarbeitest, oder das Land der Ahnen, in dem du deinen Vorfahren begegnen kannst. Auch könntest du dir eine Reise in einen Teil deiner Psyche ausmalen, der Heilung oder Aufmerksamkeit benötigt. Oder du möchtest vielleicht an einen bestimmten Punkt in deiner Vergangenheit zurückreisen, um mit der damaligen Zeit Frieden zu schließen.

Bevor du allerdings aufbrichst, solltest du dir genau überlegen, was du mit dieser Reise erreichen möchtest. Ach ja, und Reisen an einen physisch realen Ort sind für diese Art Ritual natürlich auch geeignet. So kannst du zum Beispiel einen Wald, einen Irrgarten, eine Stätte von spiritueller Bedeutung, eine weltliche Sehenswürdigkeit oder auch etwa eine Statue auf einem Herrensitz besichtigen, dich dort umsehen und intuitiv bewegen. Ein Rundgang in einer Kunstgalerie oder einem Museum wiederum könnte für eine Pilgerreise stehen und Dank, Inspiration oder persönliches Wachstum symbolisieren.

Selbstachtung und -fürsorge

Rituale kannst du auch durchführen, um deine Fortschritte zu feiern und anzuerkennen, wie weit du es schon gebracht hast. So könntest du dir etwa ein Gläschen Sekt gönnen oder etwas Köstliches essen oder eine Rede auf dich halten, in der du deine Errungenschaften oder positiven Eigenschaften hervorhebst.

Für ein Ritual dieser Art hast du vielleicht Lust, dich besonders hübsch anzuziehen. Zur Erinnerung kannst du ein paar Selfies oder andere Fotos machen.

Eine gute Maßnahme in Sachen Selbstfürsorge ist auch ein wohliges Bad oder im Schlafanzug unter einer Wolldecke ein schönes

Buch zu lesen. Eventuell magst du dich von einer Puppe symbolisieren lassen, der du applaudierst, während du ihre Erfolge lobpreist oder sie in die Decke wickelst und ihr ein Schlaflied singst.

Etwas vorbereiten und willkommen heißen

Vielleicht stellst du dich auf etwas Neues ein, eine neue Wohnung, auf die Geburt eines Kindes, einen neuen Job, ein Projekt oder ein Haustier, das bei dir einziehen wird. Oder du siehst einem wichtigen Ereignis entgegen, wie etwa einer großen Feier, einer Beerdigung, einem ersten Date oder einem jener entscheidenden Gespräche, die man manchmal mit Partner:innen oder im Kollegenkreis führt.

Worum es auch gehen mag: Ein Ritual, in dem du deine Bereitschaft bestätigst, dich darauf einzulassen, ist definitiv keine schlechte Idee. Dabei kannst du zur Vorbereitung auf das Kommende deine Energie oder deinen Raum reinigen. Aufräumen und neu ordnen wären ebenfalls eine Möglichkeit. Vielleicht liest du auch eine Art Willenserklärung vor oder suchst machtvolle Worte oder Objekte, die für deine Bereitschaft stehen, diese neue Erfahrung zuzulassen.

Loslassen ... und tschüss

Wenn dir klar ist, dass du dich von etwas oder jemandem abwenden musst, aber vielleicht noch nicht weißt, wie, dann kann dir ein Ritual helfen, den Abschied zu vollziehen. Ich etwa habe einmal als Symbol für jemanden, den ich verlassen musste, eine Tarotkarte gezogen. Und auf sie eingeredet, als hätte ich die Person vor mir, die mir Unrecht getan und mich schlecht behandelt hatte. Während ich mir diesen Menschen vorstellte, schüttete ich der Karte mein Herz aus. Danach ging ich von einem Zimmer meiner Wohnung ins nächste, auf den Balkon raus und schließlich auf die Straße – alles ohne die Karte. Jede Stunde, die ich ohne sie verbrachte, stellte ich mir als ein ganzes Jahr vor, das ich außerhalb des Dunstkreises jener Person und des Schmerzes verbrachte, den sie mir bereitete.

Als ich mich nach Mitternacht zu der Tarotkarte zurückbegab, hatten sich meine Empfindungen der Person gegenüber, die sie symbolisierte, vollkommen verändert. Nach diesem saustarken Abschiedsritual konnte ich sie vollkommen los- und endgültig aus meinem Leben *ent*lassen. Wie um die Verbindung ein für alle Mal zu beenden und sie quasi zu beerdigen, legte ich die Tarotkarte ganz zuunterst in mein Deck zurück. Anschließend habe ich die Karten gereinigt ... und das war's dann.

Andere Trennungsrituale wären zum Beispiel ein Abschiedsbrief oder das Abhören einer Playlist mit Songs, die für deine unmittelbar bevorstehende Befreiung stehen.

Einschneidende Veränderungen, Übergangsriten

Die Erkenntnis, dass du von manchen Erfahrungen menschlich verändert und geformt wirst, ist ein super Grund für ein Ritual. Denk an Veränderungen, die große Bedeutung für dich haben oder von denen du dir das jedenfalls wünschst, und lass dir dafür passende Rituale einfallen.

Eine geschlechtsangleichende Operation, der Umzug in ein anderes Land, das Ende einer Beziehung, Beginn der Menopause oder Eintritt ins Rentenalter, der Verkauf deines Hauses oder andere Meilensteine ... das sind alles gute Gelegenheiten für ein Ritual zu Ehren einer Veränderung deines Lebens. Im Verlauf der Zeremonie kannst du Kleidung oder Schmuck wechseln, um diesen Umbruch zu symbolisieren, oder du verliest einen Abschnitt aus einem deiner heiligen Texte, in dem es um einen supercoolen Neuanfang geht. Und es gibt noch viele, viele andere Möglichkeiten. Lass einfach deine Fantasie von der Leine!

Sabbate

Im Kapitel 8, »Dein Hexenkalender«, haben wir uns bereits mit den acht Sabbaten befasst. Die Rituale, die du bei diesen Gelegenheiten durchführen kannst, sind irre vielfältig. Die Möglichkeiten reichen von Tanz, Sprechgesängen und Visualisierungen bis hin zu Ansprachen, dem Darbringen von Opfergaben und dem Konsum bestimmter Lebensmittel und Getränke.

Fokussiere dich auf die Thematik des Sabbats, den du feiern möchtest, und schau, was dir in den Sinn kommt. Vergiss nicht: In der Gestaltung deiner Sabbate bist du vollkommen frei, kannst bestehende Rituale nach Belieben variieren oder dir nagelneue einfallen lassen.

Geburts-, Gedenk- und andere Feiertage

Um selbst die Regie über Stoßrichtung und Energie von Geburts- und Gedenktagen sowie Festen wie Weihnachten und Ostern zu übernehmen, kannst du ein Ritual durchführen, das deine ganz eigene Handschrift trägt und dir ein authentisches Feiern ermöglicht. Für uns Hexen, die wir uns gerade im Hinblick auf große Ereignisse oft genötigt fühlen, Kompromisse einzugehen, kann das ein Riesending sein.

Mit welchem Ritual würdest du deinen Geburtstag feiern wollen? Ich mache es oft so, dass ich mir einen heiligen Raum erschaffe und den ganzen Tag mit der Schöpfung heiliger Kunst verbringe, die ich meinen Göttinnen, meinen Spirit Guides und mir selbst widme. Offizielle Festtage begehe ich gern mit rituellen Spaziergängen, die meine persönliche – unabhängige – Sicht auf sie widerspiegeln, mich an meine Eigenständigkeit erinnern und daran, dass es absolut nichts gibt, was ich tun müsste, nur weil die Gesellschaft es von mir erwartet.

Insbesondere, was christliche Feiertage und Traditionen betrifft, würde ich dir empfehlen, dich auf die Elemente zu konzentrieren, die vorchristlichen Ursprungs sind. (Dass es die gibt, wusstest du gar nicht, Freundin im Geiste? Dann mach dich auf eine schöne Überraschung gefasst.) Auch für Feierlichkeiten anlässlich von

Namensgebungen und Beerdigungen kannst du deine eigenen Rituale erschaffen.

Zur Gestaltung einer oft auch als »Handfasting« bezeichneten Hexenhochzeit findest du im Internet tonnenweise Vorschläge. Doch das Wichtigste: Natürlich bestimmst du selbst, wie du den womöglich schönsten Tag in deinem Leben gebührend feierst.

Wie deine Zauberzeremonien kannst du auch Rituale mit einer Energiereinigung und der Erschaffung eines heiligen Raumes beginnen, wenn du magst. Und anschließend kannst du die Energie auch wieder erden, etwas zu dir nehmen und den heiligen Raum aufheben. Das ist aber kein Muss. Alles kann geschehen – und in jeder beliebigen Reihenfolge.

Tu, wonach dir ist und was dir sinnvoll erscheint. Im Übrigen kannst du auch jedem Ritual einen Zauber hinzufügen, was sogar ziemlich cool ist. Dabei wäre das Ritual sozusagen das Papier, in das der Zauber eingewickelt wird – oder anders ausgedrückt: eine Schokopraline mit flüssigem Kern. Aber auch das muss nicht sein.

Viele der Rituale, die ich persönlich gern durchführe, zielen tatsächlich nicht auf bewusste Veränderungen ab, sondern würdigen einfach alles, was ist. So, wie es ist. Und das allein kann schon von außergewöhnlicher Durchschlagskraft sein.

SCHREIB'S AUF

◊ Regelmäßig oder auch nur ein einziges Mal praktiziert, durchsetzen Rituale das menschliche Leben wie funkelnde Edelsteine. Was wären wir ohne sie?

◊ Welche Rolle haben Rituale bisher in deinem Leben gespielt? Wie sieht es in der Gegenwart damit aus? Und was hast du diesbezüglich für die Zukunft vor?

PROBIER'S DOCH MAL

◊ Vergleiche ein eingehend vorbereitetes mit einem total spontanen Ritual. Überleg dir dafür als Erstes ein Thema oder eine Zielsetzung. Entwirf dann zunächst die geplante Variante. Führe sie aus, und denk in den darauf folgenden Tagen darüber nach. Anschließend ist es Zeit für das spontane Ritual mit demselben Thema oder derselben Zielsetzung. Denk auch über diese Erfahrung einige Tage lang nach – bevor du den Vergleich anstellst. Welches der beiden Rituale war überzeugender und warum?

◊ Denk an ein Ritual, an dem du oft teilnimmst. Sei es das sonntägliche Mittagessen im Familienkreis, ein Glücksritual, eine Pflegeroutine oder etwas, was du regelmäßig am Anfang oder Ende einer Woche oder eines Monats machst. Wie ließe sich dieses Ritual etwas »hexischer« gestalten? Verändere es so, dass es sich wie ein Ausdruck unserer Kunst anfühlt, und beurteile das Ergebnis.

ANDERE HEXENAKTIVITÄTEN

Und was gibt's sonst noch so? Denn natürlich sind Zauber und Rituale ja nicht alles. (Göttin sei Dank, sonst wäre die Chose ganz schön langweilig.)

Viele hexische Aktivitäten – von Meditieren und Visualisieren bis hin zur Spiegelarbeit und zu Affirmationen – lassen sich in Zauber und Rituale einbinden, können aber auch gut für sich stehen. Wenn du ehrlich zu dir bist, wirst du zugeben müssen, dass diese anderen Aspekte der Hexenarbeit sogar den größeren Teil ausmachen, weil es Hexen – die meisten jedenfalls – mit dem Zaubern und Rituale-Durchführen schließlich auch nicht übertreiben wollen. Ich jedenfalls kenne nicht viele, die … sagen wir mal: jede Woche oder so … einen Zauber wirken oder ein Ritual durchführen würden. Aber, hey, Sweety, wir sind hier ja nicht grundlos unter Rebel Witches: Also mach, wonach dir ist, und lass dir von mir nichts vorschreiben.

Diese »anderen« hexischen Aktivitäten verlangen in der Regel keine Vorbereitung – also kannst du sofort damit loslegen, jederzeit. Im Vergleich zu den Ritualen und Zaubern, bei denen du zunächst einmal die Energien reinigen, einen heiligen Raum erschaffen und/oder das Energielevel erhöhen musst, ist der Aufwand quasi gleich null.

Meditieren

Meditieren kann dir helfen, im Hier und Jetzt mit dir ins Reine zu kommen und das Leben intensiver auszukosten. Außerdem ist bekannt, dass es die Konzentrationsfähigkeit steigert – was für Magierinnen natürlich ein perfektes Training darstellt.

Meditationstechniken gibt es viele. Ich persönlich schätze am meisten geführte Meditationen und Binaurale Beats. Auch sage ich mir gern Mantras vor und lasse mir dabei die Perlen einer der vielen Gebetsketten durch die Finger gleiten, die ich besitze.

Du möchtest dich intensiver mit der Thematik beschäftigen? Über Philosophie und Theorie der Meditation gibt es viele gute Bücher. Die Praxis stellt dich vor die Herausforderung, dich geistig nicht zu fixieren, weder auf deine Fantasien noch auf deine Sorgen. Beim Meditieren lässt du einfach alle Gedanken, Gefühle oder auch

Erinnerungen zu, um sie letztlich nach Möglichkeit *los*zulassen und im Fluss der Gegenwart zu bleiben.

Visualisieren

Im Unterschied zur Meditation, bei der es darum geht, dich auf nichts zu fixieren, was du dir ausmalst oder was dich besorgt, besteht die Herausforderung beim Visualisieren darin, gedanklich an einer Vorstellung festzuhalten und dich total auf sie einzulassen.

Es gibt viele geleitete Visualisierungen, die du dir anhören kannst, oder du lässt dir selbst etwas einfallen. Ich persönlich habe schon manchmal eigene Visualisierungen für mich eingesprochen und aufgenommen, statt mich einer fremden Stimme anzuschließen, und muss sagen: Es war eigentlich immer ein voller Erfolg.

Reinigen, sauber machen und ordnen

Du hast einen Altar? Dann wirst du ihn immer mal wieder energetisch und/oder physisch reinigen wollen. Genauso, wie du das Tuch wechselst und die Gegenstände darauf neu arrangierst.

Ist dein Altar geistiger Natur, kannst du das alles auch tun oder dir etwas anderes einfallen lassen. Sodass die Gegenstände auf deinem Altar vielleicht von einem schillernden Einhorn geliefert werden. Oder du wirfst die Tools, die du nicht mehr auf dem Altar liegen haben willst, einfach ins Meer, wo sie sich auflösen wie Badebomben und aus dem Schaum der Wellen die neuen Instrumente geboren werden.

Tun und vorbereiten

Wenn du mal gerade keine lebensverändernde Magie und keine tiefgründigen Rituale vollführst, kannst du dich darauf vorbereiten. Beabsichtigst du, beim nächsten Ritual mit deiner Kristallkugel oder den Tarotkarten zu arbeiten? Nun, dann wirst du vorher vielleicht ein bisschen üben wollen. Du schreibst an einem Zauberspruch, den du in ein paar Tagen anwenden möchtest? Gut so: Kein Zeitpunkt eignet sich besser als der gegenwärtige Moment, um den Wortlaut so wirkmächtig zu gestalten wie nur irgend möglich. Du brauchst demnächst ein Zaubersäckchen? Dann vergiss nicht: Du musst noch Kräuter und andere Pflanzen aus dem Garten holen oder sie kaufen gehen.

Mit Karten arbeiten

Manche Hexen ziehen jeden Morgen eine Tarot- beziehungsweise Orakelkarte oder Rune für sich, notieren sich deren Kernaussage und nehmen diese mit in ihren Tag. Das kannst du auch machen, täglich, einmal die Woche oder wie es dir eben passt.

Fürs Arbeiten mit Karten gibt es vielerlei Möglichkeiten. So kannst du sie etwa zum Wahrsagen verwenden oder sie auch einfach um Botschaften einer Gottheit, eines Guides oder anderen Wesens bitten – und sie erhalten. (Mit der Divination beschäftigen wir uns ausführlich im nächsten Kapitel.)

Beten

Manche Hexen können das Wort »beten« überhaupt nicht leiden. Ich mag es mittlerweile eigentlich ganz gern, habe mich früher aber auch schwer damit getan und finde es völlig in Ordnung, wenn du ein anderes Wort verwendest.

Meiner Definition nach bedeutet »beten« nichts anderes, als dass du auf eine dir angenehme Art mit dem Göttlichen kommunizierst. Ich persönlich spreche oft mit meinen Lieblingsgöttinnen, bitte sie, mich durch den Tag zu begleiten, mir Antworten zu geben und mich nötigenfalls angemessen zu beraten. Ich danke ihnen, erzähle ihnen von meinen Problemen und bleibe dann einfach noch etwas sitzen, während ich ihre energetische Präsenz genieße.

Viele Leute machen das auch so mit den Geistern ihrer Ahnen oder mit ihren Spirit Guides. Vielleicht möchtest du das Göttliche oder eine bestimmte Wesenheit um eine Antwort bitten und notierst dir dann alles, was dir in den Kopf kommt. Natürlich kannst du die heiligen Worte, die aus deinem Mund strömen, genauso gut aufnehmen. Ich persönlich bete übrigens manchmal auch, indem ich mir im Spiegel auf meinem Altar selbst in die Augen sehe und würdigend die Göttlichkeit in mir wahrnehme.

Spiegelarbeit

Diese Technik eignet sich hervorragend für die persönliche Weiterentwicklung und Heilung. Kannst oder willst du keinen echten Spiegel verwenden, stellst du dir vor, in einen zu blicken, oder nimmst als Symbol für dich einen Gegenstand deiner Wahl. Schau dich an, und gib liebende, stärkende oder aufmunternde Worte von dir, die dir zu Herzen gehen, aber auch deinen Kopf ansprechen. Diese Übung kann dir und anderen über schlechte Zeiten hinweghelfen und die Selbsterkenntnis erweitern.

Ich persönlich schleudere meinem Spiegel auch gern die ganze Wahrheit entgegen, selbst wenn sie brutal oder beängstigend ist. Aber so fällt es mir leichter, die Ursache des jeweiligen Problems zu erkennen, was mir wiederum bei der Planung der nächsten – magischen oder weltlichen – Schritte hilft.

Tagebuch schreiben

Du kannst alles aufschreiben. Und kannst *auf* allem schreiben: auf losen Blättern, den Seiten eines Tagebuchs oder auch digital. In deinem Hexenjournal kannst du dich über deine spirituelle Entwicklung auslassen, auch Ideen für den nächsten Zauber oder das nächste Ritual festhalten und was nicht alles. Schreib über deine emotionalen Heilungsprozesse. Oder erstelle eine Dankbarkeitsliste; notiere dir, was du auf deinem Hexenweg als Nächstes hinzulernen möchtest ...

Andachten

Wenn du mit einer Wesenheit oder auch einfach mit den Energien des Planeten beziehungsweise Kosmos arbeitest, kannst du eine Andacht halten. Zum Beispiel (mündlich oder schriftlich) deinen Dank oder eine Lobpreisung aussprechen, eine Opfergabe darbringen und dein Engagement für die Beziehung bekräftigen.

Affirmationen

Unter einer Affirmation versteht man ein Statement, das innerlich stärkt, inspiriert und heilt. Im Internet gibt es ganze Listen mit solchen Sätzen, aber du kannst dir auch selbst welche überlegen.

Affirmationen sollen dir helfen, dich auf deine Ziele einzustellen, und deine besten Eigenschaften hervorkitzeln. Schreib sie auf, oder sprich sie laut aus. Hier sind drei gute Beispiele für effektive Affirmationen:

- »Ich liebe, akzeptiere und schätze mich und werde stets für meine Interessen eintreten.«
- »Weil mir meine körperliche Gesundheit am Herzen liegt, entscheide ich mich dafür, Sport zu treiben und mich ausgewogen zu ernähren.«
- »Ich lasse nicht zu, dass Leute mich mobben und meine heiligen Grenzen überschreiten.«

Trommeln, singen und chanten

Klänge, Rhythmen und Wiederholungen können eine therapeutische Wirkung haben. Auf viele Hexen übt Trommeln oder Singen einen beruhigenden und/oder stärkenden Effekt aus. Und oft braucht man ja genau den, um sich aufs Zaubern oder Durchführen eines Rituals vorzubereiten – oder auch einfach um dem Alltag fit entgegentreten zu können.

Was das Singen beziehungsweise Chanten betrifft, so kannst du Texte wählen, die für dich von Bedeutung sind, und Songs, die du schon seit Jahren liebst, altbewährte Sprechgesänge und Mantras et cetera. Scheu dich aber auch nicht, eigene Texte und Melodien zu entwerfen.

Und wenn du trommelst – dann lass dich einfach von deinem Gefühl leiten. Schließ dich dem Rhythmus an, folge der Magie der Wiederholung, und gib dich dem Flow hin. Lass den Beat sich von selbst entwickeln oder in Übereinstimmung mit etwas, was sich in deinem Kopf abspielt. Würdest du dir zum Beispiel vorstellen, einen Hügel runterzurennen, könntest du das Tempo des Trommelns deiner zunehmenden Laufgeschwindigkeit anpassen.

Klopfen

Bei der *Emotional Freedom Technique* (EFT, auch einfach »Klopfen« genannt) handelt es sich um einen therapeutischen Prozess, bei dem bestimmte Punkte am Körper beklopft werden, während man mehrfach eine Reihe von Sätzen ausspricht.

Diese Sätze, die von Mal zu Mal (also von einer Behandlung zur nächsten) variieren, richten sich nach deinen jeweiligen Bedürfnissen. Dem Vernehmen nach hilft EFT Menschen, sich von negativen Gewohnheiten und destruktiven Einstellungen zu befreien. Und ich kenne viele, die diese Wirkung bestätigen. Sollte dich die Methode interessieren, kannst du dich eingehender darüber informieren.

Lernen und recherchieren

Egal, ob du dich für Kräuterkunde, Mythologie, Tarot, Astrologie oder Hexentraditionen in den verschiedenen Kulturen interessierst: Sieh zu, dass du dir genügend Zeit nimmst, um zur Erweiterung deines Wissens die richtigen Bücher aufzustöbern und das Internet zu durchforsten.

Wenn du ein Zertifikat anstrebst, das du brauchst, um dich auf einem Teilgebiet der Hexenkunst weiterzubilden, lass dich nicht dazu verführen, die Arbeit aufzuschieben, zu der du dich verpflichtet hast.

Kurse gibt es für Kristallarbeit, Meditation, Rituale und vieles mehr. Solltest du dir nicht sicher sein, welcher Workshop für dich der richtige ist, schau dir vorher die Bewertungen im Netz an.

Kreativ werden

Künstlerisches Wirken und spirituelle Ambitionen werden bei dir ganz natürlich ineinandergreifen. Tanzen, singen, ein Instrument spielen, malen, Geschichten schreiben oder dichten – und damit ist die Liste noch lange nicht vollständig.

Als Rebel Witch kannst du das Verhältnis von Kreativität und Hexigkeit in deinem Wirken natürlich exakt so gestalten, wie es sich für deine Praxis richtig anfühlt. Dabei geht es keineswegs allein darum, Kunst und Musik in deine Zaubereien und Rituale einzuführen. Jenseits dessen könntest du mit deiner Kunst eventuell auch deinen Altar dekorieren, die Wesenheiten versinnbildlichen, mit denen du zusammenarbeitest, oder sie zur Unterstützung bei der emotionalen Heilung, der Schattenarbeit und so weiter nutzen. (Mehr über hexische Schattenarbeit erfährst du im 19. Kapitel.)

Jemandem helfen

Nicht allein Hexen zeichnen sich durch eine Art Dienstbereitschaft aus, sondern auch viele andere Menschen, die sich auf dem spirituellen Pfad befinden. Sich nicht nur um sich selbst zu drehen, sondern auch an andere zu denken und einen Beitrag zur Verbesserung der Welt zu leisten liegt für sie genauso nah wie für uns Hexen. Entscheide, auf welchem Gebiet du am hilfreichsten sein kannst, und investiere etwas Geld, Zeit und/oder Energie in die Förderung der Charity-Aktivitäten, die dir besonders am Herzen liegen. Spende, werde ehrenamtlich tätig, oder überlege, wie du mit deinen Fähigkeiten einer bedürftigen Person, wohltätigen Organisationen oder dem Planeten als Ganzem helfen kannst. Denn mit deinen Energien und Kompetenzen lässt sich bestimmt einiges reißen.

Wichtig ist allerdings auch, dass du dir nicht zu viel zumutest. Die Möglichkeiten, die wir haben, und die Grenzen, die uns gesetzt sind, sind immer unterschiedlich, je nachdem, wie es für uns gerade läuft. Deshalb bist du manchmal vielleicht in der Lage, mehr zu geben als zu anderen Zeiten. Schön. Manchmal sind wir aber auch im Überlebensmodus und müssen unsere Anstrengungen runterfahren, bis wir uns wieder stärker fühlen.

Statt deine Anstrengungen mit denen anderer Leute zu vergleichen oder dich zu Dingen zwingen zu wollen, die in dem Moment einfach unrealistisch sind, denk lieber daran, was du selbst leisten kannst. Verschenk vor allem kein Geld, das du nicht hast, und überanstrenge dich nicht.

Schlafen, kochen, Sport treiben, Liebe machen, Filme gucken, den Papierkram ordnen oder mit einer Freundin telefonieren ... all diese Tätigkeiten können wir auch als Bestandteile der Hexenkunst betrachten. Denn die meisten Aktivitäten lassen sich ja gut mit magischen Vibes pimpen, aus der Perspektive unserer Kunst heraus angehen und mit zauberhaften Intentionen versehen.

SCHREIB'S AUF

◊ Schau dir die Zusammenstellung der »anderen« Hexenaktivitäten noch einmal an. Und schreib auf je ein leeres Blatt Papier die Dinge, die bereits Bestandteil deines Hexenrepertoires sind oder mit denen du in allernächster Zeit anfangen willst. Was ist deiner Meinung nach so gut und wichtig an jeder einzelnen dieser Aktivitäten? Was findest du daran spannend? Und was eher nicht so? Versuch dir auf jedem Blatt möglichst viele Gedanken zu notieren.

◊ Lass dich – ebenfalls auf verschiedenen Blättern – über die Dinge auf der Liste aus, die dich weniger ansprechen und die du in absehbarer Zeit nicht ausprobieren möchtest. Warum gefallen sie dir nicht?

PROBIER'S DOCH MAL

◊ Entscheide dich für eine der »anderen Hexenaktivitäten«, die dir gar nicht zusagt, und – richtig geraten! – probier sie aus, damit du dir ein Bild von ihr machen kannst. Warst du womöglich angenehm überrascht? Oder hattest du recht mit deiner Vermutung, dass das Ding deinen Hexenkessel nicht gerade zum Blubbern bringen würde? (Und eines ist natürlich klar, Herzchen: Versuch nichts, was gefährlich oder ungesund sein könnte – unter gar keinen Umständen!)

◊ Entscheide dich für etwas, was du regelmäßig tust und als weltlich und völlig unhexisch einschätzt. Versuche, einen etwas magischeren Zugang dazu zu finden, und zwar von Anfang bis Ende. Anschließend analysierst du die Erfahrungen, die du bei diesem Experiment gemacht hast.

15

DIVINATION UND
KOSMISCHE FÜHRUNG

Ein Teil meiner hexischsten Hexenaktivitäten hat auch mit Divination zu tun – dem Versuch, mithilfe spiritueller Tools oder Praktiken zu Orientierung und Verständnis zu gelangen.

Sobald ich für Antworten aus Kanälen offen bin, die jenseits der gewöhnlichen anzusiedeln sind, fühle ich mich besonders eng mit meiner Kraft verbunden.

Und obwohl ich das Für und Wider bestimmter Entscheidungen gern unter dem Aspekt praktischer Überlegungen abwäge, ist mir doch auch bewusst, dass dieser Prozess seine Grenzen hat. Deshalb wünsche ich mir oft ein spirituelles Zeichen, das das Ergebnis meiner rationalen Reflexionen bestätigt. Und um einen solchen spirituellen Input zu erhalten, bediene ich mich dann der Divination.

Diese hilft mir auch, wenn mir irgendetwas ein komisches Gefühl bereitet, ich aber nicht den Finger darauf legen kann. Oder wenn ich mit all dem Staunenswerten um mich herum mal nicht klarkomme. Viele der Botschaften meiner Tarotkarten oder der Kristallkugel haben mich davon überzeugt, dass im Universum tatsächlich einiges zugange ist, was wir uns nicht erklären können. Und dass wir alle mit einer höheren Weisheit verbunden sind, die über das Rationale und Materielle hinausgeht. Diese Überzeugung stellt im Grunde den Kern meiner Hexenkunst dar.

Das Wort Divination wird im Allgemeinen als Synonym für Wahrsagung oder Mantik verwendet. Und zweifellos bedienen sich viele Hexen divinatorischer Methoden, um sich ein Bild von der Zukunft und der Wahrscheinlichkeit des Eintretens verschiedener Möglichkeiten zu verschaffen. Man kann damit aber noch eine Vielzahl anderer Dinge tun, zum Beispiel:

- Strategien für Projekte und Events entwickeln
- alltägliche Probleme lösen
- sich zwischen zwei oder mehr Möglichkeiten entscheiden
- emotionale Wunden heilen
- beruhigende Botschaften empfangen, wenn du besorgt oder gestresst bist
- deine Verdachtsmomente einer bestimmten Person oder Sache gegenüber bestätigen
- Funken kreativer Inspiration empfangen
- Prioritätenlisten erstellen, Reihenfolgen festlegen
- Empfehlungen von Wesenheiten wie zum Beispiel Gottheiten, Spirit Guides oder verstorbenen Vorfahren erhalten

UND SO GEHT'S

Bedienst du dich der Divination, um Antworten zu bekommen und Erkenntnisse zu gewinnen, kannst du dem Instrument, mit dem du arbeitest, gezielt eine Frage stellen oder dich auf ein größeres Gebiet des Lebens beziehen. Eine Frage könnte beispielsweise lauten:

- Wie kann ich hier in der Gegend mehr Freunde und Freundinnen finden?
- Warum werde ich in allen meinen Liebesbeziehungen mit denselben Problemen konfrontiert?
- Wo soll ich meinen Urlaub verbringen?
- Wann ist der beste Zeitpunkt zum Verkauf meines Hauses?

Gebiete oder Bereiche könnten etwa sein:

- Finanzen
- Beziehungen
- Kreativität
- Gesundheit und Fitness

Dieserart Fokusbereiche eignen sich besonders, wenn du etwas herausfinden möchtest, aber nicht genau weißt, was. Und Fragen funktionieren natürlich dann am besten, wenn dir klar ist, was du im Einzelnen wissen möchtest. Allerdings brauchst du für die Divination weder Fragen noch einen Fokusbereich, dem dein Interesse gehört.

Genauso gut kannst du diese Methoden auch anwenden, um, ohne eine bestimmte Richtung vorzugeben, einfach mal zu schauen, welche Botschaften durchkommen. Die Ergebnisse solcher offenen Sitzungen können ausgesprochen spannend und beeindruckend sein.

Bevor wir uns mit den verschiedenen Methoden beschäftigen, möchte ich noch einige Punkte benennen, die du vielleicht berücksichtigen möchtest:

Timing

Du kannst dich natürlich spontan zu einer Divination entschließen, einfach nur, weil du in dem Moment das Bedürfnis danach verspürst. Aber du hast auch die Option, sie zu planen und beispielsweise auf deinen Geburtstag zu legen, auf einen Gedenktag, in eine spezielle Mondphase oder eine andere astrologische Konstellation.

Manchmal verleiht ein spezielles Datum der Aktion nämlich zusätzliche Bedeutung und macht sie auch spannender. Terminierst du die Divination zum Beispiel auf einen Sabbat, bedienst du dich dessen Thematik, um möglichst brauchbare Botschaften zu empfangen. Auch solltest du die Divination natürlich am besten in eine Tageszeit legen, in der du nicht gestört wirst und genügend Zeit hast, die Botschaft entgegenzunehmen und zu überdenken.

Bemühe deine Fantasie

Es spricht absolut nichts dagegen, auf die Schnelle mal ein paar Karten zu ziehen oder sich kurz vor die Kristallkugel zu setzen. Aber eine kleine Zeremonie zur Feier der Divination hilft dir womöglich, die Botschaft, die du erhältst, besser zu verstehen und ihr größere Bedeutung zuzuweisen.

Dabei kannst du zum Beispiel Kerzen anzünden, Räucherwerk verbrennen, eine besondere Decke auflegen und den Altar selbst mit Objekten schmücken, die deine Fragen und Absichten symbolisieren. Auch kannst du die Divination in ein größeres Ritual einbetten. Am Anfang sagst du vielleicht ein paar Worte, aus denen deine Bereitschaft hervorgeht, Einsichten zu empfangen und erhaltenen Empfehlungen zu folgen. Nach der Divination kannst du dann etwa noch meditieren, chanten oder Tagebuch schreiben.

Überdenke deine Überzeugungen

Du weißt noch nicht so genau, was du von der Divination halten sollst? Macht nichts. Manche Leute glauben, die empfangenen Einsichten kämen von den Göttern und Göttinnen, entstammten der Energie des Universums oder hätten ihren Ursprung bei den Spirit Guides, die versuchen, uns Ratschläge zu geben und Warnungen auszusprechen. Andere wiederum sind der Überzeugung, diese Botschaften gingen aus dem menschlichen Unbewussten hervor, welches sie so formt, dass sie für uns einen Sinn ergeben. Und man kann sogar beides für richtig halten.

Vielleicht überlegst du mal, welcher Auffassung du eigentlich selbst bist. Worin bestehen deiner Ansicht nach Kraft und Bedeutung der Divination? Was wäre, wenn du erschreckend exakte oder besonders aussagekräftige Botschaften erhieltest? Inwieweit richtest du dich nach ihnen? Glaubst du, dass es jede Empfehlung, die du bekommst, wert ist, befolgt zu werden? Auf diese Fragen musst du nicht unbedingt Antworten finden, aber vielleicht macht es dir ja Spaß, einmal darüber nachzudenken.

Folge deinem Bauchgefühl

Zweifeln, allzu viel denken und rationalisieren, das bringt alles nichts. Was die Botschaften betrifft, die du während einer Divination empfängst, so würde ich dir raten, deinen Instinkten und Ahnungen zu vertrauen. Achte darauf, was du empfindest, wenn du deinem Bauchgefühl folgst, und versuch diese Empfindungen so oft wie möglich auch in deiner Divinationspraxis zu erleben.

Manchmal wollen wir uns unserem Bauchgefühl widersetzen oder ignorieren es, weil es sich rational nicht erklären lässt und uns unvernünftig oder albern vorkommt. Im Nachhinein stellt sich dann aber oft heraus, dass der Instinkt total richtiggelegen hat. Was beweist, dass wir tief in unserem Inneren Dinge wissen, ohne sie erklären zu können.

Du musst dich deiner Ahnungen nicht schämen, im Gegenteil. Wenn dich während der Divination welche anfliegen, freu dich, und nimm sie genau wahr. Damit kannst du nicht in die Irre gehen.

Rechne mit Verwirrung

Mag sein, dass du die Orientierungshilfen, die du während der Divination empfängst, nicht immer verstehst. Und das kann ganz schön frustrieren, insbesondere wenn du schnelle Antworten brauchst, um ein Problem lösen oder eine Entscheidung treffen zu können. Doch in solchen Fällen musst du dir leider etwas Zeit nehmen.

Atme ein paarmal tief durch, bevor du dich der Botschaft erneut zuwendest und über sie nachdenkst. Womöglich stellt sich dabei heraus, dass du deine Antwort sehr wohl bekommen, sie aber ignoriert hast.

FORMEN DER DIVINATION

Es gibt buchstäblich Hunderte verschiedener Möglichkeiten, und du hast die Wahl. Manche beruhen auf der Verwendung eines Tools wie zum Beispiel einem Kartendeck, Runenset oder einer Kristallkugel. Bei vielen aber ist nichts Materielles im Spiel – dafür brauchst du nur dein Köpfchen. Guck dir am besten alle Optionen an und beschäftige dich dann intensiver mit denjenigen, zu denen du dich hingezogen fühlst. Hier einige Vorschläge:

Tarot- und Orakelkarten

Wenn es darum geht, Entscheidungen zu treffen und Möglichkeiten zu erkennen, können dich die Tarotkarten hervorragend unterstützen. Der Tarot ist dir zu kompliziert? Nun, es gibt zahlreiche Orakelkarten, mit denen du stattdessen arbeiten kannst. Diese sind in der Regel einfacher und bedienen eine Vielzahl von Themen, während der Tarot immer aus 78 Karten besteht, die sich auf vier Farben mit klar definierten Bedeutungen verteilen.

Ein Deck bietet sich zum Beispiel für große Legesysteme an, bei denen jede Position die Antwort auf eine andere Frage gibt oder ein anderes Thema behandelt. Ebenso gut kannst du beliebig eine kleine Anzahl von Karten aufdecken und dich in die nach dem Zufallsprinzip entstandene Kombination einfühlen.

Viele Decks werden mit einer Anleitung verkauft, der sich unter anderem die Bedeutung der einzelnen Karten entnehmen lässt. Aber selbstverständlich kannst du diese »offiziellen« Interpretationen auch mit denen kombinieren, die deiner Intuition entstammen. Du kannst dir sogar ein eigenes Set erschaffen, indem du stinknormale Spielkarten nimmst und sie nach deinen Vorstellungen umgestaltest oder neu bemalst.

Handlesen

Die Erhebungen und Linien in den Handinnenflächen sind bei jedem Menschen auf diesem Planeten anders. Gerade deshalb ist es auch so reizvoll, sich vorzustellen, dass die »Landkarte« in deiner Hand verraten könnte, was dir bevorsteht, was du lernen wirst und worin der Mittelpunkt deines Lebens besteht.

Alle Formen der Divination bieten Raum für persönliche Interpretationen. Doch über die Bedeutung der Handlinien besteht weitgehend Einigkeit. Da die einzelnen Linien sogar bestimmte Namen haben, kannst du auch relativ leicht selbst recherchieren und dich auf diesem Gebiet weiterbilden.

Übrigens lassen sich nicht nur die Handlinien, sondern überhaupt alle körperlichen Merkmale deuten, angefangen bei der Behaarung bis hin zum Sitz deiner Muttermale.

Ich zum Beispiel frage mich schon lange, was die drei Sechsen an meinem Haaransatz zu bedeuten haben. (Nee, war nur 'n Spässchen.)

Wahrsagen

Die einfachste Form des Wahrsagens haben wahrscheinlich alle schon einmal praktiziert. Zum Beispiel, wenn man in den Himmel schaut, auf eine Wolke deutet und sagt: »Die sieht aus wie der Kopf eines Rehs« oder »Ich sehe darin ein Haus«. Während sich aber die meisten auf derartige Beobachtungen beschränken, gehen Hexen einen Schritt weiter. Sie befassen sich mit der symbolischen Bedeutung der Bilder, die sie gesehen haben, und überlegen, was das wohl für ihr Leben heißen könnte.

Wahrsagen kannst du mit allem Möglichen, zum Beispiel Kristallkugeln, Schwarzspiegeln, Teeblättern, Kaffeesatz, Gewässern, Sandstreifen, Kerzenflammen und dem Rauch von Räucherwerk. Sogar mit der Dunkelheit hinter deinen geschlossenen Lidern kannst du arbeiten. Sei ruhig kreativ, und fürchte dich nicht davor.

Ich habe einmal mithilfe der Haare meiner besseren Hälfte hellgesehen, als sie mich nach ihrer persönlichen Entwicklung fragte. (Was ich eigentlich ziemlich klug fand.) Und mit Klamotten, die ich auf den Boden warf, habe ich es auch schon getan – indem ich die Form interpretierte, die der Haufen bei der Landung annahm. Echt jetzt mal: Wahrsagen kann man mit allem.

Runen und Ogham

Das Wort Runen bezeichnet eine Reihe altnordischer Schriftzeichen, eine Art Alphabet. Du kannst fertige Sets kaufen, bei denen die Symbole auf Holz gemalt beziehungsweise in Steinchen gemeißelt sind, oder selbst eines gestalten, wenn du magst. Die Runen kommen in ein Säckchen, das du schüttelst und ausschüttest – eine prima Methode, um zu sehen, was kommt oder was du tun musst, um ein Problem zu lösen. Ähnlich wie beim Tarot haben auch die einzelnen Runen eine bestimmte Bedeutung, die du dir einprägst, gern aber auch mit deiner eigenen intuitiven Interpretation kombinieren kannst. Ein anderes Symbolsystem, das du dir vielleicht einmal anschauen möchtest, ist Ogham – das keltische Pendant der Runen.

Pendeln

Es gibt wunderschöne Pendel mit allerlei tropfenförmigen Kristallen zu kaufen. Aber du kannst genauso gut ein Set von In-Ear-Kopfhörern oder eine Kette mit Anhänger benutzen und dir so selbst ein Pendel herstellen.

Halt die Schnur ruhig in der Hand, und lass das Objekt daran in der Luft schwingen. Eine Bedeutung haben die Richtung, die es einschlägt, und die Geschwindigkeit, die es dabei annimmt. So kannst du etwa festlegen, dass ein geringfügiger Schwung »momentan die Füße stillhalten« heißt, ein schneller bis rasanter Schwung dagegen »sofort in Aktion treten«. Nord-Süd-Richtung könnte »die

Person, die du datest, ist nicht die richtige für dich« bedeuten und ein Schwingen von Ost nach West »super Match«.

Du kannst auch zwei Gegenstände oder Zettel mit Worten auf den Boden legen und schauen, in welche Richtung das Pendel ausschlägt. Allerdings würde ich dir dringend empfehlen, die Bedeutung der Pendelbewegungen *vorab* für dich festzulegen, damit du nachher nicht ins Zweifeln kommst.

Verhaltensweisen deuten

Du hast ein Haustier? Dann kannst du festlegen, welche Bedeutung bestimmte Aktionen von ihm haben, und auf dieser Basis sein Verhalten deuten.

Angenommen, deine Katze frisst aus ihrer Futterschüssel. Was soll es bedeuten, wenn sie nichts übrig lässt? Und was, wenn sie sich von der Schüssel abwendet, ohne alles aufgefressen zu haben? Oder du hast einen Hund, mit dem du Gassi gehst, und legst die Bedeutung seiner möglichen Verhaltensweisen fest. Angenommen, er begegnet einem Artgenossen und kommt gut mit ihm klar. Welchen Schluss willst du daraus ziehen? Oder was soll es bedeuten, wenn dein Hund das Stöckchen, das du geworfen hast, nicht zurückbringt?

Du kannst auch das Agieren von Menschen oder ihr Verhalten im Straßenverkehr und so weiter deuten. Worin könnte die symbolische Bedeutung eines Staus bestehen? Die einer Flugverspätung? Die des Streits zweier Personen, den du beobachtest?

Doch da du ja wahrscheinlich nicht immer auf der Suche nach Deutungsmöglichkeiten sein möchtest, kannst du dir ein Zeitlimit setzen. Und zum Beispiel das Verhalten deines Hundes bei einem bestimmten Morgenspaziergang zu deinem Orakel erklären. Oder die Interaktion deiner Angehörigen beim Abendessen.

Numerologie

Zahlen und Zahlenkombinationen haben verschiedene symbolische Bedeutungen. Aber durchaus auch persönliche, zum Beispiel Alter, Hausnummer oder Glückszahl. Für den Fall, dass du sie in dein Repertoire aufnehmen möchtest, kannst du dich intensiv mit Numerologie auseinandersetzen. Bist du jedoch nur auf Orientierung und Erkenntnis aus, versuchst du es vielleicht mit einem Zahlengenerator, tippst mit geschlossenen Augen auf die Tasten eines Taschenrechners oder blätterst ein Buch durch und notierst dir beliebig aufgeschlagene Seitenzahlen. Auch kannst du auf Zahlen achten, die dir zufällig begegnen, zum Beispiel auf Plakaten, bei einem Blick auf die Uhr oder als Belegnummer auf einem Kassenzettel. Da fast jede Tarotkarte mit einer Ziffer versehen ist, kannst du übrigens auch sie zu numerologischen Zwecken verwenden.

Automatisches Schreiben

Stell dir einen Kurzzeitmessser, und schreib, tipp oder sprich in deinen Voicerecorder, bis das Klingelzeichen ertönt. Denk nicht zu viel, und plane nichts. Lass einfach den Worten ihren Lauf. Das Ziel besteht darin, dich aus deinem rationalen Verstand herauszubringen, sodass du dir nicht größer überlegst, *was* du schreibst.

Anschließend liest du dir deine Zeilen durch und suchst nach divinatorischen Bedeutungen. Denselben Ansatz kannst du auch aufs Tanzen, auf Videoaufnahmen von dir, aufs Malen oder jede andere kreative Tätigkeit anwenden.

Zufallsgeneratoren

Zufallsgeneratoren gibt es nicht nur für Zahlen, sondern auch sonst noch für alles Mögliche, angefangen bei Buchtiteln über Namen für Dragqueens bis hin zu Vorschlägen für Hobbys.

Für mich stellt übrigens auch die Shuffle-Funktion von Musik-Apps eine Art Zufallsgenerator dar. Ich suche mir schrecklich gern eine Riesenplaylist und betätige dann den Shuffle-Knopf – der erste Song, der gespielt wird, ist dann der, der mir Antwort und Empfehlungen gibt. Versuch's ruhig auch einmal.

Bibliomantie

Blättere so lange mit geschlossenen Augen durch ein Buch, bis du dich von einer Seite besonders angezogen fühlst. Fahr mit dem Finger bis zu einem bestimmten Satz über die Zeilen, oder entscheide einfach, dass die gesamte Seite von divinatorischer Bedeutung ist. Das geht sowohl mit illustrierten als auch mit reinen Textbüchern, mit Online-Artikeln genau wie mit Blogposts.

Alternativ kannst du einen Film oder ein Video im Schnelldurchlauf bis zu einem beliebigen Punkt abspielen, dann die Stopptaste drücken und die erste Szene, die du siehst, nachdem du wieder auf »Play« gedrückt hast, auf ihre symbolische Bedeutung hin analysieren.

Je nach Situation kannst du dich unterschiedlicher Divinationsmethoden bedienen. Ich persönlich arbeite oft mit den Runen, wenn ich Botschaften von meiner Hauptgöttin empfangen möchte. Da sie ja eine nordische Gottheit ist, fühlt sich das für mich irgend wie richtig und sinnvoll an. Bin ich jedoch auf Botschaften jenseits meiner göttlichen Community aus, nehme ich üblicherweise Tarot- oder Orakelkarten, befrage meine Kristallkugel oder den Rauch von Räucherwerk.

Manchmal kommt einem eine spezielle Methode irgendwie passender oder angemessener vor. Die Playlist-Shuffle-Technik zum Beispiel wende ich gern an, wenn ich überlege, was ich mit einem freien Tag anfange. Das macht Spaß und bringt irre schnell ein Resultat hervor.

Wenn du ein Divinationstool zurate ziehst, treibt dich offensichtlich eine Frage um, auf die du dir aktiv eine Antwort wünschst. Manchmal erreichen dich kosmische Orientierungshilfen aber auch aus heiterem Himmel, obwohl du gar nicht darum gebeten hast. Bitte versuche, Fingerzeige dieser Art nicht zu missachten. Manchmal träumst du unter Umständen etwas, was voller interessanter Symbole ist oder dir sonst irgendwie bedeutsam vorkommt. In einem solchen Fall kannst du den Dingen und Handlungen in dem Traum nachgehen und schauen, ob sie Antworten enthalten. Oder du interpretierst sie einfach intuitiv.

Vielleicht stößt du auch auf ein wiederkehrendes Muster – hörst zum Beispiel Leute in verschiedenen Situationen denselben Satz benutzen und siehst darin ein Zeichen. Oder dasselbe Thema kommt wiederholt auf, du nimmst allenthalben dieselbe Farbe wahr, immer wieder taucht ein und dieselbe Zahl auf.

Diese Art der Synchronizität kann von großer Bedeutung sein. Und je offener du dafür bist, desto öfter tritt sie auf und kannst du von ihr profitieren. (Hältst du das Muster nicht für aussagekräftig, ist das auch in Ordnung. Manchmal gibt es einen logischen Grund dafür, dass du ein bestimmtes Muster immer wieder siehst. Und sobald du es rational erklären kannst, findest du vielleicht, dass es keine besondere Bedeutung hat. Die Entscheidung liegt bei dir.)

SCHREIB'S AUF

◊ Welche Erfahrungen hast du mit der Divination gemacht? Denk bei der Antwort auch an Erlebnisse aus deiner Kinderzeit, als du noch gar nicht so recht wusstest, was du da eigentlich machst.

◊ Wie, glaubst du, wäre die Welt beschaffen, wenn alle Menschen sich der Divination bedienen würden, um ihre wichtigsten Entscheidungen zu treffen und Probleme zu lösen?

◊ Welche Ziele, die du in den nächsten Monaten erreichen möchtest, verbindest du mit der Divination? Auf welchen Gebieten möchtest du Fortschritte machen oder einmal etwas Neues ausprobieren?

PROBIER'S DOCH MAL

◊ Experimentiere ein wenig mit einer Divinationsform, die du bislang noch nie ausprobiert hast. Wie läuft's?

◊ Wenn du dich bereit fühlst, auch für andere Zeichen zu deuten, fang mit einem dir nahestehenden Menschen an, und schau, was passiert. Lass dir auch Feedback geben: Wie fand die Person die Empfehlungen und Informationen, die du ihr gegeben hast? Frag sie vor allem auch, was ihr besonders gefallen hat und warum. Die Antworten werden dir helfen, deine Performance noch zu verbessern. Du stößt auf konstruktive Kritik? Dann versuch, etwas daraus zu lernen.

16

AUFZEICHNUNGEN

Die Reflexion über meine Erfahrungen als Hexe hat für meine Entwicklung eine so große Relevanz, dass sie zu einem wichtigen Instrument meiner Arbeit geworden ist: Ohne Aufzeichnungen wäre ich aufgeschmissen, weil ich mir beim besten Willen nicht alles merken könnte. In meinem Metier sind manche Tage extrem busy und vollgepackt mit neuen Erfahrungen, die verarbeitet werden müssen und auf die ich später wieder zurückkommen kann. Hier beispielhaft einer dieser Tage in meiner Hexenwelt:

- Ich erwache aus einem Traum, in dem ich den Namen meiner Hauptgöttin an die Wand gesprayt und auf dem Boden ein paar Tarotkarten gesehen habe.

- Am Vormittag sitze ich an meinem Altar; ich ziehe wie jeden Morgen eine Tarotkarte und erwische eine von denen, die in meinem Traum am Boden gelegen haben. Bestimmt ist sie für mich von großer Bedeutung.

- Mir wird klar, dass in einer Woche Vollmond ist, und ich möchte mir ein Ritual ausdenken. Ich überlege, welche Ziele ich damit verbinde. Kurz darauf stelle ich fest, dass mir die schwarzen Kerzen sowie eine bestimmte Sorte Räucherstäbchen ausgegangen sind, die ich gern für das Ritual verwenden würde.

- Am Nachmittag mache ich einen Spaziergang und sehe einen Raben vorbeifliegen – eines der Insignien meiner Hauptgöttin. Daraufhin fühle ich mich beschützt und irgendwie erhaben.

- Am Abend mache ich mich über einen Teilbereich der Astrologie schlau, für den ich mich seit Kurzem interessiere, und schaue mir einige Listen mit berühmten Hexen aus verschiedenen Epochen an. Dabei erfahre ich auch über sie viel Neues.

- Vor dem Zubettgehen setze ich mich noch einmal an meinen Altar, lasse den Tag an mir vorüberziehen und entscheide mich für eine Deutung der Dinge, die mir begegnet sind.

Du siehst: Da ist mords was los. Symbole müssen interpretiert, Erfahrungen ausgewertet werden; Recherchen werden angestellt, Pläne und Besorgungen für das bevorstehende Ritual gemacht. Und dann gibt es noch Dinge, denen ich nachgehen möchte, sobald sich etwas Ähnliches noch einmal anbahnt. Wenn mir meine Göttin zum Beispiel einen weiteren Raben schickt, möchte ich die beiden Situationen miteinander vergleichen können und mir meine Beobachtungen notieren. Hätte ich mir keine Aufzeichnungen gemacht, wäre mir wahrscheinlich vieles einfach entfallen. Mit der Folge, dass ich mich als Hexe vermutlich oftmals total überfordert gefühlt hätte.

Wichtig ist mir aber auch, dass ich mein hexisches Dokumentationswesen als Tool auffasse, dessen ich mich bediene, wenn ich es brauche, und keine anstrengende Pflicht darin sehe, die mich langweilt, stresst oder zu der ich mich zwingen muss.

Du selbst kannst entscheiden, wie viel du aufschreibst. Und natürlich darfst du auch ganz darauf verzichten. Denn vielleicht magst du ja überhaupt keine Dokumentationen, weder handgeschrieben oder digital noch als Sprachdatei. Vielleicht findest du, dass dir Aufzeichnungen nicht weiterhelfen, oder hast Angst, sie könnten in die falschen Hände (oder überhaupt in Hände, die nicht die deinen sind) fallen. Alle diese Argumente haben ihre Berechtigung – aber so was von! Lass dir da bloß von niemandem das Gegenteil einreden.

Manche Hexen führen auch nur zeitweise Buch über ihre Aktivitäten. Vielleicht käme das für dich ja auch infrage: dass du dir bloß

Notizen machst, wenn gerade viel los ist und du möglichst wenig davon vergessen möchtest. In ruhigeren Zeiten schreibst du dann nichts auf. Kein Druck. Mach es einfach so, wie es dir entspricht. Du weißt selbst am besten, welche Aufzeichnungen du dir machen möchtest. Die Erfahrungen von anderen helfen da nicht viel weiter.

VARIANTEN HEXISCHER BUCHFÜHRUNG

Hier ein kleiner Überblick über die beliebtesten Formen hexischer Aufzeichnungen.

Buch der Schatten

So eines haben viele Hexen. Sollte dir der Titel nicht gefallen, musst du dein Buch natürlich nicht so nennen. (Ich persönlich finde »Buch der Schatten« allerdings rattenscharf – hört sich irgendwie cool an, meinst du nicht?) Du kannst dein Hauptaufzeichnungsbuch nennen, wie du willst, ich aber spreche im Folgenden der Einfachheit halber vom »BdS«.

Hierin ist Platz für alles: für deine ethischen Vorstellungen und Ziele als Hexe, für deinen Terminkalender, Pläne für Rituale und Zauber und natürlich auch für die Resultate deiner Arbeiten. Wenn du möchtest, darfst du in deinem BdS gern auch die Ergebnisse deiner Recherchen notieren, über deine Hexenaktivitäten Buch sowie Listen mit Dingen führen, die du kaufen oder mal ausprobieren möchtest. Hier kannst du deine Begegnungen mit Wesenheiten, prophetische oder symbolische Träume, Synchronizitäten und so weiter protokollieren ... da gibt es unbegrenzte Möglichkeiten.

Grimoire

Der Grimoire (auch »Zauberbuch« genannt) ist eine formellere Variante des BdS – offizieller, weniger persönlich. Üblich sind Grimoires in Hexenzirkeln, in denen sie als gemeinsame Dokumentation der arkanen Weisheit von einer Hexe an die nächste weitergegeben werden.

Solo-Praktizierenden kann das Zauberbuch als Nachschlagewerk dienen. Der Inhalt ist nicht supergeheim – in ein Grimoire gehören keine intimen Details und Einsichten, vielmehr ist es eher »konventionell« und enthält nur Material, auf das wiederholt zurückgegriffen werden kann. (Manche Hexen bezeichnen ihr BdS übrigens als Grimoire, weil … na ja, weil es sich gut anhört.)

Buch der Spiegel
Hier handelt es sich um eine Art Hexentagebuch, in dem Gedanken, Gefühle, Probleme und Möglichkeiten in aller Ausführlichkeit dargelegt werden können. Während dein BdS also die Zutaten, Komponenten und das Resultat eines Zaubers enthalten mag, hältst du in deinem Buch der Spiegel vielleicht eher die emotionale Seite dieser Erfahrungen fest. Da in deinem Buch der Spiegel auch Platz für Geständnisse und Bekenntnisse ist, könnte es zu deinem intimsten Tool werden, dem du sogar deine geheimsten Gefühle das Hexen betreffend anvertraust.

Traumtagebuch
Viele Hexen führen ein gesondertes Tagebuch, in dem sie ihre Träume analysieren, um darin Hinweise auf die Zukunft, Informationen über ihre Gefühle oder von Wesenheiten vermittelte Einsichten zu suchen. Für alle Hexen, die sich an ihre Träume erinnern und auf deren Inhalte gespannt sind, kann ein Traumtagebuch unverzichtbar sein. Weniger natürlich für Leute, die nicht träumen oder denen ihre Träume wurscht sind. Viele meiner Kolleginnen – und ich selbst übrigens auch – schlagen, was das betrifft, einen mittleren Weg ein und notieren sich lediglich die wichtigsten Träume in ihrem Buch der Spiegel.

Kunstjournal

Sofern sie einen Bezug zur Hexenkunst haben, kannst du deine Bilder oder kreativen Texte natürlich in dein BdS oder dein Buch der Spiegel integrieren; aber du kannst sie auch – wie ich – woanders aufbewahren. Denn in vielen meiner Bilder geht es ums Hexen und um Göttinnenverehrung, und deshalb zähle ich das Kunstjournal zu meinen magischen Tools.

Außerdem habe ich auch ein Buch mit spirituellen Gedichten und Gebeten, die ich meinen Göttinnen widme. Darin sind auch gechannelte Schriften, die entstanden sind, als ich Spirit oder die Göttin gebeten hatte, durch mich zu schreiben.

Mood- oder Visionboard

Wann immer du Inspiration und Empowerment brauchst, kann sich selbst gemachter visueller Input in Form einer Collage als ausgesprochen hilfreich erweisen. An eine Tafel gepinnte Bilder und Schlagworte, die für eine erwünschte Stimmung oder ein angestrebtes Ergebnis stehen, bringen dich *in the mood*.

Die Zusammenstellung einer Collage eignet sich auch, wenn du dir über deine Gefühle eine bestimmte Situation oder Konstellation betreffend klar werden oder Ideen zu einem Vorhaben brainstormen willst. Ich persönlich arbeite gern mit Zeitschriftenausschnitten, die ich sammle, und klebe sie in mein BdS oder in mein Kunstjournal.

Bin ich mal nur auf ein kurzzeitiges Arrangement aus, pinne ich Bilder und Textbausteine an eine Korkplatte an der Wand. Auch bin ich gern auf Pinterest aktiv und habe sowohl auf meinem Phone als auch auf dem Laptop Ordner mit symbolischen Darstellungen der jeweiligen archetypischen Energie, mit der ich gerade interagiere, oder des Resultats, das ich erreichen möchte.

Studienbuch oder -ordner

Wenn du etwas lernen oder recherchieren möchtest, was mit deiner Hexenkunst zusammenhängt, siehst du wahrscheinlich zu, dass deine Notizen alle an einem bestimmten Ort sind, damit du jederzeit auf sie zugreifen kannst. Zu diesem Zweck kannst du für jedes Thema ein extra Notizbuch verwenden oder alles in verschiedene Kategorien unterteilt in einem Ordner abheften. Natürlich lassen sich entsprechende Notizen auch in deinem BdS machen, aber ich mag das nicht so, weil ich sie dann oft erst nach längerem Suchen wiederfinde.

FOTOALBUM

Vielleicht besteht deine Dokumentation auch aus Fotos. Ich persönlich knipse besonders gern meinen Altar, weil ich dessen Gestaltung so oft verändere. Und die Fotos ermöglichen es mir, einen Blick zurückzuwerfen und zu schauen, was für meine Praxis über die Jahre besonders wichtig war.

Ich fotografiere auch das Set-up von Ritualen und die Bilder großer Kartenlegungen, die ich an den Sabbaten oder zu anderen besonderen Gelegenheiten für mich mache. Manche Hexen veröffentlichen Fotos auf ihren Social-Media-Kanälen, aber das ist nicht unbedingt nötig. Genauso gut kannst du sie ausdrucken oder digital speichern.

Wie schon erwähnt, brauchst du keine – buchstäblich – handfesten Dokumente, sondern kannst mit digitalen Dateien auf deinem Rechner oder Telefon arbeiten, die sich jederzeit verändern und ergänzen lassen. Ich persönlich ziehe das Schreiben auf Papier vor, nehme aber statt verschiedener Notizbücher lieber ein einziges Ringbuch. So habe ich an ein und derselben Stelle Inhalte aus mehreren Kategorien zusammen. Und wenn mir danach ist, kann ich sie jederzeit neu ordnen. Manche Hexen, die ich kenne, nehmen ein Bullet Journal für ihr BdS oder Buch der Spiegel. Andere verwenden Geheimschrift, sei es, um die Heiligkeit der Informationen darin zu betonen, sei es, um zu verhindern, dass Unbefugte in dem Buch lesen.

Das Klischee von der Hexe, die sich über einen beeindruckenden Folianten voller witchy Weisheiten beugt und in aller Ruhe ihre Eintragungen macht, ist wunderbar – aber leider auch mehr als einen Steinwurf weit von der Lebenswirklichkeit heutiger Hexen entfernt. Viele haben gar nicht die Zeit für so ausführliche Aufzeichnungen, können sich kein so opulentes Buch leisten oder finden das Mit-der-Hand-Schreiben viel zu anstrengend.

Kurzum: Es gibt nur eine »richtige« Art der Dokumentation deiner Arbeit – und das ist die für *dich* richtige.

SCHREIB'S AUF

◊ Hast du deine Arbeit und was damit zusammenhängt, schon einmal dokumentiert? Und wenn ja: Auf welche Art und in welcher Form? Und welche wäre deiner Meinung nach am besten dafür geeignet, später wieder zurate gezogen zu werden?

◊ Gibt es Methoden der Aufzeichnung, die du gern einmal ausprobieren würdest? Welche sind das – und warum?

◊ Fühlst du dich, was das Dokumentieren deines Wirkens angeht, unter Druck? Oder bist diesbezüglich unsicher?

◊ Wie oft wendest du dich deinen früheren Aufzeichnungen noch einmal zu?

◊ Für wie wichtig hältst du die äußere Form deiner Notizen?

PROBIER'S DOCH MAL

◊ Verändere – je nachdem, wie neugierig du auf das Experiment bist – für einen Zeitraum von ein bis vier Wochen deine Gewohnheiten, was die Aufzeichnungen betrifft. So könntest du in deinem BdS zum Beispiel anstelle von Worten mit ein paar kleinen Zeichnungen oder Skizzen operieren. Oder wenn du magst, kannst du probeweise mit einem Ringbuch arbeiten. Auch könntest du dich in dem Zeitraum ausführlicher über deine einzelnen Tätigkeiten äußern oder die Aufzeichnung von Dingen einstellen, die zu dokumentieren du eigentlich langweilig oder sinnlos findest. Probier's mal aus und schau, was für dich funzt und was nicht.

◊ Versuche alles, was du sonst aufschreiben würdest, stattdessen zu fotografieren. Die Aufnahmen kannst du in einem Ordner auf deinem Telefon oder auf einem Social-Media-Account speichern; du kannst sie aber auch ausdrucken und in ein Album kleben. Fotografiere deinen Altar und das Set-up eines Rituals, die Inszenierung eines Zaubers, Momente meditativer Spaziergänge in der Natur – oder was dich sonst reizt. Wenn du willst, kannst du die einzelnen Aufnahmen mit Überschriften versehen.

Power-Statement: Von einem soliden Fundament aus
finde ich durch couragiertes Handeln und klare Prinzipien
meinen Weg. Indem ich kontinuierlich hinzulerne und
besser werde, schwinge ich mich zu immer neuen Höhen auf.
Mein unerschrockenes Engagement für die Hexenkunst
wird mit persönlichem Wachstum, Triumphen und
einer Vielzahl neuer Erkenntnisse belohnt.

TEIL III

UND WEITER GEHT'S

Auf den folgenden Seiten bereiten wir dich auf deinen ganz eigenen Rebel-Witch-Weg vor. In Teil II habe ich dir eine Menge Techniken und Tools vorgestellt, die du gegebenenfalls in dein Repertoire aufnehmen kannst. Jetzt möchte ich dir zeigen, wie du diese Dinge zusammenbringst, deine Aktivitäten planst und checkst, wie flexibel du eigentlich bist. Darüber hinaus lernst du zu erkennen, wann du an deiner Arbeit etwas verändern solltest. Unter der Überschrift »Troubleshooting« behandeln wir schließlich heikle Fragen der Hexenpraxis.

ZEIT- UND SONSTIGE PLÄNE

Okay, okay, ich geb's ja zu, Schätzchen: Besonders rebellisch hört sich die Überschrift dieses Kapitels nun nicht gerade an.

In dem Buch, das du hier gerade liest, sollte ja angeblich alles aufmüpfig gegen den Strich gebürstet werden. Und was tut Ms. Maddox? Schmeißt mit Wörtern wie Zeit-, Arbeits- und Ablaufplänen um sich. Doch bevor du anfängst, zu gähnen und mit den Augen zu rollen, lies erst mal weiter.

Du bist dabei, dir deinen ureigenen Weg zu erschaffen – mit all dem Gefunkel und Gedöns, das du am liebsten magst. Und das ist im Grunde auch völlig in Ordnung. Aber es kann genauso gut ins Auge gehen und dich total durcheinanderbringen.

Solltest du das Gefühl bekommen, dass das Leben deiner Hexenpraxis im Wege steht, kannst du mithilfe eines Plans dafür sorgen, dass dir pro Woche oder pro Monat eine bestimmte Zeit ausschließlich dafür zur Verfügung steht. Weil du diesen Zeitraum genau dafür reserviert hast.

Aber vielleicht ist es bei dir auch umgekehrt, und du vernachlässigst vor lauter Hexerei die anderen Aspekte deines Lebens. Ein verbindlicher Zeitplan ermöglicht es dir dann, eins nach dem anderen abzuarbeiten – und zwar effektiv –, statt dass du zehnerlei auf einmal erledigen willst und nichts richtig geregelt kriegst. (Bitte bestätige mir unbedingt und auf der Stelle, dass ich mich nicht allein mit diesem Problem herumschlage.)

Die meisten Rebel Witches sind mystische Elstern. Mit anderen Worten: Sie sehen etwas funkeln und stürzen sich drauf. Möglicherweise gibt es Hunderte von Dingen, die du ausprobieren, Unmengen Türen, die du öffnen, oder Inhalte, die du dir aneignen willst. Wenn du aber alles auf einmal versuchst, riskierst du ein Burn-out. Ein Zeitplan dagegen hilft dir, eine realistische Anzahl von Vorhaben auch tatsächlich durchzuziehen.

Zu einem Teil beruht die Hexenkunst auch darauf, dass du herausfindest, was für dich funktioniert und was nicht. Denn wenn du zehn verschiedene Arten von Magie mehr oder weniger gleichzeitig ausprobierst, dir auf fünf verschiedenen Wegen einen heiligen Ort errichtest und mit einem Dutzend Gottheiten arbeitest – woher willst du dann wissen, welche Methode tatsächlich etwas bringt?

Hast du dagegen weniger Pfeile im Köcher, kannst du viel besser beurteilen, was dich wirklich weiterbringt. Versuch immer nur eine Technik auf einmal, und schau, ob sie deine Praxis auf eine höhere Ebene hebt. Tut sie das nicht, streichst du sie einfach von der Liste.

Einen Zeitplan aufzustellen und sich an ihn zu halten ist eine Frage der Selbstdisziplin, und diese Selbstdisziplin kann die Achtung, die du von dir hast, steigern und dich stärken. Denn es ist schlicht und ergreifend gut zu wissen, dass man in der Lage ist, etwas zu beschließen und dann auch durchzuziehen.

Wenn du verbindliche Pläne schmiedest und dich an sie hältst, wirst du verantwortungsbewusster und fühlst dich kompetenter. Und das wiederum potenziert dein Vermögen als Mensch und Hexe. Und du meißelst deinen Zeitplan ja auch nicht in Stein. Flexibilität ist schließlich kein schmuddeliger Kraftausdruck.

Das Leben kennt die merkwürdigsten Drehungen und Wendungen, weshalb es auch völlig in Ordnung ist, ein bisschen an den Plänen zu schrauben. Ein Zeitplan muss auch nicht auf lange Sicht angelegt sein. Vielleicht ist für dich eine wöchentliche oder monatliche Planung optimal. Anschließend ziehst du Bilanz. Und kannst deine nächste fix terminierte To-do-Liste noch erfolgversprechender gestalten.

Möchtest du vieles ausprobieren, überleg doch mal, ob du nicht klar definierte Experimentierzeiten festlegen willst. So könntest du zum Beispiel einen ganzen Monat lang den Tarot studieren und meditieren üben, im nächsten widmest du dich dann der Kräuterkunde und machst Schattenarbeit. Am Ende jeder dieser Experimentierphasen analysierst du deine Erfolge und Gedanken und überlegst auf dieser Basis, was du verbessern kannst.

Die Planung deiner hexischen Aktivitäten hilft dir auch, möglichst viel aus deiner Zeit zu machen. Wenn du für dein Wirken nämlich im Durchschnitt nur eine oder zwei Stunden pro Woche zur Verfügung hast, ist dir natürlich sehr daran gelegen, in dieser Zeit möglichst viel zu schaffen.

Es ist völlig okay, wenn du nur an den Samstagnachmittagen hexen kannst oder täglich lediglich fünf bis zehn Minuten für eine schnelle Morgenpraxis an deinem Altar erübrigen kannst. Ein Arbeitsplan macht dir klar, wie wenig Zeit dir im Grunde wirklich zur Verfügung steht. So kannst du dir nicht länger einreden, sie spiele keine Rolle (nur um dann bitter enttäuscht feststellen zu müssen, dass das einfach nicht stimmt). Ein Plan führt dir vor Augen, dass es nichts macht, wenn du bloß ein schmales Zeitfenster fürs Hexen hast – solange du die wenigen Stunden nur sinnvoll nutzt.

Allerdings musst du dich auch nicht *ständig* an einen Plan halten. Viele Hexen sind, was das betrifft, vollkommen *easy going*; sie setzen sich an ihren Altar, wenn's gerade passt, führen ihre Rituale und Zauber durch, sobald sie Lust darauf haben, und legen sich die Karten, wann immer sie es für richtig halten.

Vielleicht wechselst du ja gern: folgst eine Weile einem Zeitplan und gibst dich im Anschluss wieder ganz dem Flow hin. Aber wenigstens für den Anfang kann ein zeitliches Gerüst schon sehr nützlich sein.

Und das Ganze muss auch gar nicht kompliziert werden. Vielleicht nimmst du dir nur allmorgendlich fünf Minuten oder so, um zu meditieren oder deine Träume aufzuschreiben und zu deuten. Alles andere – Altarreinigung, Divination, Zaubern und den sonstigen Hexenkram – legst du auf einen bestimmten Wochentag, von dem du weißt, dass du da Zeit hast. Ein detaillierterer Plan würde genau ausweisen, welche Aktivitäten morgens, vormittags und abends anfallen; solltest du jedoch für eine so feingliedrige Planung nicht genügend Zeit oder Nerven haben, dann zwing dich nicht. Auch auf diesem Gebiet kann weniger eindeutig mehr sein.

SCHREIB'S AUF

◊ Was könnte dich an der Idee, deine Hexenaktivitäten zeitlich zu planen, begeistern?
◊ Inwiefern könnte dir eine genaue zeitliche Planung bei der Stärkung deiner Hexenpower helfen?
◊ Welche Aktivitäten würdest du unbedingt in deinen Zeitplan aufnehmen wollen? Und welche hättest du zwar auch noch gern drin, jedoch nicht auf Biegen und Brechen?

PROBIER'S DOCH MAL

◊ Entwirf einen Zeitplan für eine Woche, anschließend stellst du ihn auf den Prüfstand. Du kannst jeden Tag in morgendliche, nachmittägliche und abendliche Aktivitäten unterteilen oder den Ball flach halten, indem du nur einen Satz oder ein Statement pro Tag notierst, aus dem deine Intentionen hervorgehen. Fällt in diese Woche vielleicht ein Sabbat, Esbat oder sonst ein Ereignis, das du gebührend feiern möchtest? (Gegebenenfalls kannst du dir notieren, wie du den Ehrentag begehen willst oder wie du dich anschließend gefühlt hast.) Wenn du in der Mitte der Woche einen Zauber wirken oder jeden Morgen meditieren möchtest, schreib's dir gern auf. Aber fühl dich nicht gezwungen, Aktivitäten, die regelmäßig anfallen, jedes Mal einzeln zu notieren. Am Ende der Woche schaust du dir deinen Plan noch einmal an. Was würdest du jetzt – im Nachhinein – an ihm verändern wollen?

◊ Vielleicht wünschst du dir ein Upgrade vom Wochen- zu einem Monatsplan. Doch damit die Angelegenheit auch interessant bleibt und nicht öde wird, solltest du für Abwechslung sorgen. So könntest du dich etwa eine Woche lang mit Astrologie befassen und in der nächsten mit Divination. Versuch's einfach, schau dir das Ergebnis an, und überleg, was du beim nächsten Mal besser machen kannst.

ETHIK

Die eigenen ethischen Prinzipien zu finden kann ganz schön schwierig sein. Dabei ist es normal, dass man in einigen Punkten einen klar definierten ethischen Standpunkt hat, ihn im Hinblick auf andere aber nicht so genau weiß ... Nicht weniger normal ist es, dass sich deine Moralvorstellungen im Laufe der Zeit ändern.

Solltest du erst seit Kurzem als Hexe unterwegs sein, mach dir nichts draus, wenn du das alles für dich noch nicht voll geklärt hast. Über kurz oder lang wirst du in Situationen geraten, die dich vor moralische Herausforderungen stellen und dir die Chance geben, deine Vorstellungen zu präzisieren oder sie auch von Grund auf umzukrempeln. Am besten lässt du dir, was das betrifft, reichlich Freiraum, statt dich festzulegen, bevor du überhaupt richtig mit dem Hexen angefangen hast.

Aber nicht nur Anfängerinnen schlagen sich mit Fragen der Ethik herum. Auch die Erfahreneren unter uns sehen ihre ethischen Überzeugungen mitunter auf den Prüfstand gestellt. Oder ändern sie in dem Maße, in dem sie sich als Mensch weiterentwickeln. Wie gesagt: Die Frage der moralischen Maßstäbe stellt sich uns allen, wie berufserfahren wir auch sein mögen.

Die Hexenkunst kann dir bei der Erfüllung deiner Wünsche helfen. Deshalb ist es sinnvoll, permanent im Dialog mit dir zu bleiben, um sicherzustellen, dass der Weg, der dich ins Ziel führen soll, nicht von Leichen gepflastert wird. Was ich persönlich an der Hexenkunst ja so besonders mag, ist, dass sie die Power und Vision der Praktizierenden in den Mittelpunkt von allem stellt. Und uns so ermutigt, unsere geballte Tatkraft zur Verbesserung des eigenen und des Lebens von anderen einzusetzen. Aber das hat auch einen Pferdefuß, nämlich die möglichen Schäden, die eine egozentrische oder gefühllose Magie anrichten kann. Viele Hexen stellen die Motive für ihr Tun deshalb regelmäßig auf den Prüfstand. Das stellt sicher, dass sie keine unehrenhaften Absichten verfolgen und immer versuchen, sich auch in andere hineinzuversetzen. Das trifft aber leider nicht auf alle zu.

Die Vorstellung vom »Gesetz der dreifachen Wiederkehr« ist hauptsächlich unter Fans der etablierten Hexenreligion Wicca vertreten, wird jedoch auch in anderen magischen Zirkeln diskutiert und befürwortet. Diesem Gesetz zufolge kehrt alles, was du in hexischer Absicht aussendest, dreimal machtvoller zu dir zurück. Es soll Hexen davon abhalten, unverschämte, gemeine Magie zu wirken, die womöglich später auf sie zurückfällt und ihnen dreimal in den Allerwertesten tritt.

Selbst wenn du nicht daran glaubst, dass etwas, was du aussendest, dreifach verstärkt zu dir zurückkehrt, lohnt es sich doch, dir vorzustellen, dass es so sein *könnte*, wenn du sicherstellen willst, nicht gegen deine ethischen Überzeugungen zu verstoßen. »Was du nicht willst, das man dir tu, das füg auch keinem andren zu« ist immer eine gute Empfehlung, nicht nur beim Zaubern, sondern überhaupt im Leben, hexisch oder nicht. Aber nicht allen von uns sagt diese Maxime zu, und auch du gerätst vielleicht einmal in eine Situation, die so kompliziert ist, dass du dich nicht ohne Weiteres an deine eigenen Regeln halten kannst.

Auf dem Weg als Hexe triffst du womöglich auch auf Menschen, die dich unter Druck setzen, damit du dich ihren Auffassungen anschließt. Moral ist etwas sehr Persönliches und emotional stark aufgeladen. Solange du dir deiner ethischen Prinzipien (noch) nicht sicher bist, hältst du dich bei bestimmten Aktionen vielleicht lieber zurück, bis dir klarer geworden ist, was du denkst und fühlst. Komm aber bitte nie auf die Idee, etwas nur zu tun – oder nicht zu tun –, um von anderen Hexen akzeptiert zu werden. Das hier ist *deine* Reise – und auf der bist du die Souveränin. Und *nur* du. Befrag dich selbst. Sollte sich dein Grund, etwas Bestimmtes zu wollen, auf ein »Weil ich es eben will« beschränken, wirst du dich auf spätere Reue gefasst machen können. Der beste Weg zu einem guten Gewissen als Hexe und Mensch besteht darin, alles gründlich zu durchdenken und nur die besten Absichten zu verfolgen.

Da es überaus hilfreich ist, die Hauptkontroversen in Sachen hexischer Ethik zu kennen, werde ich jetzt einige von ihnen für dich aufdröseln. Diese Aufzählung ist keineswegs vollständig, immerhin aber schon mal ein guter Ausgangspunkt.

UMGANG MIT ANDEREN SPIRITUELLEN TRADITIONEN

Dich aus spirituellen Dingen rauszuhalten, die nicht in direktem Zusammenhang mit deinen Überzeugungen stehen, ist dein gutes Recht. Manche Hexen gehen zum Beispiel bewusst nicht in die Kirche. Andere besuchen zwar den Gottesdienst, bleiben jedoch nicht bis zu seinem Ende. Ich persönlich könnte mir durchaus vorstellen, eine katholische Messe zu besuchen, und hätte wahrscheinlich sogar meine Freude an den Gebeten und Liedern, würde allerdings nicht an der Heiligen Kommunion teilnehmen. Bei dieser Frage geht es um deine Grenzen, darum, dass du sie kennst und auch benennst.

Oft müssen Kompromisse geschlossen werden. Manche Hexen, die beispielsweise in einer ihren Glauben aktiv lebenden christlichen Familie aufgewachsen sind, möchten vielleicht auch weiterhin bei bestimmten Anlässen mit ihren Angehörigen in die Kirche gehen. Für andere wäre das undenkbar.

Als Hexe mit Anhang wiederum wirst du irgendwann überlegen müssen, inwieweit du dein Kind oder deine Kinder in deine spirituellen Überzeugungen einbeziehen und sie damit eventuell auch beeinflussen möchtest. Viele Hexen, die ich kenne, lassen ihre Kids – deren Interesse vorausgesetzt – an den Aktivitäten zu bestimmten Hexen-Feiertagen teilnehmen. Andere leben mit ihren Kindern in einem multikonfessionellen Haushalt, was das Ganze natürlich noch spannender macht. Aber ich kenne auch Hexen, die ihre Praxis streng für sich behalten und nur dann mit ihren Söhnen oder Töchtern darüber sprechen, wenn sie ausdrücklich darum gebeten werden.

INTEGRATION EINZELNER TEILE ANDERER KULTUREN IN DIE EIGENE PRAXIS

Im Laufe der Zeiten wurde vielen kulturellen Gruppierungen das Recht verweigert, ihren Glauben zu praktizieren. Ihre Bräuche waren verboten, wurden unterdrückt oder verhöhnt. Ihre spirituellen und religiösen Artefakte wurden von den Eroberern ihres Heimatlandes geplündert oder zerstört. Während sie zum Klischee reduziert, diskriminiert und Opfer von Fehlinformationen werden, kämpfen viele dieser Kulturen aktiv um den Erhalt ihrer Gedankenwelten und Praktiken. Eignen sich nun Anhänger des Hexentums gewisse Aspekte einer indigenen oder minoritären Kultur an, der sie persönlich nicht angehören, laufen sie – wenn auch zumeist unbewusst – Gefahr, diese Unterdrückung noch zu verfestigen.

Viele Hexen, die sich für Praktiken außerhalb ihres persönlichen Backgrounds interessieren, verhalten sich extrem respektvoll, erwerben zum Beispiel ausschließlich Lernmittel, die von aktiven Mitgliedern der betreffenden Gemeinschaft hergestellt wurden. So ist garantiert, dass das Geld direkt in diese Kultur zurückfließt und sich niemand bereichert, der nicht bereit ist, selbst etwas zu geben.

Viele informieren sich auch gern über die verschiedenen Glaubensrichtungen, ohne selbst Teile davon zu praktizieren. Andere dagegen halten es für vertretbar, gewisse »fremde« Elemente in ihre Arbeit einzubeziehen, nachdem und sofern sie sie gewissenhaft studiert haben.

Meines Erachtens ist es von großer Wichtigkeit herauszufinden, ob die infrage stehende religiöse oder spirituelle Tradition für Außenstehende offen ist oder nicht. Manche Kulturtechniken sollten nur von den Angehörigen der jeweiligen Gruppierung ausgeübt werden. Für diese Community stellt es dann ein echtes Problem dar, wenn Dritte ihre Praktiken übernehmen und/oder veröffentlichen.

Überleg es dir also in jedem Fall gut, wenn du mit dem Gedanken spielst, Methoden oder Techniken in dein Repertoire aufzunehmen, mit denen du biografisch nicht verbunden bist.

Vielleicht möchtest du dich jetzt erst einmal ein Weilchen mit der Frage beschäftigen, warum du eigentlich Komponenten einer Kultur oder Tradition aufnehmen willst, die nicht Teil deiner persönlichen Geschichte und Erziehung sind. Liegt es daran, dass du meinst, sie könnten dich mit deinen Vorfahren beziehungsweise dem Landstrich verbinden, in dem du lebst? Oder daran, dass du diese Praktiken schön und interessant findest, weil sie in dir eine Saite zum Klingen bringen und dich inspirieren?

Doch reichen diese Gründe aus? Was sagt dir dein Gefühl: Wie viel solltest du über die jeweilige Tradition oder Praktik in Erfahrung bringen, bevor du ein authentisches und sinnvolles Verhältnis zu ihr aufbauen kannst?

Einzelne Praktiken, die einem interessant vorkommen, sind meistens in ein Ensemble von Bräuchen und Glaubensinhalten eingebunden, die sie bereichern und erklären. Vielleicht hältst du es für kreativ, ein Element, das du spannend findest, aus dem Originalzusammenhang herauszulösen und in deine Arbeit zu integrieren. Trotzdem solltest du dich immer fragen, ob dahinter nicht vielleicht auch eine gewisse Faulheit oder Anspruchshaltung stehen könnte.

Wenn mich ein spiritueller Brauch aus anderen kulturellen Zusammenhägen interessiert, versuche ich in aller Regel zuerst einmal herauszufinden, was ich daran eigentlich so anziehend finde. Anschließend lasse mir nach Möglichkeit etwas einfallen, was in eine ähnliche Richtung geht, aber trotzdem authentisch Kelly-Ann ist und deshalb besser zu mir und meiner Arbeit passt.

Bestimmt lohnt es sich auch für dich, dir die Frage zu stellen, ob ein selbst erfundener Brauch nicht viel stärker sein kann als ein ausgeborgter. Der Aufbau einer eigenen Tradition stellt einen fortlaufenden schöpferischen Prozess dar. Und ist es im Vergleich dazu in kreativer und intellektueller Hinsicht nicht ein bisschen billig, sich nur bei anderen zu bedienen?

LIEBESZAUBER

Wenn du einen Zauber wirkst, der jemanden dazu bringen soll, Gefühle für dich zu entwickeln, kann das ganz klar als Manipulationsversuch aufgefasst werden.

Denk also lieber doppelt und dreifach darüber nach, ob du wirklich einer Person den Samen der Zuneigung einpflanzen willst, die diese von sich aus gar nicht empfindet. Ist es fair, einen solch massiven Einfluss auszuüben? Schließlich darfst du auch die möglichen Folgen nicht außer Acht lassen. Denn womöglich sagt dir das Verhalten, das der derart Verzauberte nachher an den Tag legt, überhaupt nicht mehr zu. (Du musst nur an den Filmklassiker *Der Hexenclub* aus den 1990ern denken, um zu verstehen, was ich damit sagen will.)

Natürlich gibt es auch magische Möglichkeiten, die Liebe in dein Leben zu bringen, ohne jemanden zu manipulieren, und dafür hast du hoffentlich in Teil II einige Anregungen gefunden. Letztlich aber ist es deine Entscheidung.

Eine gute Möglichkeit herauszufinden, ob du tatsächlich einen Zauber wirken willst, der das Denken oder Verhalten einer anderen Person beeinflusst, ist die Antwort auf die Frage: Wie würde ich mich fühlen, wenn man das mit mir anstellen würde?

ZAUBER FÜR ANDERE OHNE DEREN WISSEN

Vielleicht meinst du, für jemanden einen Zauber zu wirken, der nichts davon weiß, könne auf keinen Fall schaden, solange es um etwas so Cooles wie Erfolg auf dem Gebiet von Heilung, Liebe oder Beruf geht. Schließlich handelt es sich dabei ja um wohlwollende, gute Magie, die lediglich helfen will, und was sollte daran schon falsch sein können?

Doch nun ist es so: Während einige Hexen tatsächlich mit ihrer Arbeit und ihren guten Intentionen auf die Menschen in ihrem Leben einzuwirken versuchen, lehnen andere das strikt ab. Um keine Grenzen zu überschreiten, fragen wieder andere die Betreffenden vorab, ob sie einverstanden sind. Wie du es halten willst, musst du selbst herausfinden.

Für den Erfolg deines Wirkens ist das Vertrauen ausschlaggebend, das du selbst in deine magischen Kompetenzen setzt. Mal angenommen, es geht um einen Zauber für eine Freundin, der ein Vorstellungsgespräch bevorsteht, und du würdest dir vor lauter Angst vor einem möglichen Misserfolg beim Zaubern fast in die Hosen machen. Könntest du deine Arbeit unter diesen Umständen optimal verrichten? Oder wäre nicht dein Glaube an die Wirksamkeit deines Zaubers viel zu instabil, um erfolgreich sein zu können?

Andere meinen, bei Hexen sei auch ein allzu großes Selbstvertrauen problematisch. Denn es könne dazu führen, dass sie die möglichen Folgen ihres Tuns nicht gründlich genug abwägen und jegliche Vorsicht in den Wind schlagen. Ich persönlich würde sagen: Wenn du deinen Fähigkeiten nicht genügend vertraust, um für andere zu arbeiten, dann solltest du zunächst vielleicht nur für dich selbst tätig werden. Trainiere deine magische Muskulatur, und schon bald wirst du dich imstande fühlen, deine Freund:innen und Angehörigen mit hexischen Mitteln zu unterstützen, ohne dass du Gefahr läufst, sie in die spirituelle Kloake zu schubsen.

UNGEBETENE RATSCHLÄGE UND VORHERSAGEN

Als Hexe freust du dich über deine präzise Wahrnehmung von Menschen oder Situationen. Und, ja, wir verfügen im Allgemeinen tatsächlich über eine besondere Intuition und gewinnen deshalb oft erstaunliche Erkenntnisse über latente Entwicklungen und bevorstehende Ereignisse. Auch erhalten Hexen nicht selten Botschaften von den Wesenheiten, mit denen sie zusammenarbeiten. Darüber hinaus sind wir mitunter in der Lage, Koinzidenzen sowie merkwürdige Geschehnisse im Leben von Menschen tiefgreifender zu interpretieren als andere. Das alles ist ziemlich heißer Scheiß, und im Laufe der Zeit wirst du – auf deine ganz eigene Art und Weise – immer besser darin.

Fragt sich nur: Wann solltest du deine hexischen Wahrnehmungen auch *mitteilen*? Angenommen, du würdest ahnen, dass einem geliebten Menschen etwas zustoßen wird: Würdest du ihm davon erzählen, damit er diesem Ereignis ausweichen kann? Oder du erhältst eine Botschaft von deinem Spirit Guide, in der es um eine Person geht, die du kennst: Gibst du die Information an sie weiter? Unaufgefordert Empfehlungen zu erhalten kann unangenehm und irritierend sein. Und während sich die einen über hexische Interventionen und Erkenntnisse freuen, lehnen andere sie ab oder fürchten sich sogar davor. Überleg dir, welche Position du in dieser Frage beziehen willst.

Vielleicht verspürst du den Drang, deine hexischen Gedanken zu teilen. Aber das kommt womöglich nicht immer zur rechten Zeit und kann zudem dazu führen, dass sich die Leute nicht auf sich selbst besinnen, sondern stattdessen eher auf deine Aussagen achten und dich so in eine Machtposition drängen.

Eine umsichtige Art der Informationsvermittlung besteht darin, die Person vorab zu fragen, ob sie an deinen Erkenntnissen interessiert ist oder nicht.

BINDEZAUBER

Wenn sich jemand destruktiv verhält beziehungsweise sich oder andere in Gefahr bringt, kannst du mit einem Bindezauber darauf reagieren. Bindezauber gelten im Allgemeinen als wohlwollende Aktivitäten, die dazu dienen, Menschen zu helfen, die dem Anschein nach nicht in der Lage sind, sich selbst zu helfen. Meistens üben Hexen einen Bindezauber aus, wenn sie jemanden von etwas Schädlichem abhalten wollen, zum Beispiel Gewaltanwendung, Drogen- oder Alkoholmissbrauch. Oberflächlich betrachtet entsteht hier also eigentlich kein ethisches Dilemma.

Doch wenn du einen Bindezauber durchführst, entscheidest du auch, was für die betreffende Person das Beste ist – und dabei kannst du durchaus falschliegen. Außerdem greifst du in ihre Willensfreiheit ein.

Manche Hexen sehen in diesem Binden eine Einflussnahme auf den Prozess, in dem die Person auf ihre Art und in ihrem Tempo ihre eigenen Lösungen findet und sich dabei auch immer besser kennenlernt. Ein anderer Punkt: Langfristig lässt sich das Binden wohl eher selten bewerkstelligen, weil dieser Zauber bei vielen Menschen auf einen sehr, sehr ausgeprägten Drang zum destruktiven Handeln trifft. Das macht das Binden mehr zu einer vorübergehenden Maßnahme, deren Wirksamkeit umso geringer wird, je mehr sich die Leute an ihre schlechten Angewohnheiten klammern.

Ob es in einer solchen Situation nicht vielleicht vernünftiger wäre, dich selbst mit einem Schutzzauber zu belegen, statt die andere Person binden zu wollen? Ich glaube, dass mein eigener Schutz energetisch langfristig kostengünstiger, also effizienter ist, als es ein Bindezauber für jemand anderen wäre. Außerdem entgehe ich so dem Risiko, die Willensfreiheit dieser Person zu unterlaufen. Das soll jedoch nicht heißen, dass ich nicht bereit wäre, etwas Nichthexisches zu unternehmen, um ihr zu helfen, dass ich mit ihr sprechen oder ihr professionelle Hilfe empfehlen würde.

BANNZAUBER

Natürlich kannst du jemanden mit magischen Mitteln aus deinem Freundeskreis, vom Arbeitsplatz oder aus einer Online-Community vertreiben. Du willst also, dass dieser Jemand aus deinem Dunstkreis verschwindet? Ein Bannzauber kann den Job erledigen. Allerdings vergreifst du dich auch dabei an der Willensfreiheit der betreffenden Person, und das ist kein Klacks.

Außerdem könnte man sagen, dass du dich mit dem Verbannen quasi aus der Verantwortung stiehlst. Schließlich haben wir es alle gelegentlich mit Leuten zu tun, die wir nicht mögen. Und ist es da etwa zu verantworten oder auch nur realistisch, wenn man sich ohne besonderen Grund dieser Personen mithilfe eines Zaubers zu entledigen versucht?

So gesehen würde uns das Verbannen also im Grunde sogar etwas sehr Wertvolles vorenthalten: nämlich die Lektionen, die wir in der Auseinandersetzung mit Leuten erteilt bekommen, die wir unsympathisch finden oder die uns Unrecht getan haben.

Zum Eigenschutz gegen Mobber oder Misshandler eingesetzt, kann ein Bannzauber durchaus angemessen sein, nicht so aber in harmloseren Fällen. Dir jemanden vom Hals schaffen bringt dich im Umgang mit »schwierigen« Menschen nicht unbedingt weiter. Sondern kann dir schlimmstenfalls sogar das Gefühl vermitteln, dass jeder, mit dem du nicht klarkommst, von der Platte geputzt gehört. Und einer solchen Haltung möchtest du ja wohl nicht das Wort reden, oder?

VERHEXEN UND VERFLUCHEN

Je nachdem, wen du fragst, wird das Zaubern zum Zwecke der Bestrafung eines Täters als entweder vertretbar oder moralisch verwerflich betrachtet. Manche Hexen sind der Meinung, Justitias Waagschalen sollten ohne äußere Einflussnahme ins Gleichgewicht kommen dürfen. Andere dagegen, glaube ich, würden wohl eher die Frage aufwerfen, wofür die Hexenkunst denn nutze sei, wenn sie nicht wenigstens dazu beitragen dürfe, den Prozess der Herstellung von Gerechtigkeit etwas zu beschleunigen.

Für das Opfer einer Straftat kann ein Hexenzauber oder Fluch von großer kathartischer Wirkung sein. Und ein solcher lässt sich durchaus so gestalten, dass dem Täter nichts anderes widerfährt, als dass er die Schwere seiner Tat einzusehen beginnt. Mit anderen

Worten: Verhexen und verfluchen kann beiden Parteien zu Heilung und Einsicht verhelfen. In diesem Prozess erkennt der Täter, was für ein Scheißkerl er war und dass er sich bessern muss (was an sich schon Strafe genug sein kann). Und dem Opfer gibt er das Gefühl, seinem Zorn und seinem Schmerz Ausdruck verleihen zu dürfen.

Im Leben des Täters sorgt ein solches Vorgehen zur Herstellung von Gerechtigkeit klarerweise für eine Menge Chaos, Traurigkeit, Angst oder Verlustgefühle. Also ist wohl ergänzend die Bemerkung angezeigt, dass du dir deiner Fähigkeiten schon sehr sicher sein musst, um die Kontrolle über all das Negative zu behalten, das du da aussendest.

Vielleicht solltest du dich außerdem fragen, ob du auch wirklich in der Lage bist, die »Schwingungen der Gerechtigkeit« in die richtige Richtung zu lenken, damit sie nicht versehentlich einen Unschuldigen treffen. Denn die Arbeit mit heilsamen Intentionen, die unbeabsichtigt woanders landen als geplant, ist die eine Sache. Ganz anders aber stellt es sich dar, wenn du jemanden verfluchst, der es – wie sich später herausstellen kann – definitiv nicht verdient hat. So könnte sich deine Intervention etwa auf Angehörige des Täters verheerend auswirken, die nicht das Geringste getan haben, jedoch in »Sippenhaftung« genommen werden und vollkommen grundlos leiden müssen. Mal ganz abgesehen davon, dass der vermeintliche Gesetzesbrecher sogar unschuldig sein kann.

Auch eine weitere Frage solltest du dir stellen, wenn du entscheidest, ob du dich auf eine solche »Justizmagie« einlassen möchtest, nämlich: »Bin ich wirklich geeignet, um als Richterin gegebenenfalls ein hartes magisches Urteil zu verhängen?« Genügt dein Überblick, um abschätzen zu können, welche Strafe angemessen ist?

Von mir selbst weiß ich, dass ich auf diesem Gebiet nicht gerade die Sensibelste bin, vor allem nicht, wenn mein Ego verletzt wurde. In einem solchen Moment male ich mir die gemeinsten Nickeligkeiten für den Arsch aus, der mir das angetan hat. Und bin auch eine

Zeit lang fest davon überzeugt, dass er die alle verdient hat. Ich kann nämlich manchmal ein ganz schöner Hitzkopf sein, claro? Schuld daran sind bestimmt die Gene und mein Geburtshoroskop.

Die Entscheidung, jemanden zu verhexen oder zu verfluchen, fällt meistens in einem Moment größter ungefilterter Emotionalität. Während dieser gedanklichen und gefühlsmäßigen Achterbahnfahrt redest du dir ein, der betreffenden Person das ganze Leben versauen zu müssen – nur um es im Nachhinein zu bereuen. Aber dann kann es zu spät sein.

Ich will dich hier wirklich nicht belehren, glaub mir das, Seestern. Das Ganze ist und bleibt deine Show, und du kannst machen, was du willst. Aber den einen oder anderen Gedanken auf die Problematik zu verwenden würde dir auf alle Fälle gut zu Gesicht stehen.

JENSEITSKONTAKTE

Auf die eine oder andere Weise arbeiten viele Hexen mit den Toten, sei es, dass sie den Geist eines lieben Verstorbenen um Rat bitten, Séancen abhalten oder das Ouija-Brett befragen. Viele von uns halten sich an Empfehlungen von Geistern, die einst Menschen waren, und nutzen die Botschaften, die sie von den Toten erhalten, sowohl für sich selbst als auch für andere. Manche Hexen haben diese Fähigkeit schon von Kindesbeinen an und können als Erwachsene im Grunde gar nicht mehr anders, als den Kontakt mit Verstorbenen zu suchen.

Andere sehen in der Bitte um Botschaften oder Unterstützung eine Art Störung der Totenruhe, halten sie für schlechten Stil und sogar potenziell gefährlich.

Und manche Hexen finden ausschließlich die Zusammenarbeit mit Verstorbenen der eigenen Ahnenreihe akzeptabel. Was das angeht, besteht Uneinigkeit: Während einige Hexen und anderweitig spirituell Aufgestellte mit Jenseitskontakten ihren Lebensunterhalt verdienen, halten andere die Kommunikation mit Verstorbenen für schlichtweg unmöglich. Finde also deine eigenen Antworten auf diese Fragen. Glaubst du, dass man sich mit Toten unterhalten kann? Hast du selbst schon Erfahrungen auf diesem Gebiet? Würdest du dich gern intensiver mit der Thematik befassen, und wenn ja: mit welchem Ziel? Und wie weit würdest du gegebenenfalls gehen? Fändest du es zum Beispiel akzeptabel, den Bewohner eines x-beliebigen Grabes aufzuwecken? Oder fette Honorare von Menschen einzustreichen, die sich nach der Botschaft eines lieben Verstorbenen sehnen? Wärst du bereit, dich vor ein Ouija-Brett zu setzen und zu schauen, ob vielleicht irgendwelche Spirits durchkommen, oder würdest du das für dich komplett ausschließen?

ARBEIT MIT DÄMONEN, TOTENGÖTTERN UND -GÖTTINNEN

Viele Hexen arbeiten mit Gottheiten, Spirit Guides, verstorbenen Ahnen oder anderen körperlosen Wesenheiten zusammen. Diese geben ihnen Ratschläge und Kraft und sind auf Anfrage auch beim Zaubern behilflich. Wobei Gottheiten, die über Tod, Krieg oder Zerstörung gebieten, für manche Hexen ein totales No-Go darstellen, während sich andere eng mit ihnen verbunden fühlen. Ähnlich verhält es sich mit Dämonen, zu denen sich einige hingezogen fühlen, während sich anderen schon beim Gedanken an sie die Fußnägel kräuseln.

Und dann gibt es natürlich auch Hexen, die zwar große Lust hätten, mit »dunkleren« Wesenheiten zu kooperieren, sich aber nicht trauen. Wobei du dir klarmachen solltest, dass Hexen, die mit Totengöttinnen, Dämonen und anderen eher dem Schattenreich zuzurechnenden Wesen arbeiten, in aller Regel nichts Böses oder Schlechtes bewirken *wollen* und bewirken. Denn zum Beispiel kann ein Dämon dem Erfolg förderlich sein. Und eine Todesgöttin vermag dir beim Heilen zu helfen.

Dass ein Wesen einen schlechten Ruf genießt, heißt ja noch lange nicht, dass es nur für Kooperationen taugen würde, die von schlechten Absichten getragen werden. Und auch wenn eines dieser Wesen Furcht einflößend wirkt, muss man noch lange keine Angst vor ihm haben.

Eins ist natürlich klar: Solltest du beim Gedanken an die Zusammenarbeit mit einem bestimmten Wesen ein mulmiges Gefühl bekommen, dann lass bloß die Finger davon! Keiner kann dich zwingen, mit Luzifer zu kuscheln, wenn dir partout nicht danach ist.

Zum Teil geht es bei diesen ethischen Fragen immer auch darum, ob du andere Hexen für die Wahl der Wesenheiten verurteilst, mit denen sie zusammenarbeiten. Deshalb prüfe dich auf Vorurteile, und krieg die Fakten auf die Reihe, bevor du annimmst, Charakter und Absichten einer unserer Kolleginnen würden sich mit dem Ruf der körperlosen Wesenheiten decken, mit denen sie abhängt.

FÜR HEXENDIENSTE GELD NEHMEN

Im Laufe der Zeit eignen sich die meisten Hexen ein Riesenrepertoire von Fähigkeiten an. Manche werden erfahrene Kräuterfrauen, legen dir perfekt die Tarot- oder Orakelkarten, deuten Geburtshoroskope und beherrschen noch eine Menge anderen heißen Scheiß. Viele Hexen sind auch perfekt im Aura-(Energiefelder-)lesen, sie plaudern mit Toten und können selbstverständlich auch zaubern, um den Leuten allerlei Schönes ins Leben zu locken.

Bei diesen Qualifikationen leuchtet es schon ein, dass einige Hexen ihren Lebensunterhalt damit bestreiten wollen – und viele tun es auch. Aber das ergibt sich nicht zwangsläufig, und Geld für dein Wirken zu nehmen macht dich weder zu einer besseren noch zu einer schlechteren Hexe.

Manche finden es trotzdem nicht so gut, sich für ihre Leistungen bezahlen zu lassen. Oft, weil sie der Meinung sind, ihr Können sei ein Geschenk der Spirits und müsse deshalb auf Anfrage freigebig und kostenlos zur Verfügung gestellt werden. Bei anderen steht die Auffassung im Vordergrund, Geld kompliziere alles nur unnötig. Und deshalb ziehen sie es vor, immer nur zu helfen, wenn sie es für nötig halten – dann aber gratis.

Selbstverständlich gibt es auch haufenweise Hexen, die eine Bezahlung für unabdingbar halten, weil sich darin der Respekt vor ihrer Arbeit niederschlage, der den Weg zu einem fairen Austausch frei mache und die Positivität fördere.

Aber eines muss natürlich auch klar sein: Wer ein Honorar nimmt, sollte sich auf seinem Gebiet schon sehr gut auskennen. Denn moralisch finde ich es absolut nicht vertretbar, Knete für etwas zu verlangen, was man nicht wirklich beherrscht – sei es Schreinern, Backen oder eben Hexen. Solltest du also mit Zaubern oder Kartenlegen Mäuse machen wollen, musst du dir absolut sicher sein können, dass deine Kund:innen einen echten Gegenwert für ihr Geld bekommen.

UMWELTSCHUTZ UND VERANTWORTUNGSVOLLER KONSUM

Das Bewusstsein für die Gefährdung der Umwelt und die dringend erforderliche Nachhaltigkeit wächst unaufhörlich – und aus gutem Grund. Die Themen Klimawandel, Naturkatastrophen, Artensterben, Zerstörung des Lebensraums von Tieren und Angehörigen sowie Unterstützern der indigenen Bevölkerung sind inzwischen in fast aller Munde. Und eines muss man sagen: Viele Hexen waren sich dieser Probleme, schon lange bevor sie in die Schlagzeilen der Massenmedien gelangten, bewusst. Die meisten von uns richten ihre Arbeit an den Kreisläufen der Natur und ihren Symbolen aus, beginnend bei den Mondphasen über die Verwendung von Heilkräutern bis hin zu den Elementen Erde, Luft, Feuer und Wasser. Viele Hexen sind überzeugt, dass alles in der Natur einen Spirit oder eine Seele hat – und so auf seine ganz eigene Art lebendig ist.

Kristallen, Bäumen, Blumen und Kräutern werden bestimmte Bedeutungen und Verwendungsmöglichkeiten zugeordnet. In der Magie und beim Zaubern arbeiten wir mit den Charakterzügen, die ihnen zugewiesen werden.

Eine Bedeutung haben auch Tiere und Insekten, genau wie die verschiedenen Witterungsbedingungen, Sterne, Planeten und so weiter. Die Natur, die Respekt verdient hat und geschützt werden muss, gilt als große Lehrmeisterin der Menschheit.

Natürlich steht die Natur nicht bei *jeder* Hexe im Mittelpunkt. Dennoch sorgen wir uns alle um die Umwelt und sind überzeugt, dass Mutter Erde unseren Schutz benötigt und verdient.

Allerdings muss man auch sagen, dass viele Hexen kleine Konsumjunkies sind. Zum Zaubern, für die Altardeko und so weiter verwenden wir alle möglichen Kinkerlitzchen, Tools und verschiedenste Zutaten. Wir sind uns der Bedeutung und des Werts der materiellen Welt also durchaus bewusst, und das heißt auch, dass wir Dinge zu schätzen wissen und uns freuen, sie bei der Arbeit benutzen zu können. Doch genauso wichtig ist es, unsere Erde zu respektieren und zu schützen. Deshalb muss sich jede Hexe die Frage stellen, wie sich ihre Verantwortung für die Umwelt auf ihre Kaufentscheidungen auswirkt.

Bist du bereit, dich für ethisch vertretbar hergestellte Waren zu entscheiden, die unter annehmbaren Bedingungen von Arbeiter:innen hergestellt wurden, die einen fairen Lohn dafür bekommen? Was hältst du davon, so oft wie möglich *secondhand* zu kaufen? Bist du bereit, nur noch die für deine Arbeit nötigsten Utensilien zu erwerben? Gib dir Antworten auf diese Fragen, damit du abschätzen kannst, wo du in Sachen Umweltschutz wirklich stehst.

SCHREIB'S AUF

◊ Schreib dir alle ethischen Prinzipien auf, die du in dieser Phase deiner Entwicklung vertrittst. Und mach dir nichts draus, wenn es nur wenige sind. Füge mit der Zeit und zunehmender Klarheit weitere hinzu.

◊ Schreib dir auch alle ethischen Prinzipien auf, von denen du nicht recht weißt, ob du sie überzeugt vertreten kannst oder nicht, und finde die Gründe dafür heraus.

◊ Warum könnte es wichtig sein, dass du dich für eine Weiterentwicklung deiner hexischen Moralvorstellungen aufgeschlossen zeigst?

PROBIER'S DOCH MAL

◊ Wähle zwei der ethischen Zweifelsfälle, die ich in diesem Kapitel behandelt habe, und beschäftige dich ein paar Wochen lang aktiv mit der Frage, welche Haltung du selbst vertrittst. Vielleicht möchtest du in dieser Zeit mit Leuten darüber sprechen, recherchieren und dir Notizen machen.

◊ Achte in der nächsten Zeit darauf, wie du reagierst, wenn du etwas liest oder hörst, mit dem du hundertprozentig übereinstimmst oder was dir entschieden gegen den Strich geht. Halte deine Reaktion schriftlich fest. Bringst du deine Zustimmung beziehungsweise Ablehnung sofort zum Ausdruck? Oder denkst du erst länger darüber nach? Welche Emotionen kommen bei dir hoch? Und welche Schlüsse ziehst du im Hinblick auf die Entwicklung deiner witchy Ethik aus diesem Experiment?

SCHATTENARBEIT

Das Konzept des »Schattens« verdanken wir dem Schweizer Psychiater C. G. Jung. Er verwendete diesen Begriff zur Beschreibung des Bereichs der Psyche, in dem all jene Aspekte verborgen sind, mit denen wir uns nicht identifizieren wollen. Darin ist also der ganze weniger schicke Teil von uns verbunkert, schlechte Meinungen über andere zum Beispiel genau wie die Verletzungen, die wir ihnen zufügten, und überhaupt alle zerstörerischen Tendenzen, die wir nicht bereit sind zur Kenntnis zu nehmen und abzustellen.

Allerdings liegt in diesem Schatten auch viel Schönes. Ich bin sicher, so was kennst du auch: Du machst einer Frau ein Kompliment für ihr künstlerisches Talent, doch sie weist jedes Lob weit von sich und scheint sich ihrer Leistungen gar nicht bewusst zu sein. Das könnte daran liegen, dass die kreative Ader bei ihr im Schatten liegt – und sie diese nie bewusst als Teil ihrer Persönlichkeit akzeptiert hat.

Zur Wahrnehmung des im Schatten Verborgenen kommt es oft vollkommen unerwartet. Möglicherweise im Traum beziehungsweise in einem Albtraum oder wenn wir in der Auseinandersetzung mit einem uns nahestehenden Menschen darauf gestoßen werden. In einer solchen Situation fühlt man sich häufig unangenehm getriggert und empfindet eine tiefsitzende Angst, Aversion oder wird sich einer vermeintlichen Schwäche bewusst, die bis zu diesem Moment unbemerkt geblieben ist.

Derartige Blitz-Konfrontationen fühlen sich oft ausgesprochen unangenehm an. Doch wenn es gelingt, sie als Lernerfahrung zu betrachten, können sie sich als Auslöser einer echten persönlichen Weiterentwicklung erweisen.

Du musst jedoch auf eine solch unvorhersehbare, dramatische Enthüllung nicht warten. Vielmehr kannst du dich auch gezielt deinem Schatten annähern, dich in diesem Bereich umsehen und schauen, was sich dort im Laufe der Zeit so alles angesiedelt hat – bevor es dich einholen kann. Dieser Ansatz wird als »Schattenarbeit« bezeichnet.

In Anbetracht der ganzen fiesen Dinge, die da in einem düsteren Winkel deiner Psyche herumtoben, wundert es nicht, wenn dir deine Entscheidungen und Motive oft selbst Rätsel aufgeben. Das ist auch ein Grund dafür, dass sich viele Leute für ihren Schatten zu interessieren beginnen und ihn aktiv erkunden wollen. Denn sobald dir etwas bewusst wird, was die ganze Zeit im Schatten verborgen war, kannst du es integrieren, also als Teil von dir akzeptieren.

Ein Talent lässt sich erst ausbauen, wenn es erkannt wurde. Umgekehrt verhält es sich mit schlechten Angewohnheiten oder toxischen Denkweisen ganz ähnlich: Verabschieden kannst du sie erst, nachdem du sie dir eingestanden hast.

Mit der Schattenarbeit dringen wir bewusst in die Bereiche vor, in denen Verleugnung und Verdrängung herrschen. Wir bringen Licht ins Dunkel, damit wir anschließend unser Leben gestärkt und mit besserer Selbstwahrnehmung weiterführen können.

Für uns Hexen kann diese Arbeit eine Art psychospirituelle Reinigung darstellen, die dafür sorgt, dass wir unserer Arbeit ebenso verantwortungsbewusst wie einfühlsam nachgehen und unsere Macht nicht destruktiv einsetzen.

Ich persönlich habe nicht die geringste Lust, das Hexen mit meiner Kaputtheit, meinem Schmerz und sonstigem Ballast zu befrachten. Und die Schattenarbeit verhilft mir zu einer klaren, starken

Haltung, die darauf beruht, dass ich mir meiner Verantwortung bewusst bin und tiefgreifend an mir arbeite.

Als Hexe triffst du eine Menge Entscheidungen. Zum Beispiel entscheidest du, wann du einen Zauber wirkst und zu welchem Zweck. Du befindest über das Maß an Engagement, das du an den Tag legst, entscheidest, was du lernst und zu welcher Art Hexe du dich entwickeln möchtest. Du öffnest dich für durchschlagende Ideen und Erfahrungen, von denen du dir eine Verbesserung deines Lebens erhoffst. Zugleich hältst du dich an bestimmte Normen, zum Beispiel an Pünktlichkeit und gewisse moralische Grundsätze. All das kann dazu führen, dass du dich in deiner Totalität kennenlernen möchtest – also nicht bloß die Teile, die deinem Ego schmeicheln.

Ein umfassenderes Wissen um deine Schwächen, Unsicherheiten und etwaigen Vorurteile kann dazu beitragen, dass du nicht mehr aus einem Impuls heraus, sondern nur noch dann Zauber wirkst, wenn du fest davon überzeugt bist. Mithilfe der Schattenarbeit kannst du auch erkennen, wenn du aus Bosheit oder Angst handelst. Und das gibt dir die Chance, dein Vorgehen noch einmal zu überdenken.

Da draußen sind Unmengen Leute magisch unterwegs, die keine Sekunde darüber nachdenken, ob sie sich dafür überhaupt eignen. Solltest du voller Ärger und Schmerz oder Probleme stecken, die nicht durchschaut oder geheilt sind, wird deine Hexenreise bestenfalls holprig verlaufen. Und dann bist du vielleicht nicht die Richtige, um über die Durchführung von Zaubern zu befinden – und weißt schlimmstenfalls nicht einmal, was du damit eigentlich erreichen willst. Wenn du dich nicht zunächst darauf konzentrierst, selbst zu heilen, stärker und selbstbewusster zu werden, sondern stattdessen auf Rache aus bist und versuchst, einem Widersacher das Leben kaputt zu machen, dann ist das einfach nur destruktiv. Und es kann noch schlimmer kommen, wenn du nämlich anfängst, Leuten das Leben schwer zu machen, die gar nichts getan haben.

Dadurch, dass du die Motive für dein Tun zu begreifen lernst, bekommt deine Hexenreise eine tiefere Bedeutung. Nun kannst du natürlich sagen, das Hexen wäre dein Versuch, Kummer, Unsicherheit oder Macht- und Kraftlosigkeit zu verarbeiten. Aber ist unsere Kunst dafür auch ausreichend? Oder brauchst du darüber hinaus nicht noch andere Strategien und Hilfsangebote?

Es gibt durchaus Leute, die den Weg der Hexe einschlagen, um sich nicht mit den Themen, die ihnen Angst machen, oder mit lähmenden Problemen auseinandersetzen zu müssen. Doch je mehr du zauberst, Karten legst und so weiter, um deinen Schwierigkeiten zu entgehen, desto größer wird die Gefahr, dass du immer tiefer in ihnen versinkst.

Unsere Hexentools und -praktiken können definitiv heilend und erhellend sein. Doch Leuten, die nicht bereit sind, die persönliche Verantwortung für ihre Probleme zu übernehmen, dienen sie auch oft als eine Art Fluchtweg. In dem Moment allerdings, in dem du anfängst, dich mit deinem Schatten zu beschäftigen, wendest du dich allem zu, was deiner Aufmerksamkeit bedarf. Und missbrauchst unsere Kunst nicht länger, um diesen Dingen auszuweichen.

OB DIE SCHATTENARBEIT AUCH FÜR DICH ETWAS SEIN KÖNNTE?

Vielleicht ist es für dich gerade nicht der richtige Zeitpunkt, deine Schatteninhalte ans Licht zu zerren. Vielleicht widerstrebt dir beim Lesen allein schon der Gedanke an diese Arbeit. Oder du kannst sie dir zwar prinzipiell schon für dich vorstellen – nur eben momentan nicht. Kann auch sein, dass du schon einmal erfolgreich Schattenarbeit geleistet hast, gegenwärtig aber davor zurückschreckst, weil sie Dinge zum Vorschein bringen könnte, die dir zu unangenehm sind.

Für den Fall, dass du grundsätzlich dazu bereit bist, aber doch noch gewisse Zweifel hast, möchte ich dir jetzt zehn Fragen stellen – zum Nachdenken oder zur schriftlichen Beantwortung:

1. Warum interessierst du dich für die Schattenarbeit, und was versprichst du dir von ihr?
2. Wie gehst du normalerweise mit Kritik um?
3. Was verrät dir die Antwort auf die zweite Frage über deinen mutmaßlichen Umgang mit den Dingen, die bei dir im Schatten liegen?
4. Was glaubst du: Welche Themen und Probleme wirst du in deinem Schatten aufspüren und warum?
5. Wie würdest du wohl mit unerwarteten und/oder schockierenden Erkenntnissen umgehen?
6. Was, denkst du, solltest du bei der Schattenarbeit keinesfalls aus den Augen verlieren?
7. Verfügst du über ein Netzwerk von Unterstützer:innen und weitere Anlaufstellen, an die du dich wenden kannst, sollte sich herausstellen, dass du mit den Ergebnissen der Schattenarbeit allein nicht zurande kommst?
8. Was genau findest du an der Schattenarbeit so spannend?
9. Inwiefern könnte sie deines Erachtens deiner Hexenkunst förderlich sein?
10. Was meinst du: Wie könnten gegenwärtig die schlimmsten und besten Ergebnisse deiner Schattenarbeit aussehen?

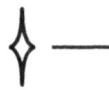

EINE EINFACHE TECHNIK

Die Idee, die hinter der Schattenarbeit steht, könnte man etwa so formulieren: Alles, was du abwehrst, bleibt. Und was du unterdrückst, setzt sich durch. Sobald du dir der Dinge in deinem Schatten bewusst wirst, kannst du sicher sein, dass sie nicht irgendwann doch noch das Ruder an sich reißen und zu echten Problemen werden.

1 Sobald du beschlossen hast, es mit der Schattenarbeit zu versuchen, kannst du anfangen, anhand der verschiedenen Lebensbereiche deine heiklen Punkte dingfest zu machen. Bei welchen Stichworten sträuben sich dir die Nackenhaare? Was löst bei dir Angst, Unsicherheit, Zorn oder ein Gefühl des Peinlich-berührt-Seins aus? Bei der folgenden Liste sind vor allem die Einträge von Bedeutung, die du am liebsten einfach überspringen würdest:

- Freundschaft
- Familienleben
- Liebesbeziehungen
- Elternschaft
- Selbstbild
- Wohnort und Zuhause
- Beruf und Karriere
- Studien, Weiterbildung
- Spiritualität
- Sex und Intimität
- Anziehung und Begierde
- Kreativität
- Finanzen
- psychische Gesundheit
- körperliche Gesundheit
- Geschlechtsidentität
- ethnische Identität
- sexuelle Identität
- Ungerechtigkeit und Unterdrückung

- politische Überzeu-
  gungen
- Gemeinschaft
- Zukunftspläne
- Erfahrungen aus der
  Vergangenheit
- soziale Medien
- Organisation
- Zeitmanagement
- Grenzen und Ein-
  schränkungen

- Kommunikation
- Konflikte
- Neid und Konkurrenz
- Pflichten und Verant-
  wortung
- Misserfolge und Rück-
  schläge
- Unabhängigkeit
- Tod und Verluste

2 Frag dich, ob es dir möglich ist, dich in deinem Tagebuch zu diesen Themen zu äußern und dich dabei vor allem auf die Punkte zu konzentrieren, die du vermeidest, herunterspielst oder sehr fürchtest. Versuch die Erkenntnisse, die du über die Inhalte deines Schattens gewonnen hast, noch zu ergänzen. Und zwar, indem du die Dinge, die dich ernsthaft stören, auf den Punkt bringst. Das könnte in etwa so aussehen:

- *Obwohl ich mich meinen Geschwistern nie besonders verbunden gefühlt habe, nervt es mich, dass sie ein engeres Verhältnis zueinander haben als zu mir.*
- *Ich habe immer Angst, dass mein Geld selbst für das Nötigste nicht mehr langen könnte, auch wenn ich vom Kopf her genau weiß, dass das Unsinn ist.*
- *Ich will meine Ernährung umstellen und überhaupt meine Lebensweise ändern, schiebe das aber immer wieder vor mir her.*

3 Lies dir deine Statements jetzt noch einmal durch. Dabei fällt dir womöglich auf, dass du nicht benennen könntest,

warum du die Dinge eigentlich so empfindest, wie du es tust. Und das ist auch völlig in Ordnung so. Denn dann besteht der erste Schritt deiner Schattenarbeit eben in der Erkenntnis, dass diese Statements Ausdruck deiner wahren Gefühle und Empfindungen sind.

4 Danach kannst du deinen Statements weiter auf die Spur kommen, indem du sie dir laut vorliest (sollte dir danach sein, gern auch vor einem Spiegel) und dir aufschreibst, welche Gefühle sie in dir auslösen und warum. Mit jedem einzelnen deiner Statements kannst du dich eingehender beschäftigen, indem du dir jeweils folgende Fragen stellst:

- Woran erinnert dich das Problem oder Gefühl und warum?
- Welche Ursachen könnte dieses Problem oder Gefühl haben?
- Was könnte an dieser Erkenntnis aus deiner Schattenwelt positiv und aufbauend sein?
- Was wäre ein guter erster Schritt im Umgang mit ihr?
- Und was an diesem ersten Schritt würde dir am schwersten fallen?
- Was geschieht, wenn du diesen Schritt nicht machst? Wie würde sich dein Leben dann gestalten?
- Woran musst du unbedingt denken, sobald dieser Schatten in dir aktiviert wird?
- Benenne mindestens drei Situationen, in denen dein Schatten bislang in dir aktiviert wurde.
- Was hättest du in jeder dieser Situationen anders machen können?
- Wie könnte dieser Aspekt deines Schattens geheilt werden?

- Wie ließe sich der Schaden, den dieser Schatten angerichtet hat, wiedergutmachen?
- Was ist dir nach der Beantwortung all dieser Fragen klar geworden?
- Was, glaubst du, ist nach der Beantwortung der Fragen noch offengeblieben?

5 Vielleicht möchtest du den beschriebenen Prozess noch ein oder mehrere Male wiederaufgreifen – wann immer wir in diesem Zusammenhang etwas erneut anpacken, wird die nächste Schicht freigelegt.

Eine Sache, der ich im Laufe der Zeit viel Schattenarbeit gewidmet habe, ist mein Verhältnis zu Zorn, Ärger, Aggressivität. Das war nicht immer das beste – mit der Folge, dass ich mir und anderen viel Leid angetan habe. Manchmal schlage ich mich auch heute noch damit herum, aber dadurch, dass ich mir des Problems inzwischen bewusst bin, kriege ich mich im Fall der Fälle jetzt doch meistens relativ schnell wieder ein. Und zwar, weil ich Maßnahmen ergriffen habe, die dafür sorgen, dass ich nicht beim geringsten Anlass ausbreche wie ein Vulkan.

Ich habe beobachtet, wie sich aufsteigender Zorn bei mir ausdrückt, und weiß deshalb, wann die Gefahr besteht, dass ich unangemessen aufbrausend reagiere. Auch habe ich gelernt, »hinter die Fassade« meiner Aggressivität zu schauen, um herausfinden zu können, worum es eigentlich geht.

Auf diese Weise ist mir klar geworden, dass sich jede Menge anderer Emotionen, mit denen ich noch schlechter umgehen kann, als Zorn maskieren können, Kummer und Einsamkeit zum Beispiel. Und mittlerweile achte ich sehr darauf, dass ich mich auch mit diesen Gefühlen befasse. Dasselbe kannst du bei der Schattenarbeit mit deinen heißen Themen auch tun.

Und vielleicht magst du noch mit anderen Methoden versuchen, dir deinen Schatten anzueignen? Hier ein paar Vorschläge:

- Halt einen deiner Schatteninhalte in einem selbst gemalten Bild oder anderen Kunstwerk fest.
- Führe ein Ritual durch, das die Aufdeckung eines deiner verborgenen Wesenszüge symbolisiert oder den Fortschritt, den du auf dem Weg zu seiner vollen Integration bereits gemacht hat.
- Sprich mit einem dir nahestehenden Menschen, oder wende dich online an eine Gruppe von Leuten, die sich ebenfalls mit Schattenarbeit befassen.
- Setz die Schattenarbeit mit einem Coach oder einer Therapeutin fort.
- Schaff dir ein Notizbuch an, in dem du ausschließlich deine Schattenarbeit dokumentierst.
- Berichte einem Spiegel von deinen neu gewonnenen Erkenntnissen, und schau dir dabei in die Augen (sei es tatsächlich oder in deiner Vorstellung), damit sie realer für dich werden.
- Erschaffe dir einen Servitor, der dir hilft, dich bei der Schattenarbeit stark, beschützt und voll konzentriert zu fühlen.
- Entwirf im Zuge der Arbeit eine Landkarte deiner Schattenwelt, zeichne sie, erstelle eine Liste mit den von dir aufgedeckten Inhalten, oder kreiere mithilfe von Haftnotizzetteln an der Wand einen »Schattenbaum«.
- Lass dir von Tarot- oder anderen Orakelkarten, von Runen oder einem anderen Hilfsmittel zur Divination Aspekte deines Schattens zeigen, die du bislang übersehen hast. Ich zum Beispiel ziehe gern eine Tarotkarte, um eine Antwort auf die Frage »Was entgeht mir bei der Schattenarbeit?« oder »Welchem Thema sollte ich mich bei der Schattenarbeit heute zuwenden?« zu erhalten.
- Experimentiere ein wenig, um herauszufinden, wie weit du bei der Integration eines bestimmten Schattenaspekts von dir

schon gekommen bist. Ein Beispiel: Angenommen, du beschäftigst dich damit, dass du immer zu viel gibst und geradezu ungesund großzügig bist. Dann könntest du dir die Aufgabe stellen, mit ein paar Freund:innen auszugehen und sie
zu nichts einzuladen. Beobachte, wie gut dir das gelingt, und
schreib auf, was dir in der Situation geholfen hat und was dir
eher im Weg stand.

• Informiere dich über die verschiedenen Techniken der Schattenarbeit, probier sie aus, und finde heraus, welche für dich am
besten funktionieren.

Hier noch ein paar wichtige Infos, die bei der Schattenarbeit wesent-
lich sein können:

DU KANNST JEDERZEIT AUFHÖREN

Wenn dir die Schattenarbeit zu viel wird und du nach ein paar Sitzungen noch keine Erfolge siehst, kommst du womöglich zu dem
Schluss, dass es nichts für dich ist. Doch das heißt noch lange nicht,
dass du gescheitert wärst.

Danach hast du immer noch genügend Zeit und Energie, um
dich mit anderen Methoden der persönlichen Weiterentwicklung zu
beschäftigen, die dir vielleicht mehr bringen. Und die Schattenarbeit läuft dir ja auch nicht weg, du kannst sie zu jedem beliebigen
Zeitpunkt wieder aufnehmen.

SUCH DIR TECHNIKEN, DIE FÜR DICH FUNKTIONIEREN

Der Vergleich verschiedener Methoden macht dir klar, welche für dich am besten geeignet ist, denn das Prinzip »Eine für alle« gilt hier nicht. Manche Leute schwören zum Beispiel auf die Durchführung von Ritualen bei der Schattenarbeit, andere kämen gar nicht auf die Idee. Für einige ist das Aufschreiben in diesem Zusammenhang das Nonplusultra, während andere es vorziehen, ihre Schattenwelt künstlerisch oder in psychologischen Beratungssitzungen zu erkunden. Schau einfach, was für dich am besten ist.

VERGISS NIE DEINE GUTEN ABSICHTEN

Beim Erforschen der Schattenwelt geht es nicht darum, Material zu finden, mit dem du dir eins über die Rübe geben kannst, Beauty. Mach dich mit den Infos, die du beim Ausforschen deines Schattens erhältst, nicht fertig. Denk dran: Du tust das, um die Beziehung zu dir selbst und anderen zu verbessern und um eine ebenso verantwortungs- wie selbstbewusste Rebel Witch zu werden. Und nicht etwa, um den gemeinen, brutalen Spielplatztyrannen in deinem Kopf mit Munition zu versorgen.

Sei lieb zu dir. Sprich nie so mit dir, wie du definitiv mit keinem anderen sprechen würdest. Niemand ist perfekt. Verstehst du? NIEMAND. Jeder muss seinen Mist selbst geregelt kriegen. Und dein Schatten ist absolut nichts, für das du dich schämen oder hassen müsstest.

DU BIST NICHT WENIGER HEXE, WENN DU KEINE SCHATTENARBEIT MACHST

Im Ernst: Abgesehen davon, dass die Zeit für dich womöglich gerade nicht passt, kann es auch einfach so sein, dass die Schattenarbeit für dich nichts ist. Nicht alle haben Bock, ewig in der dunklen Seite ihrer Psyche herumzudümpeln. Vielleicht siehst du bei dieser Arbeit einfach keine Fortschritte und ziehst es ohnehin vor, Probleme erst dann zu lösen, wenn sie sich stellen. Das ist okay und sagt nichts über deine Fähigkeiten aus, dich einzulassen und zu engagieren.

VIELLEICHT MÖCHTEST DU LIEBER NICHT ALLEIN AN DEINEM SCHATTEN ARBEITEN?

Würdest du es lieber im Rahmen einer Diskussionsgruppe angehen, zusammen mit einer anderen Person oder mit einer therapeutischen Fachkraft? Verrichtet man eine Arbeit dieser Art auf sich allein gestellt, können einen die Ergebnisse besonders deprimieren, und die Stimme der inneren Tyrannei wird gerade unter diesen Umständen oft sehr laut. Manche Leute finden es allein auch langweilig oder verwirrend, sie schweifen schnell ab und fragen sich nur, wo das alles eigentlich hinführen soll. In der Gesellschaft von jemand anderem zu arbeiten gibt Struktur und die Möglichkeit des Austauschs über Fortschritte und eventuelle Stagnation.

ÜBERTREIB'S ABER AUCH NICHT MIT DER SCHATTENARBEIT

Manche Leute empfinden die Schattenarbeit weder als langweilig noch als verwirrend, sondern im Gegenteil: Sie sind dermaßen von ihr fasziniert, dass sie es damit übertreiben. Und ich muss zugeben: Bei mir war es auch einmal so. Die Entdeckung meiner verborgenen Persönlichkeitsanteile hat sich angefühlt wie der Besuch eines Kelly-Ann-Maddox-Museums. Nachdem ich mir alle Exponate angesehen hatte, konnte ich meine Gefühle, Ängste und Verhaltensmuster sehr viel besser verstehen.

Trotzdem ist es im Fall eines solchen Überengagements besser, die Schattenarbeit immer wieder auch auszusetzen und eine Weile über den Prozess nachzudenken. So stellst du sicher, dass du deine Erkenntnisse würdigst und auch von ihnen profitieren kannst.

ARBEITEN KANNST DU NUR MIT DEM EIGENEN SCHATTEN

Sorg immer dafür, dass deine Erkundungen stets wieder zu dir zurückführen. Sobald du feststellst, dass sich ein Großteil deiner Schattenarbeit um die Probleme anderer Leute dreht oder darum, wieso sie im Unrecht sind, weißt du, dass du auf dem Holzweg bist.

Auch wenn du das Gefühl hast, genau zu wissen, was die anderen in punkto Verhalten und Einstellungen an sich ändern müssten … Das ist deren Sache. Und an ihnen ist es auch zu entscheiden, ob sie sich dieser wichtigen Aufgabe unterziehen wollen oder nicht. Deine Handlungsgewalt beschränkt sich auf deine Schattenarbeit.

Solltest du dich also dabei ertappen, dass du auf jemand anders fokussiert bist, besinn dich schnell wieder auf dich zurück. Darauf, wofür du verantwortlich bist, was du dir klarmachen musst, wie du selbst agierst und so weiter.

SCHREIB'S AUF

◊ Was denkst du: Welche drei Dinge solltest du im Moment vorrangig bearbeiten und warum?

◊ Du bist dir noch nicht sicher, ob du es aktuell einmal mit der Schattenarbeit versuchen möchtest? Anhand der obigen Zehn-Fragen-Liste kannst du dir Klarheit verschaffen.

PROBIER'S DOCH MAL

◊ Such dir drei Techniken, sei es aus diesem Buch, aus anderen Quellen oder selbst erdachte. Probiere jede in einer gesonderten Sitzung aus; alle drei aber sollten denselben Aspekt deines Schattens behandeln. Beurteile die verschiedenen Techniken auf einer Skala von eins bis zehn, und überleg dir, was du an jeder einzelnen besonders nützlich oder unnütz fandst.

HILFE SUCHEN UND PROBLEME LÖSEN

Hör mal, Schnecke, eines muss dir vollkommen klar sein: Keine Hexe, die irgendwo im Außen Hilfe sucht, braucht sich zu schämen. Dafür gibt es nämlich nicht den geringsten Grund. Wenn du im Leben Schwierigkeiten hast, kann dir die Hexenkunst in punkto Heilung und Stärkung enorm weiterhelfen. Doch dass sie allein die Lösung birgt, ist höchst unwahrscheinlich. Trotzdem scheinen manche Leute unsere Kunst als eine Art Fluchtweg zu betrachten, von dem sie hoffen, er könnte ihnen die Auseinandersetzung mit ihren Problemen ersparen. Das führt aber zu gar nichts.

Dir ist bewusst, dass die Motivation für dein Hexen mit früheren oder aktuellen Problemen ernster Natur zusammenhängt? Dann darfst du dir getrost jede Unterstützung holen, die du bekommen kannst – auch wenn sie nicht deinem heiligen Raum entstammt.

Viele Hexen beziehen Kraft und Heilimpulse aus Ritualen, Zaubern oder auch aus der Zusammenarbeit mit verschiedenen Wesenheiten. Und trotzdem sind sie in Therapie, rufen bei einschlägigen Hotlines an, nehmen Medikamente oder schließen sich Selbsthilfegruppen an.

Stell dir die folgenden Fragen:

- Wie kommst du gegenwärtig mit den Herausforderungen des Lebens klar?
- Was könnte es dir in deiner aktuellen Situation bringen, wenn du dir professionelle oder private Hilfe suchen würdest?

- Welcher nicht hexischen Technik bedienst du dich am häufigsten, wenn du in Schwierigkeiten bist?
- Welche Probleme setzen dir momentan sehr zu, und welche nicht hexischen oder hexischen Maßnahmen könntest du dagegen ergreifen?
- Schau dir ein Problem genauer an, das dir gegenwärtig Sorgen macht: Welche Faktoren kannst du beeinflussen und welche, realistisch betrachtet, nicht? (So könntest du zum Beispiel im Netz nach Antworten oder Techniken suchen, jemanden um Hilfe bitten oder früher aufstehen, damit du mehr Zeit hast. Dinge wie das Wetter, die Wirtschaftslage oder die Wahlergebnisse wirst du jedoch eher nicht beeinflussen können.)
- Warum, denkst du, ist es wichtiger, dich mehr auf Dinge innerhalb deines Einflussbereiches zu fokussieren als auf solche außerhalb?
- Welche Rolle sollte die Hexenkunst bei deiner persönlichen Entwicklung, bei der Lösung von Problemen und für dein Wohlbefinden spielen?
- Was kannst du in Bezug auf deine persönliche Entwicklung, die Lösung von Problemen und dein Wohlbefinden realistischerweise *nicht* von der Hexenkunst erwarten?
- Welcher Aspekt deiner Hexenpraxis hilft dir am meisten, wenn du dich besonders schlecht fühlst oder dir verloren vorkommst?

Dass du Hexe bist, heißt nicht, dass sich deine Probleme von selbst lösen würden. Jede von uns hat ihre Nöte und Konflikte – wie alle anderen Menschen auch. Und nur weil die Magie nicht alles für dich regelt, bist du noch lange kein Loser.

Die Magie kann unglaublich hilfreich sein, aber zusätzlich wirst du wohl auch noch andere Schritte unternehmen müssen. Und statt diese übergehen zu wollen, kannst du dich von der Magie dabei unterstützen lassen, sie in die Wege zu leiten.

Wirke einen Zauber, der dir den Mut und die Stärke gibt, die du brauchst, um dir Hilfe zu suchen. Führe ein Ritual durch, das deine Bereitschaft zu einer positiven Veränderung versinnbildlicht. Und tu alles Erforderliche, um auch außerhalb unserer Kunst guten Rat und Unterstützung zu erhalten.

In der Frage, wofür du deine Praxis nutzt und für wie erfolgreich du sie hältst, musst du dir selbst gegenüber absolut aufrichtig sein. Angenommen, du hast einen Berg Schulden. Dann kann dir die Hexenkunst auf dem Weg in die finanzielle Freiheit natürlich behilflich sein. Aber solltest du es dabei bewenden lassen? Oder wäre es nicht vernünftiger, darüber hinaus auch andere Maßnahmen zu ergreifen – zum Beispiel Kontakt zu einer Schuldnerberatung sowie zu deinen Gläubigern aufzunehmen und Einsparungsmöglichkeiten zu eruieren? Nehmen wir weiter an, der Gedanke an solche Schritte würde dir Angst machen. Nun, dann kannst du selbstverständlich gern einen Zauber wirken, der dir den Mut zu entschiedenem Handeln verschafft. Doch der Versuch, dich schuldenfrei zu zaubern, obwohl du ganz genau weißt, dass du Monate mit schierem Nichtstun vergeudet hast, bringt gar nichts.

Ja, Zauber können sehr mächtig sein, sind aber in aller Regel besonders effektiv, wenn sie auf den Punkt gerichtet werden, an dem sie am meisten gebraucht werden. Sollte es dir schwerfallen, deiner Schulden wegen einen wichtigen Anruf zu tätigen, kannst du also einen Zauber wirken, der dich darauf vorbereitet und auch dafür sorgt, dass du dich während des Telefonats klar artikulierst und dein Ziel nicht aus den Augen verlierst. Das ist der Moment, in dem die Zauberkraft am nützlichsten ist: wenn wir »Mach, dass meine Schulden verschwinden« verwandeln in »Mach mich so stark, dass ich mich dem Problem stelle, die richtigen Schritte einleiten und mich dadurch als Mensch weiterentwickeln kann«.

Bevor du einen Zauber wirkst, ein Ritual durchführst, dir die Karten legst oder eine Wesenheit um Unterstützung bittest, solltest du dir immer sicher sein, dass dein witchy Wirken so nutzbringend wie möglich ist. Und nicht ausweichend, sondern proaktiv. Frag dich deshalb:

- Hilft mir diese Hexenhandlung dabei, dass ich das Problem anpacke und aktiv löse?
- Hilft mir diese Hexenhandlung, meine Energie jetzt sinnvoll einzusetzen und mich zu fokussieren?
- Fühle ich mich gestärkt, wenn ich an die Hexenhandlung denke, die ich gleich ausführen werde?
- Bin ich wirklich davon überzeugt, dass mir die Hexenhandlung, die ich gleich ausführe, tatsächlich helfen wird, meine Schwierigkeiten aus der Welt zu schaffen?
- Habe ich bereits alle nicht hexischen Mittel ausgeschöpft und mir so viel Unterstützung geholt, wie es dem Problem angemessen ist?

Lautet die Antwort auf diese Fragen Ja, wird alles, was du in deinem Hexenkessel zusammenbraust, große Wirkung entfalten. Also leg los.

Du kannst zum Beispiel ein Ritual durchführen, das dich bei der Veränderung deiner Einstellung unterstützt oder hilft, dir die Angst zu nehmen. Denkbar wäre auch ein Zauber, der dafür sorgt, dass du etwas an deiner Situation erkennst, was du bislang übersehen hast. Und ebenso gut könntest du eine Göttin um Unterstützung, Empowerment oder Erfolg bitten.

Tu, was du magst, solange du das Gefühl hast, dass es den Zustand der Verleugnung nicht noch verlängert, sondern wirklich etwas zur Lösung deines Problems beiträgt. Du siehst: Es besteht ein Riesenunterschied zwischen jemandem, der nur Hexe spielt, und einer Person, die aus eigener Erfahrung im praktischen Leben weiß, wie gut das Hexen helfen kann.

SCHREIB'S AUF

◊ Was sind die Hauptprobleme, die dich gegenwärtig umtreiben, und welche hexischen und nicht hexischen Maßnahmen hast du dagegen ergriffen?

◊ Welches sind die wichtigsten Überlegungen, die du anstellen musst, wenn du mithilfe der Hexenkunst versuchen willst, die Probleme des Lebens zu lösen?

◊ Konntest du mithilfe hexischer, nicht hexischen Maßnahmen oder einer Kombination beider schon Probleme lösen, und wenn ja: welche? Wie fühlt es sich an, solche Erfolge feiern zu können?

PROBIER'S DOCH MAL

◊ Denk an ein langwieriges Problem, das du zu ignorieren versuchst. Schreib dir mindestens drei praktische Schritte auf, von denen du weißt, dass du sie immer wieder aufschiebst – Schritte, die eine Lösung des Problems einleiten würden. Überlege, ob und wie die Hexenkunst dir helfen kann, diese Schritte in Angriff zu nehmen. (Vergiss nicht: Du wirst dich ihrer bedienen, damit sie dir hilft, diese Schritte zu gehen, und nicht, um ihnen auszuweichen.)

21

TROUBLESHOOTING

Vergiss das Streben nach Perfektion. Perfektion ist eine Illusion. Sobald du meinst, dich ihr angenähert zu haben, verzischt sie sich und taucht an einem anderen Ort auf der Karte wieder auf. Am Ende bist du vermutlich vollkommen durcheinander und frustriert, auf unrealistische Erwartungen fokussiert, statt die Hexenkunst als das zu schätzen, was sie ist.

Es gibt Phasen, in denen uns das Lernen ausgesprochen leichtfällt, das Hexen super läuft und an dieser Front überhaupt alles tippitoppi ist. Dann kommen aber oft auch Wochen oder Monate voller Zweifel, Niederlagen und viel zu wenig Zeit für unser Metier. Mit dem Ergebnis, dass sich bei uns schließlich das Gefühl einschleicht, die Bezeichnung »Hexe« gar nicht verdient zu haben. Na ja, mit dem Hexen ist es eben genau wie mit allem anderen im Leben: Man muss es nehmen, wie es kommt.

Befassen wir uns jetzt einmal mit den komplizierteren Fragen: In diesem Kapitel möchte ich dich auf Dinge vorbereiten, die auf dich zukommen können. Und zugleich werde ich dir zeigen, dass nicht nur du allein mit eventuellen Schwierigkeiten konfrontiert wirst. Die kennen wir alle. Und, hey, mach dir keinen Kopf: Solche Probleme sind nicht generell unvermeidbar. Halt dich gern an meine Empfehlungen, solltest du sie nachvollziehen können. Und komm auf sie zurück, wann immer es nötig ist.

WENN'S GAR NICHT ODER NUR ENTTÄUSCHEND FUNKTIONIERT

Das Wichtigste zuerst: Verlier nicht die Geduld. Ich habe mir schon mehr als einmal die Karten gelegt und das Ergebnis zunächst verwirrend oder nichtssagend gefunden – bis es mir schließlich total einleuchtete. Zauber habe ich gewirkt, die absolut nichts gebracht haben – bis schließlich ein Resultat offenbar wurde, das meine höchsten Erwartungen weit in den Schatten stellte. Manche Rituale, die ich durchgeführt habe, kamen mir im ersten Moment ziemlich lahm vor. In den Wochen danach veranlassten sie mich jedoch zu wichtigen Überlegungen.

Unsere Kultur der sofortigen Belohnung verzerrt die Wahrnehmung von Zeit und Wertigkeiten. Und das mit Folgen: Heutzutage neigen wir dazu, alles, was uns nicht auf der Stelle ein geiles Gefühl gibt, vorschnell aufzugeben.

Also bleib aufgeschlossen, hex weiter, und lass den Dingen ihren Lauf. Denn vielleicht hast du einfach nicht genügend Geduld. Und bei uns Hexen kann Ungeduld zwar ein Zeichen für Enthusiasmus sein, unseren Erlebnissen aber auch ihren Glanz nehmen.

Vergiss auch nicht, dass nicht alles, was Hexen tun, unbedingt ein greifbares Ergebnis erzielen soll. Als Rebel Witch bist du auch Entdeckerin und Erfinderin, probierst Dinge aus und schaust, was funktioniert und was noch verbessert werden muss. Dabei kannst du dich genauso dafür entscheiden herauszufinden, was geht, wie dafür, was nicht klappt.

Wenn du etwas versuchst und das Resultat eher enttäuschend ist, notierst du es dir in deinem Buch der Schatten und forschst weiter. Halt dich nicht länger mit einem Misserfolg auf, sondern sei stolz, dass du den Versuch gewagt hast.

Die Suche nach der passenden Form von Zauberkunst und Ritualen stellt keinen geradlinigen Prozess dar, also erfreu dich lieber deiner Reise, statt dir zu wünschen, dass du schon angekommen wärst.

Was du auch nicht vergessen darfst: Enttäuschung ist nicht selten Ergebnis der Verwechslung eines Fantasiehexentums mit der wahrhaftigen Magie. Jede Hexe, die versucht, den Gesetzen der Physik zu trotzen, den Weltfrieden zu etablieren oder die Leute in ihrer Umgebung zu gängeln wie Marionetten, muss sich auf eine krasse Enttäuschung gefasst machen. Ich war schon immer der Auffassung, dass das Hexen die Wirklichkeit nicht außer Kraft setzt, sondern sie eher *ergänzt*. Und in der Wirklichkeit können Menschen nun einmal weder fliegen noch permanent alles richtig machen.

WENN DU WEDER AN DICH SELBST NOCH AN DIE MAGIE GLAUBST

Wer den Weg der Hexe einschlägt, muss im Minimum bereit sein, an unsere Kunst und daran zu glauben, dass sie etwas bewegen kann. Vielleicht hast du von Leuten gehört oder gelesen, die sehr von ihr profitieren konnten, und kennst unter Umständen sogar welche, bei denen das Hexen einen erheblichen Beitrag zur persönlichen Entwicklung leistet. Denk an diese Beobachtungen zurück, wann immer deine Überzeugung droht, ins Wanken zu geraten.

Manchmal kommt einem das, was nach herrschender Meinung die Alltagsrealität ist, so kalt, schwer, grau und trostlos vor, dass sich Zauber und Magie dagegen als meilenweit entrücktes Konzept anbieten, das mit dem eigenen Leben nicht viel zu tun hat. Dieses Gefühl haben wir alle manchmal – deshalb sind wir aber noch lange keine schlechten Hexen.

Besinn dich einfach immer wieder auf die Gründe, die dich bewogen haben, den Weg der Hexe einzuschlagen. Und sag dir: Wenn er anderen Leuten hilft, kann er mir ebenfalls helfen. Je mehr du hext, desto mehr Beweise erhältst du auch dafür, dass es Wirkung zeitigt. Und sobald deine Hexenkunst etwas ausrichtet, besteht keinerlei Anlass mehr, an ihr zu zweifeln.

Du hast also mal wieder einen besonders sparsamen Tag erwischt und fühlst dich nicht die Spur wie eine Hexe? Dann versuch doch mal, dein magisches Denken anzuknipsen. Mach dir klar, wie geheimnisvoll, staunenswert und wundersam alles um dich herum ist. Ich persönlich hole mein magisches Denken besonders gern beim Spazierengehen raus. Dann nehme ich zehn oder zwanzig Minuten lang alles, was sich meinen fünf Sinnen bietet, als symbolische Häppchen wahr, zu denen ich greife, die ich verputze und mir nutzbar mache. So wird aus einem Vogel am Himmel im Handumdrehen ein Zeichen meiner Göttin. Mit einem Mal verwandelt sich die Farbe der Kleidung, die eine Vorbeigehende trägt, ganz allein für mich in einen großen Strauß aus Sinn und Bedeutungen. Der Text eines aus einem Autofenster schallenden Songs enthält eine klare Botschaft, die mir die Lösung eines Problems zu finden hilft.

Sobald ich das magische Denken anstelle, reiße ich ein Loch in das Gewebe des Banal-Alltäglichen und erfülle es mit spiritueller Kraft … Im Laufe der Zeit wirst du herausfinden, dass du ganz natürlich auf das magische Denken umschalten kannst, ohne groß darüber nachzudenken. Und auf diese Weise bestätigt sich dein Glaube an alles Hexische in dir und um dich herum.

Und vergiss schließlich auch das nicht: Unter uns Hexen gibt es ganz unterschiedliche Vorstellungen davon, was passiert, wenn wir einen Zauber wirken – und nicht einmal darüber, was eigentlich unter Magic zu verstehen ist, sind wir uns einig.

Manche glauben, es spiele sich alles im Kopf ab, und halten die Magie für ein psychologisches Hilfsmittel zur Selbsttransformation. Andere sind fest davon überzeugt, dass sie beim Wirken machtvoller Zauber von nicht physischen Wesenheiten unterstützt werden. Viele Hexen vertreten auch die Auffassung, ihre Magie beruhe auf der ihnen innewohnenden göttlichen Kraft, und sehen in sich die Göttin des eigenen Lebens.

So kannst du dir deine ganz eigene – einzigartige – Hexenphilosophie stricken und selbst festlegen, wie sie sich in deinem Leben auswirken soll.

DAS MYSTISCHE-ELSTER-SYNDROM

Rebel Witches haben die Qual der Wahl. Da draußen gibt es so viel zu entdecken und zu testen, und wir trauen uns, alles auszuprobieren. Der Ausdruck »Wie ein Kind im Süßwarenladen« beschreibt nicht einmal annähernd das Gefühl, das wir haben, wenn wir mit den vielen verschiedenen Techniken und Tools experimentieren, die uns zur Verfügung stehen.

Wie die mystischen Elstern picken viele Hexen alles auf, was glitzert, und schmücken damit ihr Hexennest – angefangen bei kleinen Gegenständen wie Kartendecks und Büchern bis hin zu den verschiedensten Praktiken und Interessengebieten. All das ist für sie jedoch so überwältigend, dass sie leicht die Orientierung verlieren. Mit diesem ganzen Kram überfrachten so manche nun ihr spirituelles Gerüst, das dem Schwall der Begeisterung kaum mehr standhält und mangels echter Substanz schließlich in sich zusammenfällt.

Schauen wir uns mal einige Symptome des Mystische-Elster-Syndroms an:

- Dein spiritueller Terminkalender ist übertrieben voll – das alles kannst du beim besten Willen nicht schaffen.
- Du kaufst ständig neue Sachen, ohne die, die du bereits hast, angemessen häufig zu verwenden.
- Oft lässt du deine Fachliteratur – also die Hexenbücher – halb gelesen liegen und besorgst dir stattdessen neue.

- Du findest an so vielen Praktiken Gefallen, dass es dich vollkommen überwältigt und du nur noch verwirrt bist.
- Du belegst dich oft mit neuen (Berufs-)Bezeichnungen und/oder bist nie mit deinen Erfolgen als Hexe zufrieden.
- Du packst alles Mögliche zunächst sehr engagiert an – verschiedene Techniken, Beziehungen zu Gottheiten, Lerngebiete –, bleibst aber nie länger als ein paar Wochen bei der Sache.
- Andere Hexen haben in deinen Augen immer das gefragtere oder interessantere Praxisfeld.

Sollte dir das alles bekannt vorkommen, versuch mal eine Weile, den Ball flacher zu halten. Im Hinblick auf Interessengebiete, Praktiken, die man sich aneignen kann, die Verehrung verschiedener Gottheiten und so weiter kann es unter Umständen durchaus zu so etwas wie einer spirituellen Übersättigung kommen.

Ist dies bei dir der Fall, kannst du jeder dieser Techniken und jedem Tool eine Art Probezeit geben, in der du dich ganz allein darauf konzentrierst. So findest du heraus, was funktioniert und dir sinnvoll erscheint. Vielleicht arbeitest du also drei Monate lang mit einer bestimmten Gottheit zusammen, ohne dich einer anderen zuzuwenden. Oder du verwendest einen Monat lang nur ein einziges Kartendeck, um deine Beziehung zu ihm zu intensivieren. Am Ende dieser Versuchsperiode ziehst du Bilanz und entscheidest, ob du die betreffende Technik, Gottheit et cetera in dein Repertoire aufnehmen möchtest oder nicht.

Statt allzu oft zu shoppen, solltest du lieber Listen (mit unterschiedlichen Kategorien) der Dinge erstellen, die du dir anschaffen möchtest. Lass jeden Artikel mindestens einen Monat lang auf der jeweiligen Liste stehen. In dieser Zeit kannst du dir darüber klar werden, ob du ihn wirklich brauchst. Frag dich dabei, ob du vielleicht schon im Besitz von etwas bist, was demselben Zweck dient. Und willst du dich nicht lieber darauf konzentrieren?

Hier geht es darum, dass du dir des Wertes der Dinge bewusst wirst, mit denen du arbeitest. Und dir nicht einredest, dass das neue Objekt nun aber definitiv das Nonplusultra wäre und du von nun an nie wieder etwas Vergleichbares wirst kaufen wollen. (Spoiler-Alarm: Auch das heiß ersehnte Wunschobjekt wird bestimmt nicht das letzte seiner Art sein, das du dir anschaffst.)

KRITIK UND SORGEN DIR NAHESTEHENDER MENSCHEN

Sich von anderen das Hexen gestatten lassen zu wollen ist nie eine gute Idee. Natürlich ist es nett, wenn sich die dir wichtigen Leute für deine Ideen und Vorstellungen interessieren oder sie doch zumindest akzeptieren; Voraussetzung für einen Erfolg als Hexe ist es jedoch nicht. Eher im Gegenteil: Solltest du zu viel Energie darauf verwenden, andere davon überzeugen zu wollen, dass gegen deine Spiritualität doch eigentlich nichts einzuwenden sei, wird dir über kurz oder lang die Kraft fehlen, sie auszuüben.

Mach dir klar, dass du niemandem von deiner Hexenschaft erzählen musst, bevor du dazu bereit bist. Oder überhaupt. Du hast ein Recht auf dein inneres Privatleben und darfst darin anstellen, was du magst, ohne dich über deine Gedanken und Gefühle äußern zu müssen.

Unter Umständen überlegst du, ob es hilfreich und insgesamt positiv sein könnte, mit einer bestimmten Person darüber zu sprechen, oder ob es nicht vielleicht nur zu Spannungen und Konflikten führen würde.

Solltest du beschließen, dich einer schwierigen Gruppe gegenüber zu outen, bereite dich gut darauf vor, und halte deine Erwartungen angemessen niedrig.

Wenn du in der Partnerschaft, bei Angehörigen oder Freunden und Freundinnen mit Besorgnis oder Kritik rechnest, was deine neue witchy Laufbahn angeht, solltest du während des Gesprächs die folgenden Punkte im Kopf behalten:

- Erklär nicht zu viel. Beschränke dich aufs Allernötigste, und mach von Anfang an klar, worüber du bereit bist zu sprechen und was off limits ist.
- Du musst nicht auf alles eine Antwort haben. Wenn du dir in einem Punkt deines Weges noch nicht ganz sicher bist und jemand danach fragt, kannst du einfach sagen:»Das weiß ich noch nicht, daran arbeite ich noch.«
- Auf keinen Fall stehst du in der Verantwortung, Beweise für deine Überzeugungen vorlegen zu müssen. Oder forderst du die Person, mit der du dich unterhältst, etwa auf, auch Hexe zu werden? Na, siehst du. Dann ist es ja auch egal, wenn sie nicht glaubt, dass Zauber wirken können. Die Leute haben jedes Recht zu zweifeln. Was sie allerdings nicht dürfen, ist, dich respektlos zu behandeln, zu beleidigen und deine Spiritualität zu verunglimpfen. Daran darfst du sie während eures Gesprächs nötigenfalls jederzeit erinnern.
- Auch bist du nicht dafür verantwortlich, wie das Gegenüber dein Coming-out verarbeitet. In einem dir nahestehenden Menschen kommen unter Umständen eine Menge verschiedener Gefühle hoch, zum Beispiel auch Angst, Zorn oder Enttäuschung. Dass er diese Emotionen empfindet, ist okay. Nicht okay ist es dagegen, wenn er von dir erwartet, dass du ihm da durchhilfst oder gar die Hexenkunst an den Nagel hängst. Die Person muss ihren eigenen Weg weitergehen, herausfinden, warum sie diese Gefühle hat, und sich so letztlich selbst zu Akzeptanz verhelfen.
- Niemand hat das Recht, dich einer anderen Person gegenüber zu outen. Solltest du jemandem unter dem Siegel der Verschwiegenheit reinen Wein einschenken wollen, mach schon zu Beginn des Gesprächs deutlich, wie wichtig dir die Geheimhaltung ist. Und vergewissere dich, dass dein Gegenüber auch wirklich

verstanden hat und weiß, dass es zu niemandem ein Sterbens-
wörtchen sagen darf.

WIDERSTAND GEGEN VERÄNDERUNG

Dein Interesse an bestimmten Praktiken, Gottheiten oder Lernge-
bieten wird im Laufe der Zeit nicht immer gleich bleiben, und daran ist auch nichts auszusetzen. Verändert sich dein Leben, kann es
sein, dass du dein hexisches Wirken anpassen musst. Und Praktiken, die du zuvor als superhilfreich empfunden hast, sagen dir womöglich mit einem Mal nicht mehr zu. Gottheiten oder der Spirit
eines Verstorbenen, mit denen du oft kommuniziert hast, können
sich rarmachen oder den Kontakt sogar ganz einstellen. In solchen
Fällen kannst du natürlich immer eine Tür offen lassen, um ihnen
eine Rückkehr zu ermöglichen. Aber lass dich von der entstandenen
Lücke bloß nicht davon abhalten, dich dann eben mehr auf andere
Aspekte deines Wirkens zu fokussieren.

Entscheidende Veränderungen im Leben führen in der Hexenpraxis oft zu einem Wandel bisheriger Vorlieben. Trauer, Elternschaft
oder der Umzug in ein anderes Land sind naheliegende Beispiele
für derartig große Einschnitte. Aber auch Ereignisse von geringerer
Bedeutung – wie etwa ein außergewöhnlicher Traum oder die Lektüre eines wegweisenden Buches – können eine solche Veränderung
bewirken.

Und wenn es so weit ist? Dann klammere dich bitte nicht an
die Vergangenheit, sondern versuch lieber, dich auf und über die
Umstellung zu freuen. Oder wie ich immer gern sage: Ich kaufe mir
doch schließlich keine Fahrkarte und steige in den Zug, nur damit
der auf dem Bahnsteig stehen bleibt. Nachher will ich mich doch bewegt haben! Für mich sollte die Hexerei immer ein Abenteuer sein –
und bislang bin ich, was das betrifft, noch nie enttäuscht worden.

Ich bin schon länger Mentorin für angehende Rebel Witches. Und dabei ist mir aufgefallen, dass viele ein schlechtes Gewissen bekommen, wenn sie eine Praktik oder den Kontakt mit einer Wesenheit aufgeben. Du darfst aber nicht davon ausgehen, dass deine Tätigkeit als Hexe ein Leben lang die gleiche bleibt. Bereite dich auf ganz natürliche Entwicklungen vor, zu denen es sicher kommen wird. Irgendwann wirst du mit Freude auf all die bunten, lebendigen Phasen deines Lebens zurückblicken können. Von diesen Phasen haben manche Hexen mehr als andere. Und Rebel Witches in der Regel besonders viele. Aber das ist alles Teil des großen Wunders. Versuch dich nicht dagegen zu wehren.

INSPIRATION VERSUS IMITATION

Die Fülle von Social-Media-Plattformen heutzutage macht die Überdosierung hexischer Inhalte so leicht wie nie. Mit dem Ergebnis, dass das Hirn geradezu überschwemmt wird von Ideen und Bildern. Ob das inspirierend sein kann? Zweifellos. Aber auch erdrückend? Manchmal bestimmt.

Daran, dass du dich für den Umgang anderer Hexen mit spannenden Themen interessierst oder dir gern ihre Altäre anschaust, ist nichts falsch. Die Frage ist nur, wie es dir geht, nachdem du solche Inhalte in dich aufgesogen hast. Bekommst du womöglich das doofe Gefühl, deine Praxis oder deine Sammlung von Tools würden noch nicht ausreichen? Was ist, wenn du andere Hexen über ihre Ideen sprechen hörst? Führt es etwa dazu, dass du deine eigenen anzweifelst oder niedermachst? Das ist überhaupt nicht lecker, Zaubermaus. Und deshalb kann es nichts schaden, wenn du dir klarmachst, dass allzu viel witchy Content auch ungesund sein kann.

Such als Hexe immer dein Glück. Sollte dich etwas, was du siehst, hörst oder liest, stark beeindrucken und begeistern, halt kurz inne und überleg, was genau du daran so faszinierend findest. Passt das Tool, die Praktik oder das Wesen, das deine Aufmerksamkeit erregt hat, auch zu deinen Zielen? Zu deinen Überzeugungen?

Lass dich nicht dazu verleiten, etwas in dein Repertoire aufzunehmen, nur weil es Trend ist oder weil es in den sozialen Medien so aussieht, als würde es für eine Hexe funktionieren, der deine Bewunderung gehört. Betrachte deinen Enthusiasmus zunächst einmal mit einer gewissen Skepsis, bevor du Überzeugungen oder eine bestimmte Ästhetik übernimmst. Denn wenn du sie ausprobieren willst, musst du dir sicher sein können, dass du sie wirklich fühlst und es sich dabei nicht nur um einen Zug handelt, auf den gerade eine Menge Hexen aufspringt. Und, hey, wen interessiert es schon, wo andere Hexen hinspringen? Du machst nur, was du für richtig hältst. Und sonst gar nichts.

SPIRITUELLE KRISEN

Ich kenne keine einzige Hexe, die sich – egal, was im Leben passiert – ihrer Praxis mit immer gleichem Engagement und Einsatz widmet. Dass du dich mal total reinhängst, sie aber auch mal etwas schleifen lässt, ist also vollkommen normal.

Und mein wichtigster Rat hier lautet: Zwing dich zu nichts. Lass es zu, lass es zu- und abnehmen, lass es sich von selbst entwickeln.

Die meisten Hexen geraten in eine spirituelle Krise, wenn ihre ganze Zeit und Energie von etwas anderem beansprucht wird, zum Beispiel einem großen Projekt in ihrem weltlichen Beruf, von Krankheit oder sonst etwas Wichtigem. Und das ist doch auch plausibel, oder nicht? Traurig und frustriert darfst du gern sein, wenn deine spirituelle Praxis ins Hintertreffen gerät. Aber musst du dich deshalb wirklich täglich selbst beschimpfen oder dir Sorgen machen? Bringt es was, wenn du dich dermaßen unter Druck setzt? Meistens ist es das Beste, die Krise einfach sachlich hinzunehmen und davon auszugehen, dass du schon bald wieder genügend Zeit für die Spiritualität finden wirst.

In eine spirituelle Krise kannst du auch geraten, wenn du den Weg der Hexe nicht ernst genug nimmst und er ganz unten auf deiner Prioritätenliste steht. Was wiederum daran liegen kann, dass du dich weder von dir nahestehenden Menschen noch von der Kultur, in der du lebst, unterstützt fühlst. Und das kann ganz schön hart sein.

Aber vergiss auch nicht, wie hilfreich deine Praxis ist. Und wann immer dir etwas Freude macht und Stärke gibt, solltest du versuchen, Zeit und Raum dafür zu finden. Und eines darfst du ja auch nie vergessen: Im Kopf kannst du zu jedem beliebigen Zeitpunkt hexen. Du musst nicht warten, bis du in ein Umfeld gerätst, in dem unsere Kunst geschätzt wird, du einen Altar zur Verfügung hast und freiheraus über deine Praxis sprechen kannst. Hexen lässt sich jederzeit, auch jetzt sofort, ganz für dich, in deinem Inneren. Versuch's einfach mal.

Möglicherweise geht deine Krise auch auf einen allgemeinen Mangel an Disziplin zurück. Wenn du schon weißt, dass es dir manchmal schwerfällt, bei der Sache zu bleiben, kannst du dich in Disziplin üben, indem du dir eine spirituelle Aktivität herauspickst und ihr regelmäßig nachgehst.

Sieh aber zu, dass dieser Plan auch durchführbar ist. Denn solltest du dir etwa vornehmen, täglich mindestens eine Stunde zu hexen, öffnest du dem Scheitern damit Tür und Tor. Für die meisten jedenfalls wäre das ein völlig unrealistisches Vorhaben.

SCHREIB'S AUF

◊ Schau dir die Probleme, die wir in diesem Kapitel angesprochen haben, noch einmal an, und konzentrier dich auf eines, das du aus eigenem Erleben schon kennst. Schreib auf, welchen Rat du einer Hexe geben würdest, die diese Erfahrung gerade zum ersten Mal macht. Wie könntest du ihr helfen? Was würdest du ihr empfehlen? Was hat für dich schon mal sehr gut funktioniert?

PROBIER'S DOCH MAL

◊ Auf welchem Teilgebiet deines Wirkens käme dir aktuell ein bisschen Troubleshooting gerade recht? Konzentrier dich auf ein Problem, das dich gegenwärtig beschäftigt, und arbeite zwei bis vier Wochen lang gezielt an einer Verbesserung. Checke regelmäßig, wie weit du schon gekommen bist.

◊ Schau in Büchern, Videos oder sonstigen Materialien nach, welche Empfehlungen und Ratschläge andere Hexen für Bereiche haben, mit denen du dich schwertust. Was fällt dir an den Lösungen, die die Kolleginnen anbieten, auf? Und welche Vorschläge findest du am hilfreichsten?

SOLO ODER NICHT?

Viele Rebel Witches scheinen sich instinktiv zur Soloarbeit hingezogen zu fühlen. Und das liegt ja irgendwie auch nahe. Denn wenn du mit anderen zusammen zauberst und Rituale durchführst, musst du die Chose natürlich auch gemeinsam planen, und das heißt: Kompromisse suchen und Verhandlungen über eine gemeinsame Vision führen.

Da Rebel Witches aber am liebsten auf eigene Faust arbeiten, finden sie die Idee, sich einem Covent oder Hexenzirkel welcher Art auch immer anzuschließen, eher so semiattraktiv. Und dagegen, auf sich allein gestellt zu hexen, ist ja auch nichts einzuwenden. Um genau zu sein, bräuchtest du nicht einmal über deine Praxis zu sprechen. Mit niemandem.

Aber es gibt auch viele Argumente für eine Hexenpraxis an der Seite von Kolleginnen. Solltest du schon Freund:innen haben, die ebenfalls auf dem Weg der Hexe unterwegs sind und Bock auf gemeinsamen spooky Mumpitz haben, ist das super. Sollte das nicht der Fall sein, findest du vielleicht online oder aber in der Nachbarschaft eine passende Gruppe. Andere Möglichkeit: Du gründest einen Cyber-Zirkel, in dem ihr virtuell und weltumspannend als Hexengruppe zusammenarbeiten könnt – vielleicht wollt ihr die Sabbate und andere Festlichkeiten zum Beispiel per Videokonferenz gemeinsam feiern.

Der Gedanke gefällt dir? Dann streck doch mal deine Fühler in den sozialen Medien aus, um in Kontakt mit Leuten zu kommen, die schon in einer Gruppe sind beziehungsweise sich zur Organisation persönlicher oder digitaler Treffen gern einer anschließen würden.

Du kannst also jederzeit mit anderen Hexen Rituale durchführen und zaubern, wenn du magst, und dich mit ihnen zu einem Hexenzirkel zusammenschließen. Du musst aber nicht.

Vielleicht willst du dich auch einfach nur mit Leuten austauschen, die die gleichen Interessen haben wie du und dich nicht ausgrenzen. Überleg dir, was du wirklich willst und welche Vorteile die Zugehörigkeit zu einer Gruppe haben könnte. Du selbst entscheidest, wie weit du dich auf die Community einlässt. Vielleicht möchtest du an Workshops im lokalen Hexenladen teilnehmen, dir auf Social Media mit Kolleginnen schreiben oder vielleicht sogar einen eigenen Podcast erstellen und so deine Gedanken und Gefühle mit einer größeren Hörerinnenschar teilen.

Dein soziales Hexenleben kann groß, gewagt und raumgreifend sein. Aber vielleicht willst du auch nur einigen Onlinegruppen folgen, um die Meinungen anderer über dich interessierende Themen zu erfahren, dich aber gar nicht unbedingt selbst einbringen. Du entscheidest.

Willst du dich einem Covent beziehungsweise Zirkel anschließen oder einen gründen, musst du dir ganz sicher sein, dass du auch bereit bist, regelmäßig an den damit einhergehenden Zusammenkünften und Aktivitäten teilzunehmen. Hast du dafür auch genügend Zeit? Nicht nur für die Treffen selbst, sondern auch für die dafür nötigen Vorbereitungen? Und wie steht's mit den Kompromissen, die geschlossen werden müssen, um zu einer gemeinsamen Vision gelangen zu können? Bist du dazu auch bereit?

Die Zugehörigkeit zu einer größeren Gemeinschaft von Hexen kann inspirierend und nutzbringend sein, hat aber auch ihre Nachteile. Da musst du einfach regelmäßig gucken, wie sich das Ganze für dich darstellt, und dafür sorgen, dass du dich in der Gruppe alles in allem überwiegend gut fühlst.

Sollten in der Community Dinge geschehen, die dazu führen, dass du dich übersehen oder erniedrigt fühlst, du paranoid, unsicher oder ängstlich wirst, hast du das Recht, deinen Kontakt mit einzelnen Mitgliedern oder der ganzen Gruppe so zu reduzieren, wie du es für richtig und angemessen hältst.

Du schätzt Gemeinschaften, weil du in ihnen von anderen lernen kannst? Prima. Du musst nur dafür sorgen, dass du dich nicht allzu sehr auf erfahrenere Hexen verlässt oder dir von ihnen sogar eine quasi exklusive Ausbildung versprichst. Zapf das Wissen der anderen nicht zu oft an, es sei denn, ein Mitglied signalisiert dir, dass es bereit ist, eine Mentorenschaft für dich zu übernehmen. Es gibt genug andere kostenfreie Informationsquellen. Mach dich auf eigene Faust schlau, und bilde dir – wann immer möglich – eine eigene Meinung.

In punkto Gruppen wirst du vielleicht erst einmal ein paar Frösche küssen müssen, bevor du deine Prinzessin triffst. Solltest du einem Zirkel, einer Diskussionsgruppe oder einem hexischen Buchclub beigetreten sein, doch irgendwann feststellen müssen, dass das Gelbe vom Ei doch irgendwie anders aussehen müsste, empfehle ich dir einen eleganten Abgang. Musst du dich offiziell verabschieden, kannst du den anderen Mitgliedern für die gemeinsame Zeit danken und versuchen, im Guten zu gehen. Würdige, was du gelernt hast, aber halt auf gar keinen Fall an einer Gruppe fest, wenn du kein gutes Gefühl (mehr) dabei hast.

SCHREIB'S AUF

◊ Beschreibe deine idealtypische Hexengruppe. Ist sie online, offline oder eine Mischung aus beidem? Ist die Gruppe groß oder klein? Ist sie hierarchisch aufgebaut? Womit beschäftigt sie sich? Versuch, bei deinen Antworten so detailliert wie möglich zu sein. Nachdem du die

Beschreibung abgeschlossen hast, notierst du, wie es dir mit der Übung gegangen ist und zu welchen Schlüssen du gelangt bist.

PROBIER'S DOCH MAL

◊ Befass dich mit Berichten von Leuten über ihre Erfahrungen mit Hexenzirkeln und anderen Gruppierungen. Was findest du daran gut und was eher nicht? Mach dir ein Bild von den unglaublichen Erfolgen, die Hexenkollektive schon erzielen konnten. Ignorier aber auch eventuelle unangenehme und skandalöse Aspekte nicht.

◊ Schließ dich einer neuen Online-Hexencommunity an, wenn dir der Gedanke zusagt. Schalte dich in eine Unterhaltung oder Diskussion ein. Wie fühlst du dich dabei? Und was lernst du aus dieser Erfahrung?

TSCHÜSS – UND MACH HÜBSCH REBELLISCH WEITER

Die Zeit mit dir war schön, meine Liebe. Ich bin sehr dankbar, dass ich die Chance hatte, meine Gedanken mit dir zu teilen, und hoffe, dass ich der Chose auch ein bisschen Glitter verpassen konnte.

Ich wollte dir mit diesem Buch Carte blanche für dein Wirken geben – nicht mehr und nicht weniger. Ich bin nicht die intelligenteste unter den Hexen und mit Sicherheit auch nicht die erfahrenste. Aber angesichts der ganzen Regeln, die im Alltag zu befolgen sind, und der Pflichten, die wir alle haben, finde ich, dass die Hexenkunst unbedingt genauso wild und extravagant sein sollte, wie du sie dir wünschst.

In diesem superleckeren Wahnsinn hat dir niemand reinzureden, Schätzchen. Setz den Hut auf, übernimm das Ruder. Verleih allem, was du tust, deine ganz eigene Handschrift. Damit du eines am Ende deines Lebens sicher weißt: *You did it your way.* Und nicht das Geringste bereuen musst.

WEITERFÜHRENDE LITERATUR

Zur Inspiration für uns Rebel Witches gibt es viele tolle Bücher. Hier ein paar Vorschläge zur Orientierung:

Hexenkunst für Anfängerinnen

Frischgebackenen Hexen, die sich über Tipps und Anregungen für die ersten Schritte auf ihrem Weg freuen, kann ich unter anderem folgende Titel empfehlen:

Tonya A. Brown: *The Door to Witchcraft. A New Witch's Guide to History, Traditions and Modern-Day Spells*, Althea Press, 2019

Juliet Diaz: *Witchery. Entdecke die Hexe in dir: Die Schule der Weißen Magie*, Ansata, 2020

Sakura Fox: *Wishcraft. A Complete Beginner's Guide to Magickal Manifesting for the Modern Witch*, Hay House UK, 2020

Deborah Lipp: *Magical Power for Beginners. How to Raise and Send Energy for Spells that Work*, Llewellyn Publications, 2017

Geschichtliches

Zwar befasse ich mich in diesem Buch mit voller Absicht nicht mit der Geschichte des Hexens, bin mir jedoch der großen Bedeutung, die die Vergangenheit für unsere Kunst hat, sehr bewusst. Bei meiner Beschäftigung mit der Thematik waren mir unter anderem folgende Bücher besonders hilfreich:

Christopher Dell: *The Occult, Witchcraft and Magic. An Illustrated History*, Thames & Hudson, 2016

Malcolm Gaskill: *Witchfinders A Seventeenth-century English Tragedy*, John Murray, 2006

Ronald Hutton: *The Triumph of the Moon. A History of Modern Pagan Witchcraft*, Oxford University Press, 2001

Ronald Hutton: *The Witch. A History of Fear, from Ancient Times to the Present*, Yale University Press, 2018

Marilynne K. Roach: *Six Women of Salem. The Untold Story of the Accused and Their Accusers in the Salem Witch Trials*, Da Capo Press, 2013

Chaosmagie

Zweifellos hat die Chaosmagie mich als Hexe stark beeinflusst. Hier einige lesenswerte Bücher zu diesem Bereich unserer Kunst, auf den ich in meinem Buch nicht weiter eingegangen bin:

Adam Blackthorne: *The Master Works of Chaos Magick. Practical Techniques for Directing Your Reality*, CreateSpace Independent Publishing Platform, 2016

Peter J. Carroll: *Liber Null. Psychomantik*, Edition Ananael, 2005

Jan Fries: *Visuelle Magie. Ein Handbuch des Freistilschamanismus*, Edition Ananael, 2018

Phil Hine: *Condensed Chaos. An Introduction to Chaos Magic*, The Original Falcon Press, 2010

Phil Hine: *Condensed Chaos. Adventures in Chaos Magic*, The Original Falcon Press, 2017

Andrieh Vitimus: *Hands-on Chaos Magic. Reality Manipulation Through the Ovayki Current*, Llewellyn Publications, 2009

Zeitgenössische Hexenkunst

Berichte und Ratschläge von Hexen, die ihren eigenen Weg gehen, findest du hier:

Phyllis Currot: *Witch Crafting. A Spiritual Guide to Making Magic,* Harmony, 2002

Jason Louv: *Generation Hex. New Voices from Outside Reality,* Disinformation Company, 2005

Victoria Maxwell: *Witch, Please. Empowerment and Enlightenment for the Modern Mystic,* HarperCollins, 2020

Arin Murphy-Hiscock: *Magie für die Seele. Pflanzliche Heilmittel, Zaubersprüche, Meditationen und Rituale, um Körper und Geist zu beruhigen und zu pflegen,* mvg, 2021

Sophie L. Robinson: *Wellness Magick. A Modern Day Spiritual Guide for Crafting a Solid Foundation to Your Everyday Wellbeing,* That Guy's House, 2020

Kristen J. Sollee: *Witches, Sluts, Feminists. Conjuring the Sex Positive,* ThreeL Media, 2017

Katie West: *Becoming Dangerous. Witchy Femmes, Queer Conjurers, and Magical Rebels,* Weiser Books, 2019

Tarot

Für mich als professionelle Kartenlegerin wäre diese Liste nicht vollständig ohne einige Tarot-Bücher. Wenn du den Tarot erlernen oder dich intensiver mit ihm beschäftigen möchtest, kannst du mit diesen Empfehlungen bestimmt einiges anfangen:

Liz Dean: *The Ultimate Guide to Tarot. A Beginner's Guide to the Cards, Spreads, and Revealing the Mystery of Tarot,* Fair Winds Press, 2015

Sallie Nichols: *Die Psychologie des Tarot. Tarot als Weg zur Selbstkenntnis nach der Archetypenlehre C. G. Jungs,* Ansata, 1996

Arthur Rosengarten: *Tarot and Psychology. Spectrums of Possibility,* Paragon House, 2011

Benebell Wen: *Holistic Tarot. An Integrative Approach to Using Tarot for Personal Growth,* North Atlantic Books, 2015

Schattenarbeit

Hier einige Bücher, die du dir vielleicht anschauen möchtest, wenn du dich mit diesem spannenden Teil deiner Psyche beschäftigen willst:

Deepak Chopra, Marianne Williamson und Debbie Ford: *The Shadow Effect: Echter! Freier! Glücklicher! Wie Sie Ihr verborgenes Potential ans Licht bringen,* Kamphausen, 2011

Debbie Ford: *Schattenarbeit. Wachstum durch die Integration unserer dunklen Seite,* Goldmann, 2011

Robert A. Johnson: *Owning Your Own Shadow. Understanding the Dark Side of the Psyche,* Bravo, 1994

Connie Zweig und Steve Wolf: *Romancing the Shadow. A Guide to Soul Work for a Vital, Authentic Life,* Ballantine Books, 1999

REGISTER